독도문답

竹嶋文漢

개정판
竹島文談
죽도문담

▌권오엽 · 오오니시 토시테루 편역주

한국학술정보㈜

:: 일러두기

1. 본서는 『日本經濟叢書』卷十三(日本經濟叢書刊行會, 大正四年六月十日)에 수록된 「竹島文談」을 저본으로 했음.
2. 본서의 현대일어역과 주는 오오니시 토시테루(大西俊輝)의 작업임.
3. 본서의 해설은 권오엽의 작업임.
4. 본서 내용에 있는 「일조」나 「일한」의 표현은 일본과 조선(한국)의 관계를 나타 내는 것으로, 원자료에 충실하려는 방법일 뿐, 우선권을 두는 표현은 아님.
5. [ ] 속의 설명은 문장의 이해를 돕기 위해 보충한 것임.
6. 원문과 현대일어역을 같이 소개하는 것은, 보다 좋은 해석이 나올 수 있는 경 우를 상정한 대비임.
7. 일본어 표기는 원음에 가까운 표기를 위하여 일반적으로 생략하는 장음 「이」, 「우」, 「오」를 살려 「東京」은 「토우쿄우」로, 「大阪」은 「오오사카」로, 「京都」는 「쿄우토」로 표기하기로 한다.
8. 「かきくけこ」은 「카키쿠케코」로, 「たちつてと」은 「타치쓰테토」, 「しゃしゅ しょ」는 「샤슈쇼」, 「ちゃちゅちょ」는 「챠츄쵸」로 표기한다.

서문

독도를 죽도라고 부르는 일본은, 역사지리적으로는 물론 국제법적
으로도 일본령임에 틀림없다며 그 정통성을 만천하에 공개하고 있다.
일본 외무성의 홈페이지에 들어가면 일본어는 물론 한국어와 영어로
10개 항의 정통성을 당당하게 공표하고 있어, 그것만을 보면 독도의
영유에 대한 정통성이 일본에 있는 것으로 여길 수도 있다. 그것을
보다 못한 일본의 나이토우 세이추우(內藤正中)는 서둘러 『죽도＝독도
문제 입문』을 펴며 "이 문제투성이의 외무성 안내서에 휘둘려, 일본
국민이 창피를 당하는 일만은 피하고 싶다."라고 해설서를 내는 이유
를 밝혔다.

사실을 객관적으로 보려는 학자가 존재한다는 사실에 안심이 되면
서도, 그가 '무엇보다 역사의 사실을 존중하는 것을 호소하고 싶다. 죽
도문제는 역사적 사실에 근거할 때 해결의 실마리가 분명해지는 것이
다.'라고 방향을 제시한 사실을 간과할 수 없다. 사실에 접근하려고 노
력하는 일이 외롭게 사실규명에 노력하는 사람들과 호응하는 일이고
진실을 발전시키는 일이라고 생각한다.

독도문제는 역사지리의 문제만이 아니라 국제법적인 견지에서 접
근해야 할 문제도 많으나 그 근거를 이루는 것은 역시 역사문제이다.
사실을 말하자면, 역사적인 사실을 떠나서 이야기할 수 없는 것이 독

도의 영유권문제이다. 그것이 한국의 영토였다는 사실을 알려주는 기록이 많이 있어 아무런 문제가 없을 것으로 생각할 수 있는 것이 독도를 둘러싼 영토문제이다. 그것은 일본이 우리의 기록을 부정하며 신뢰하지 않는 것에 연유하는데, 그것은 침략정책에 근거하는 사고이기 때문에, 우리가 어떤 논리로 대응해도, 일본은 부정으로 일관한다. 이런 상황에서 우리가 해야 할 일은 역사적 사실을 체계적으로 정리하여 그 정통성을 확인시켜 주는 일이라고 생각한다. 그런데 우리는 기록의 정통성을 확인하는 일에 소홀한 것 같다.

그러나 일본이 우리의 기록을 무시하고, 자국의 관념적인 정통성을 수립하고 죽도의 영유를 주장하는 한, 일본학자의 외로운 주장에 기대며 안심하기보다는, 우리 스스로가 역사적 정통성을 확인하고, 그것을 근거로 하는 논리를 정립해야 한다고 생각한다.

일본이 독도를 탐내는 일은 17세기에도 있었다. 조선이 해금정책을 펴며 조선인의 출입을 금하는 사이에, 일본 서해안의 어민들이 막부의 허가를 받았다며 70여 년간 울릉도에 왕래했다. 그러다 그것이 조선령이라는 사실을 망각하고 그곳에서 어렵하는 안용복과 박어둔을 납치하여 처벌을 요구하기도 했다.

에도막부는 두 사람을 송환하며, 조선인의 죽도/울릉도 도해금지를 조선에 요구하라는 명을 쓰시마번에 내렸다. 당시의 일본은 쇄국정책을 펴며 조선과의 외교를 쓰시마번에 전담시킨 현실에 근거하는 명령이었다. 그런 막부의 명이 내리자 이상한 일이 벌어진다. 안용복을 납치했던 톳토리번은 두 사람을 송환하며, 의사와 요리사를 포함한 90명을 수행시키며 칙사대접을 했고, 쓰시마번은 둘을 죄인 취급하며 조선에 강경한 자세를 취했다.

당시의 쓰시마번은 조선과의 무역을 통해 거대한 이익을 취하고 있었기 때문에, 조선과의 무역이 저조하면 생존 자체가 위태롭다는 사실을 잘 알기 때문에 사신이 동래부를 방문할 때는 조공의례를 취하고 있었다. 그럼에도 쓰시마번은 안용복과 박어둔을 송환하며 막부의 뜻을 왜곡하면서 조선을 압박했다. 도저히 조선이 받아들일 수 없는 요구를 하며, 그것이 받아들여지지 않으면 임진왜란과 같은 전쟁이 재발할 수도 있다는 위협도 서슴지 않았고, 조선은 그럴 가능성을 걱정하기도 했다.

막부는 죽도에서 조선인이 조업하는 것을 금지시켜 줄 것을 요구하라고 명했으나, 죽도가 조선의 울릉도라는 것은 쓰시마번만이 아니라 막부도 알고 있는 사실이었다. 따라서 막부의 명은 사실에 반하는 내용이었고, 그것을 안 쓰시마의 지식인들은 막부의 의도를 확인하는 것이 우선이라는 주장을 펴기도 했다. 그러나 번의 이익을 우선하는 실권자들 막부의 명을 빙자하여 죽도를 탈취할 수 있는 기회로 삼았다.

초기에 아둔하게 대응하던 조선이 문제의 심각성을 알고, 역사적인 정통성에 근거하는 논리로 일본의 비리를 지적하자, 막부도 사실을 조사하게 되었다. 그런 과정에서 "죽도와 송도가 톳토리번의 영토가 아닙니다."라는 톳토리번의 보고를 받자, 막부는 "일본인이 거주하는 것도 아니고 일본이 취한 일도 없는 섬이니 일본인의 도해를 금하라."라는 내용의 명을 내리게 되었다. 사실을 확인하고 처음의 요구를 철회한 것이다. 그럼에도 쓰시마번은 그 사실을 숨기려 했으나, 사실을 숨길 수 없게 되자, 자신들이 막부를 설득한 결과라며, 조선이 감사를 표할 것을 요구했다. 동래부사는 쓰시마번의 요구를 그대로 보고했으며, 조정은 그 보고에 따라 감사의 예를 취했다. 이것으로 1693년 4월

18일에 조선인을 납치하는 것으로 시작된, 통칭 '죽도일건'이라는 사건은 일단 완결되었다. 그동안 일본은 많은 무례를 범하고도 사과하거나 보상하는 일 없이 일본인의 도해를 금하는 것으로 사건을 마무리 지었고, 조선은 얻은 것도 없이 감사하는 서신을 보냈다.

여기서 쓰시마번이 그처럼 무례를 범한 원인을 알아볼 필요가 있다. 쓰시마번은 생산물이 없어 조선과의 교역에서 얻는 이익에 생존을 의지하고 있었는데, 부유한 현으로 불릴 정도로 많은 이익을 얻고 있었다. 쓰시마는 '일본 은'을 수출하는 교역으로 막대한 이익을 얻고 있었는데, 은이 부족하여 심한 인플레 현상이 나타났고, 막부는 은의 수출을 억제했다. 그 결과 재정이 핍박해진 쓰시마번은 막부에 특혜를 요구하게 되었고, 그 목적을 이루기 위해서는 특별한 공을 세워야 했다. 그런 필요성의 일환으로 기도된 것이 '죽도일건'으로 불리는 울릉도 침탈계획이었다.

그런 상황에서, 쓰시마의 지식인 아메노모리 호우슈우, 스야마 쇼우에몬, 카시마 효우스케 등은 번의 무리한 요구를 지적하며, 성신에 근거하는 교류를 주장했다. 그런 시기에 스야마와 카시마는 서신으로 죽도에 관한 현실적 문제를 논했다. 그 서간을 정리한 것이『죽도문답』이다. 어찌 보면 사사로운 편지이고, 양적으로도 많지 않아 무시해도 좋은 자료로 볼 수도 있다.

그러나 독도문제에서 예민하고 섬세한 문자해석이 중핵을 이룬다는 것은 독도에 대한 정통성을 입증하는 조선의 자료가 많이 있음에도, 그것을 부정하는 논리를 세우고 있다는 것으로 알 수 있는 일이다. 따라서 독도에 대한 사실의 규명은 독도를 기록한 주변 기록으로 볼 수도 있는 자료부터 접근하는 자세가 필요하다.

쓰시마번이 죽도의 영유를 주장하는 상황에서, 그것이 성신의 교류를 방해하는 일이고, 그렇게 무리를 해서 타국의 영토를 취하는 것은 바른 일이라고 말할 수 없다며, 쓰시마번의 집정관들을 설득하려 했던 유학자들의 주장에, 지금 우리가 구축해야 하는 정통성의 논리가 그대로 포함되어 있다. 현재의 우리가 어떤 정통성을 수립한다 해도 『죽도문담』 이상의 논리를 개발할 수가 없을 것이다. 그렇다고 해서 그 논리에 정체할 수는 없는 일이다. 그 논리를 바탕으로 해서 일본에 의해 왜곡된 사실들의 본질을 규명하는 노력이 필요하다.

　예를 들자면, 안용복을 위증자로 단정하는 논리, 조선기록을 부정하는 논리, 조선인의 독도인식 등을 확인하여 조선의 기록물이 사실에 근거한다는 사실, 안용복의 진술이 사실을 반영한다는 것 등을 확인하게 되면, 일본의 죽도에 대한 정통성은 저절로 붕괴될 것이다.

　이런 의미에서 『죽도문담』은 심도 있게 연구되어야 하는 자료이다. 이 연구를 바탕으로 해서 독도문제가 생길 때마다 쉽게 거론하는 『은주시청합기』·『죽도고』·『톳토리현고문서』 등의 분석을 시작해야 할 것이다. 우리는 그런 과정 없이 독도문제를 정의하려다, 일본의 자료도 읽고 이야기하자는 반론을 만나 당황하는 일이 적지 않다. 사실 일본에 독도문제와 유관한 자료가 많은 이상, 그것을 파악하는 작업은 빼놓을 수 없는 일이다. 그럼에도 우리에게는 그런 과정이 생략되어 있는 것 같아 견디기 어렵다.

2011년 5월 17일

우산봉 자락에서 東山

目 次

第一章、竹島文談의 배경

【竹島文談이란】

竹島文談とは、陶山庄右衛門(訥庵)と賀島兵助(恕軒)との往復書簡である。書簡が交わされたのは元祿八年(一六九五)夏のことで、場所は九州の北部、玄界灘を渡った對馬である。城下町である對馬府中(今の嚴原町)に居る陶山庄右衛門と、流罪に處せられ對馬北部の伊奈郡越高村に居る賀島兵助との間で行われた応答の書簡である。

타케시마분단이란 스야마 쇼우에몬(도쓰안)과 카시마 효우스케(죠겐)의 왕복문서를 말한다. 서간이 오고간 것은 겐로쿠 8(1695)년 여름의 일로, 장소는 큐우슈우의 북부, 현해탄을 건넌 쓰시마였다. 성하마을 쓰시마부중(지금의 이하라쵸우)에 사는 스야마 쇼우에몬과 귀양으로 쓰시마 북부의 이나군 고시타카촌에 살고 있는 카지마 효우스케간에 이루어진 응답의 서간을 말한다.

이훈, 『대마도, 역사를 따라 걷다』 p.11

当時、日本と朝鮮との間で領土紛争が勃發していた。日本列島と朝鮮半島の間にある島、すなわち竹島をめぐる爭いである。これを「元祿竹島一件」と稱する。これは今、日韓の間で爭われている「竹島＝獨島問題」のルーツとなるもので、この時の竹島とは、今の竹島のことではない。現代の「竹島＝獨島問題」の竹島とはリアンクール島のことで、これは日本で言う竹島、韓國で言う獨島のことである。一方「元祿竹島一件」の竹島とは、山陰沖の彼方、隱岐よりさらに彼方の島で、かつてここには松島と竹島があった。その二つの島の一つ、竹島である。こちらの竹島は、俗に磯竹島とも言っていた。朝鮮で言えば鬱陵島のことである。ちなみに松島と竹島の二つの島の一つ、松島と言うのが、今の竹島＝獨島のことである。

당시 일본과 조선 사이에는 영토분쟁이 발발해 있었다. 일본열도와 조선반도 사이에 존재하는 섬, 죽도를 둘러싼 다툼이었다. 이것을 「겐로쿠 타케시마잇켄」이라고 한다. 이것은 현재 일한 양국이 다투고 있는 「죽도＝독도문제」의 근원이 되는 것으로, 이때의 죽도란 지금의 죽도가 아니다. 현대의 「죽도＝독도문제」의 죽도란 리안쿠우루섬으로, 이것은 일본에서 말하는 죽도, 한국에서 말하는 독도를 말한다. 「겐로쿠 타케시마잇켄」의 죽도란 산음의 먼바다의 저쪽, 오키보다 더 저쪽에 있는 섬으로, 과거에 이곳에는 마쓰시마(松島)와 타케시마(竹島)가 있었다. 이 두 섬 중의 하나가 죽도로, 세속에서는 이소타케시마라고도 부르고 있었다. 조선에서는 울릉도로 부르고 있었다. 아울러 송도와 죽도 두 섬의 하나를 송도라고 불렀던 것이 현재의 죽도＝독도이다.

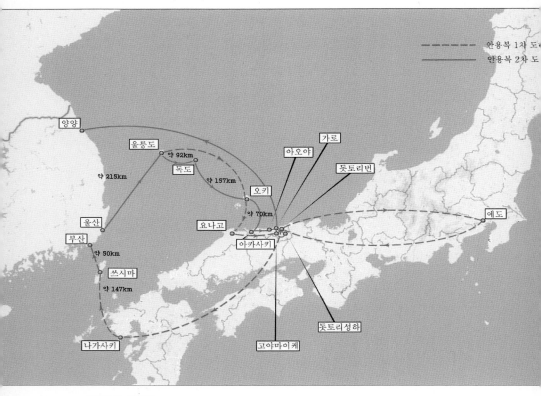

안용복의 행적도

その綱吉の時代、元禄五年(一六九二)伯耆國の米子の商人、大谷・村川の船が、竹島に漁を行うために出掛けていった。もう何年にも亘り、この島で漁を行っていたから、毎年の如く、この年も漁のため島に渡ったのである。だがこの年、島には朝鮮人の船が碇泊し、朝鮮人漁民が漁を行っていた。彼等が漁場を占據していたから、日本の漁民は漁を行うことができず、やむなく引き返していった。

그 쓰나요시의 시대, 겐로쿠 5(1692)년에 호우키노쿠니의 상인 오오야・무라카와의 배가 죽도에 어렵을 나갔다. 이미 몇 년에 걸쳐 이 섬에서 어렵을 하고 있었기 때문에, 예년과 마찬가지로 이 해에도 어렵을 위해 섬으로 건너간 것이다. 그러나 이 해에는 섬에 조선인의 배가 정박하고, 조선 어민이 어렵하고 있었다. 그들이 어장을 점거하고 있었으므로 일본어민은 어렵을 하지 못하고 어쩔 수 없이 되돌아갔다.

五代將軍 德川綱吉의 像
浦井正明『上野寛永寺將軍家의 葬儀』吉川弘文館、P.157

翌年の元禄六年(一六九三)再び島に渡ったが、やはり朝鮮人漁民が漁をしていた。それゆえ前年同様、日本の漁民は漁ができなかった。そこで、たまたま浜辺に居た二人の朝鮮人(安龍福と朴於屯)を捕らえ、船に連行し、米子に連れ歸った。そして早速、藩廳へ訴え出た。日本の竹島に朝鮮人漁民が渡っていたから、我々は漁ができなかったと。そこで鳥取藩は、この事件を幕府へ届け出た。再び朝鮮人漁民が、この竹島に渡ることが無いようにしていただきたい、そのように願い出た。幕府は、朝鮮外交を取り仕切る對馬藩に對し、この拉致した二人の朝鮮人を故郷に返すよう命じると共に、再び朝鮮人が日本の竹島に渡ることのないよう、朝鮮政府に申し伝えるよう、指示を下した。これが元禄竹島一件と称される事件の發端である。

　だが竹島とは、朝鮮から言えば彼らの島である鬱陵島のことである。日本が日本領としての竹島を主張すれば、当然ながら、朝鮮は朝鮮領としての鬱陵島を主張する。互いに相讓らなかった。その膠着狀態に陥っていた時、打開策を求め、煩悶の中で交わされたのが、この往復書簡である。この書簡の中で語られる提案、すなわち幕府への新たな相談こそ、この錯綜した問題に對する、新たな解決の糸口となるものであった。すなわち、この書簡こそ、竹島と鬱陵島、その領土交渉の、まさにターニングポイントとなるものであった。その時、その場で、交渉の關係者たちは、どう考え、どう悩み、どう行動したのか、それを如實に示す往復書簡なのである。

17세기에 독도를 확인한 안용복(安龍福)의 동상. 17세기에 독도의 영유권을 주장했다.
<부산시 수영구 수영사적공원>

다음 해 겐로쿠 6(1693)년에 다시 섬에 건너갔으나, 역시 조선 어민이 어렵하고 있었다. 그래서 전년과 마찬가지로 일본 어민은 어렵을 하지 못했다. 그래서 마침 해변에 있는 조선인(안용복과 박어둔)을 붙잡아 배로 연행하여 요나고로 데리고 왔다. 그리고 서둘러 번청에 고소했다. 일본의 죽도에 조선어민이 건너와 있기 때문에 우리들이 어렵을 할 수 없다는 것이었다. 그래서 톳토리번은 이 사건을 막부에 보고했다. 다시 조선 어민이 이 죽도에 건너오는 일이 없도록 조치해주면 좋겠다는 것이었다. 막부는 조선과의 교류를 독점하고 있는 쓰시마번에,[해설 2] 납치한 두 조선인을 고국으로 돌려보내라고 명함과 동시에, 다시는 조선인이 죽도에 오는 일이 없도록 조선정부에 요구하라고 지시했다. 이것이 겐로쿠 타케시마잇켄으로 불리는 사건의 발단이다.

그러나 죽도란 조선에서 보면 그들의 섬 울릉도를 말한다. 일본이 일본령 죽도라고 주장하면, 당연히 조선은 조선령 울릉도라고 주장하기 마련이다. 서로 양보하지 않았다. 그래서 교착 상태에 빠졌을 때, 타개책을 찾아 번민할 때 교환된 것이 이 왕복서한이다. 이 서한 중에 이야기된 제안, 즉 막부에게 새로 제안한 것이 복잡한 문제에 대한 새로운 해결의 실마리가 되었다. 즉, 이 서신이 죽도와 울릉도, 그 영토 교섭의 반환점이 된 것이다. 그때 당지에서 교섭을 하는 관계자들은 어떻게 생각하고, 어떻게 고민하고, 어떻게 행동한 것일까, 그것을 여실하게 나타내고 있는 것이 이 왕복서한이다.

【竹島文談의 時代的 背景】

　豊臣秀吉の文祿・慶長の役(壬辰・丁酉倭亂)の戰後處理の中で、國交回復交渉は難航を極めた。だが慶長十二年(一六〇七)ようやく日本と朝鮮との間で、再び國交が回復した。呂祐吉を正使とする回答兼刷還使による德川家康・秀忠政權との講和である。そして釜山の豆毛浦に、外交上の窓口となる倭館が設置された。對馬は朝鮮に臣下の礼を取り、東萊釜山の管轄下に、答礼を通じて貢物を獻上した。形式的には朝貢貿易の形を取った本格的な對朝鮮貿易の再開である。

　토요토미 히데요시의 분로쿠・케이쵸우의 역(임진・정유왜란)의 전후 처리 중에 국교회복 교섭은 난항을 거듭했다. 그러나 게이쵸우 12(1607)년에 겨우 일본과 조선 사이에 다시 국교를 회복했다. 여우길을 정사로 하는 회답 겸 쇄신사에 의한 토쿠가와 이에야스・히데타다 정권과의 강화였다. 그리고 부산의 모두포에 외교상의 창구인 왜관을 설치했다. 쓰시마는 조선에 신하의 예를 갖추며, 동래 부산의 관할하에 답례를 통하여 공물을 헌상했다. 형식적으로는 조공무역의 모양을 취한 본격적인 대조선무역의 재개였다.

　慶長十四年(一六〇九)己酉約條が成立し、使者の渡航や貿易が本格的に再開した。この日朝貿易には、進上と回賜、公貿易、そして私貿易と、三種類の取引があった。進上と回賜とは、對馬藩の使節が朝鮮政府に進物を行うと、それに對する返物が渡される、というも

のである。また公貿易とは、對馬からの輸出品の内、一定量に限って、朝鮮政府が買い上げるというものである。公定の交換比率で輸出品を買い上げるという形を取るが、その支拂いは公木(木綿)である。對馬の輸出品として最大のものは日本銀である。その他、銅、錫、水牛角、丹木の四品目が主たる輸出品であった。輸入品は、もっぱら公木(木綿)ということである。公木(木綿)は、後には公作米(米穀)となった。私貿易は朝鮮の商人を相手に行うもので、武器などの禁輸品を除いて、定まった品目や制限額は無かった。この私貿易も、やはり對馬藩による藩経營である。銀及び銅で支拂い、朝鮮人參を購入、あるいは中國から輸入された生糸や絹織物をも購入した。

게이쵸우 14(1609)년 기유조약이[해설 3] 성립하여 사자의 도항과 무역이 본격적으로 시작되었다. 이 일조무역에는 진상과 회사, 공무역, 그리고 사무역의 세 종류의 거래가 있었다. 진상과 회사란 쓰시마번의 사절이 조선정부에 헌상하면 그것에 대한 반물을 내리는 일이었다. 공무역이란 쓰시마의 수출품 중 일정량에 한해 조선정부가 사들이는 것이다. 공정한 교환비율로 수출품을 사들인다는 형식을 취하나, 그것의 지불은 공목(목면)이다. 쓰시마 수출품으로 최대의 것은 일본 은이었다. 그 외에 동, 주석, 물소뿔, 목단의 네 품종이 주요한 수출품이었다. 수입품은 오직 공목(목면)이었다. 공목은 후에 공작미(미곡)로 바뀌었다. 사무역은 조선의 상인을 상대로 하는 것으로, 무기 등의 금수품을 제외하고는 정해진 품목이나 제한액이 없었다. 이 사무역도 역시 쓰시마번에 의한 경영이었다. 은이나 동을 치르고 조선인삼을 구입하거나 중국에서 수입한 생사나 견직물을 구입했다.

交易船が頻繁に往來するようになると、豆毛浦の倭館では手狹
だった。定例・臨時の使者が重複した場合など、館內は人で溢れる
ほどであった。しかもここは船艙に適していなかった。遠淺で係船
の便が惡く、また强い南風をまともに受ける浦であった。それゆえ
慶長十六年(一六一一)には、もう倭館の隣地へ、移轉要求が出される
ほどであった。

교역선이 빈번하게 왕래하게 되자 두모포의 왜관으로는 비좁았다.
정례・임시의 사자가 중복되었을 때에는 관내에 사람이 넘칠 정도였
다. 게다가 이곳은 선창으로 적합하지 않았다. 멀고 얕아 배를 대기가
어렵고 강한 남풍을 그대로 받는 포였다. 그래서 게이쵸우 16(1611)년
에는 왜관의 가까운 곳으로 이전하는 요구가 나올 정도였다.

東萊府

草梁왜관

絶影島
牧之島

[釜山周 邊圖]
釜山浦圖「東萊府誌」(大阪府立中之島圖書館藏)의 付圖

寛永十六年(一六三九)には、幕府から日朝貿易の擴大要求がなされ、交易船はいよいよ頻繁となった。彼我の取引量は増大の一途であり、倭館はいよいよ手狹となった。それゆえ翌寛永十七年(一六四○)から、正式な移轉交渉が始まった。かつて倭館が置かれた釜山城内へ、まずは移轉が希望された。だが朝鮮にしてみれば、あの忌まわしい戰亂の後である。そのような戰略的據点を、日本に對し許可する筈はなかった。当然ながら對馬の希望は一蹴された。

明暦三年(一六五七)對馬藩主の宗義成(よしなり)が江戸で死去し、嫡子の宗義眞(よしざね)が家督を継いだ。

칸에이 16(1639)년에는 막부가 일조무역의 확대를 요구하여, 교역은 더욱 빈번해졌다. 상호 거래량은 증대일로였고, 왜관은 더욱 비좁아졌다. 그래서 다음 칸에이 17(1640)년부터 정식으로 이전교섭이 시작되었다. 쓰시마번은 일단 과거에 왜관이 있었던 부산성 안으로 이전할 것을 희망했다. 그러나 조선의 입장에서 보면, 그 끔찍한 전란 후에, 그러한 전략적 거점을 일본에 허가할 리 없었다. 당연히 쓰시마의 희망은 일취되었다.

메이레키 3(1657)년 쓰시마번주 소우 요시나리가 에도에서 사거하자 적자 소우 요시자네가 가독을 이었다.[해설 4]

江戸で生まれ江戸で育った義眞は、巨大な消費地となった江戸の、その盛んな商品流通を、目で見、耳で聞き、肌で感じ、成長していた。それゆえ對馬の通商産業を、さらに隆盛に導こうとする。交易の據点たる港湾の整備、航路の整備を行い、通商業務に携わる

藩役人に、有能な人材を揃えていく。すなわち藩体制の近代化政策を、次々に推し進めていった。

　万治元年(一六五八)には大浦權太夫を登用し、財政を專管させ、藩経濟の改善を目指した。寛文元年(一六六一)から對馬全島の檢地を始め、祿制を藏米知行制に改めていく。寛文四年(一六六四)には農民に均田制を實施し、農業の安定化を図った。慶安期(一六四八～一六五二)に始められた對馬に於ける銀鉱山開發も、この寛文年間(一六六一～一六七三)には大きく發展し、多量の銀を産出するようになっていた。その鉱山の利を得て、寛文十二年(一六七二)からは、大船越瀬戶の開削にも着手した。こうして中世の對馬から近世の對馬へ、まさに轉換となる施策を次々と宗義眞は打ち出していった。と同時に、朝鮮貿易の據点、豆毛浦倭館からの移轉交渉も、また積極的に進めていった。だが倭館の移轉交渉は、殊に難航を極めた。家老級の重臣を使者として何度も派遣し、嚴しい交渉を繰り返したが、その進展はなかった。

　에도에서 태어나 에도에서 자란 요시자네는 거대한 소비지가 된 에도의 그 활발한 상품 유통을 눈으로 보고 귀로 듣고 피부로 느끼며 성장했다. 그렇기 때문에 쓰시마의 통상산업을 더욱 융성하게 이끌려고 한다. 교역의 거점인 항만의 정비, 항로의 정비를 행하고 통상업무에 관여하는 번의 역인을 유능한 인재로 채워간다. 즉 번체제의 근대화 정책을 차곡차곡 추진해 나갔다.

　만지 원(1658)년에는 오오우라 타유를 등용하여 재정을 전담시켜 번 재정의 개선을 꾀했다. 칸분 원(1661)년부터 쓰시마 전도의 검지를

시작하여, 녹제를 구라마이치교우제로 바꾸어 간다.[해설 5] 칸분 4(1664)
년에는 농민에게 균전제를 실시하여 농업의 안정을 꾀했다. 케이안기
(1661~1673)에는 크게 발전하여 다량의 은을 산출하게 되었다. 그 광
산의 이익으로 칸분 12(1672)년부터는 오오후나고에세토(大船越瀨戶)
開削 공사도 착수했다.[해설 6] 이리하여 중세의 쓰시마에서 근세의 쓰
시마로 전환하는 시책을 차례로 소우 요시자네가 진행해 나갔다. 그
와 동시에 조선무역의 거점인 모두포 왜관을 이전하는 교섭도 적극적
으로 진행했다. 그러나 왜관의 이전교섭은 난항의 연속이었다. 가로
급의 중신을 사자로 해서 몇 번이고 파견하여 어려운 교섭을 되풀이
했으나 진전이 없었다.

万治元年(一六五八)には唐坊佐左衛門(平智友)を派遣した(第一次交
涉)。万治三年(一六六○)から寛文元年(一六六一)にかけては平田隼人
允(平成喬)や寺田市郎兵衛(橘成般)を派遣した(第二次交涉)。寛文九年
(一六六九)には吉川次郎兵衛(平成勝)や井手弥六左衛門(橘成陳)を派遣
した(第三次交涉)。寛文十年(一六七○)には加城六之進(平成尙)を派遣
した(第四次交涉)。だが、いずれも交涉は不調に終わり、まとまらな
かった。そのような中で、對馬の交涉担当者は、自らの主張を通そ
うとして、ついに實力行使に出た。それが寛文十一年(一六七一)の倭
館闌出事件である。

만지 원(1658)년에는 도호 스케자에몬(平智友)을 파견했다(제1차 교
섭), 만지 3(1660)년부터 칸분 원(1661)년에 걸쳐 히라다 하야토미치루
(타이라나 리타카)나 테라다 이치로우베에(타치바나 나리카즈)를 파견

했다(제2차 교섭). 칸분 9(1669)년에는 요시다 지로우베에(타이라 나리카쓰)와 이데미 로쿠자에몬(타치바나 나리무네)을 파견했다(제3차 교섭). 칸분 10(1670)년에는 카시로 로쿠노스케(타이라 나리히사)를 파견했다(제4차 교섭). 그러나 모든 교섭은 진전이 없었다. 그러는 사이에 쓰시마의 교섭 담당자는 스스로 주장을 통과시키려고 생각하고, 실력행사를 했다. 그것이 칸분 11(1671)년의 왜관 난출사건이다.

寛文十一年(一六七一)六月、新たに使者となった津江兵庫助(平成太)は、接慰官の閔弘道との間で、激しい議論の応酬をする(第五次交渉)。だが議論は全く嚙み合わなかった。業を煮やした津江は、ついに同年八月、倭館を闌出(許可なく區域外に出ること)し、無理やり東萊にまで赴いた。そして「回答書契の內容について接慰官と東萊府使に話しがある。兩人が會いに來ないので自分たちが東萊へ來た。もし拒否されれば慶尙道巡營に行く。その慶尙監司(慶尙道觀察使)が、また會わなければ、まっすぐ都に行くまでのことだ」と、このように嘯き、東萊に居座ってしまった。さらには接慰官や朝鮮譯官を拘束するという事件までも引き起こしてしまった。だが壓力を掛けても、交渉はまとまらない。むしろ逆效果である。交渉は完全に破綻してしまった。そこで使者がいるにも關わらず、同年十月、新たな使者として仁位孫左衛門(平成之)が派遣され、別途、交渉を始めた。津江は東萊に滯留のまま、同年十二月、憤死(自死)するに至った。

　だがこの事件を契機にして、兩者の間で交渉をまとめようとする機運が生まれた。そして延宝元年(一六七三)正官として杉村采

女(平成令)が派遣され、ついに長年の懸案だった問題も解決を見る(第六次交渉)。移轉が許可され、新たな倭館の場所として草梁が決定した。草梁の新倭館に移ったのは延宝六年(一六七八)のことである。

　칸분 11(1671)년 6월, 새로운 사자가 된 쓰노에 효우고노스케(다이라노 나리히로)는 접위관 민홍도와 격한 의논을 응수했다(제5차 교섭). 그러나 의논은 전혀 이루어지지 않았다. 화가 난 쓰노에는 결국 그해 8월에 왜관을 난출(허가 없이 구역 밖으로 나가는 것)하여 무리하게 동래까지 나갔다. 그리고 "회답서계의 내용에 대해 접위관과 동래부사에게 이야기가 있다. 두 사람이 만나러 오지 않기 때문에 자신들이 동래에 왔다. 만일 거부당하면 경상도 순영에 가겠다. 그 경상감사(경상도 관찰사)가 만나주지 않으면 그대로 도성으로 갈 것이다."라고 말했다. 이렇게 소동을 치며 동래에 주저앉았다. 게다가 접위관과 조선역관을 구속하는 사건까지 일으켰다. 그러나 압력을 가해도 교섭은 진전이 없었다. 오히려 역효과였다. 교섭은 완전히 파탄되고 말았다. 그래서 사자가 있음에도 불구하고 동년 10월에 새로운 사자로 니에 마고자에몬(타이라 나리유키)이 파견되어, 별도 교섭을 시작했다. 쓰에는 동래에 체류한 채 동년 12월에 분사(자사)하기에 이르렀다.

　그러나 사건을 계기로 해서 양자 사이에 교섭을 진전시키려는 기운이 생겼다. 그래서 엔호우 원(1673)년에 정관으로 스기무라 우네메(타이라 나리노리)가 파견되어, 드디어 오랫동안의 현안이었던 문제도 해결하게 되었다(제6차 교섭). 이전이 허가되어 왜관의 새로운 장소로 초량이 결정되었다. 초량의 신왜관으로 이전한 것은 엔호우 6(1678)년이었다.

草梁和館 (周辺海山圖)

「明治八年丁卯艦測量海圖의 一部」(小田省吾 「釜山의 倭館과 設門에 대하여」『朝鮮』125,
大正14、p.160)

草梁倭館圖 (全体圖) 大韓民國 國立中央博物館藏

草梁倭館圖 (倭館 拡大圖) 同上, 大韓民國國立中央博物館藏
東館에 館守가 묵으며 일상업무를 보았다. 西館에는 對馬藩에서 파견된 사자가 묵었다.

宴享大廳 大韓民國國立中央博物館藏
이곳에서 竹島문제를 상의했다.

草梁客舍 (坂ノ下の一帯)
同上, 大韓民國國立中央博物館藏
이곳에서 肅拜儀禮가 이루어졌다.

草梁倭館 (船艙)
「釜山浦草梁倭館之圖」大韓民國國史編纂委員会藏
멀리 보이는 것이 絶影島(牧之島)

草梁倭館に移轉したことで、いよいよ日朝貿易は、その隆盛期を
迎える。長崎出島の二十五倍の十万坪という廣大な敷地の中で、對
馬藩のエリートたちが、常時五百人から千人の規模で、外交業務と
商業實務に携わっていた。草梁倭館の貿易とは、日本人の海外へ出
掛けての貿易である。それに對し長崎出島の貿易は、外國商人を
待っての貿易でしかない。余り知られていないが、長崎出島の貿易
よりも、この釜山の草梁倭館での貿易の方が、遙かに活氣に滿ち、
また遙かに巨大な規模で行われていた。

　この交易の本体は、日本の銀輸出と中國生糸の交換交易であっ
た。その中繼を行うのが朝鮮商人である。そのような構圖は長崎貿
易でも同じであった。長崎で中繼を行うのはオランダ商人であり中
國商人であった。對馬から、そして長崎から、日本國內の銀が、激
しい勢いで海外へ流出した。その結果、國內に流通する銀は拂底
し、激しいインフレを招いていた。そこで幕府は、やむなく銀の輸
出抑制策を開始する。その具体的處置が、貞享二年(一六八五)の長崎
貿易制限策である。だが貿易を制限すれば、いきおい密貿易が増え
てくる。幕府は密貿易に對し、嚴重な監視体制を構築した。そして
法を犯す者に對しては、極刑を以て對處した。

　초량왜관으로 이전한 것으로, 마침내 일조무역은 융성기를 맞이한
다. 나가사키 데지마의 25배인 10만 평이라는 광대한 부지에 쓰시마
의 인재들이 상시 5백 인에서 1,000인 규모로 외교업무와 상업실무에
종사하고 있었다. 초량왜관의 무역이란 일본인이 해외에 나가서 하는
무역이다. 그것에 비해 나가사키 데지마 무역은 외국상인을 기다리는

무역에 지나지 않았다. 별로 알려져 있지 않으나 나가사키 데지마 무역보다 이 부산 초량왜관에서의 무역이 훨씬 활기에 차고 또 거대한 규모로 이루어지고 있었다.

이 교역의 본체는 일본 은의 수출과 중국생사의 교환무역이었다. 그 중개를 맡은 것이 조선 상인이다. 그러한 구조는 나가사키 무역도 마찬가지였다. 나가사키에서 중개하는 것은 오란다 상인과 중국상인이었다. 쓰시마와 나가사키에서 일본의 은이 무서운 추세로 유출되었다. 그 결과 국내에 유통하는 은이 부족하여 심한 인프레 현상이 나타났다. 그러자 막부는 어쩔 수 없이 은의 수출억제정책을 실시했다. 그 구체적인 조치가 죠쿄 2(1685)년의 나가사키 무역제한정책이다.[해설 7] 그러나 무역을 억제하면 당연히 밀무역이 성행한다. 막부는 밀무역에 대하여, 엄중한 감시체제를 구축하고, 그것을 범하는 자에게는 극형으로 대처했다.

貞享四年(一六八七)には、この貿易制限策を、對馬にも適用してきた。その結果、對馬の貿易額は急速に縮小し、藩財政も急激に惡化した。後に述べる賀島兵助言上書などは「近年は御商賣不利に罷り成り、御勝手御續き成られ難く候」と、この不況を記している。そのように惡化した對馬藩の財政を、何とか立て直そうとする時期が、實は元祿期(一六八八～一七〇四)なのであった。

죠우쿄우 4(1687)년에는 이 무역정책을 쓰시마에도 적용했다. 그 결과 쓰시마의 무역액은 급속히 축소하여, 번재정이 악화되었다. 뒤에 이야기하는 카시마 효우스케의 언상서 등은 '근년에는 상매가 불리하게 되어, 이 이상 계속하기 어렵습니다.'라고 그 불황을 기록하고 있다. 그렇게 악화된 쓰시마번의 재정을 어떻게든 살리려고 한 시기가 겐로쿠기(1688~1704)였다.

　そのような元祿六年(一六九三)に、この竹島一件は勃發した。それゆえ對馬藩は、この一件を何とか日本に有利なように解決しようとする。對馬藩の存在意義を、これによって幕府に認めさせ、幕府の輸入抑制策すなわち銀流出抑制策を、對馬藩に限っては例外扱いさせようとした。隣好政策を堅持する上で、對馬の特殊權益は、是非にも認めてもらわねばならない。そのような目論みの中で、外交交涉は始まっていた。しかも密貿易は嚴重な上にも嚴重に禁止されていた時期である。兩國の民が、島で共に働くということは、密貿易の溫床となる。だからどちらかの民に、渡海禁制を言い渡さなければならない。そのような事情にある時代であった。ともかくも對馬藩にとっては、幕府の覺えが目出度くなければならない。そうでなければ制限を解除し、自由な貿易を許可しては貰えない。そうでなければ對馬の経濟的繁榮は、再び戻って來ないのである。繁榮の元祿の世とは言いながら、對馬の狀況は、すでに予斷を許さぬ段階にあった。

　그러한 겐로쿠 6(1693)년에 죽도일건이 발발했다.[해설 8] 그렇기 때문에 쓰시마번은 이 일건을 어떻게든 일본에 유리하게 해결하려고 했다. 쓰시마번의 존재의의를 이것으로 막부에 인정하게 하여, 막부의 수입억제정책, 즉 은유출 억제정책을 쓰시마번에 한해서 예외 취급하게 하려고 했다. 인호정책을 견지하게 하여 쓰시마의 특수이익은 인정하게 하지 않으면 안 된다. 그러한 계산을 가지고 외교교섭을 시작했다. 그러나 밀무역은 엄중한 상황에서도 엄중하게 금지된 시기였다. 양국의 인민이 섬에서 같이 일한다는 것은 밀무역의 온상이 된다. 그래서 어느 쪽의 인민에게 해금정책을 말하지 않으면 안 된다. 그러한 사정이 있는 시대였다. 어쨌든 쓰시마번에 있어서는 막부의 생각이 호의적이지 않으면 안 된다. 그렇지 않으면 제한을 해제하여, 자유로운 무역을 허가 받을 수 없다. 그리고 쓰시마의 경제적 번영은 다시 돌아올 수 없는 것이다. 번영의 겐로쿠시대라고 말하면서, 쓰시마의 상황은 이미 예측 불허의 단계였다.

元祿八年(一六九五)幕府勘定奉行荻原重秀の發案で、銀の改鑄が行われる。銀貨の品位は、それまで通用していた慶長銀の八〇％から、元祿銀の六四％に劣化した。品位の劣る元祿銀は、当然、朝鮮側から受け取りを拒否される。貿易に對する惡影響は必至である。藩の先行きは、もう暗くなるばかりであった。對馬は当座の間、手持ちの古い慶長銀を、朝鮮への決濟に充てていた。だがそれもやがて底をつく。對馬に経済的余裕は、もはや無くなっていた。雨森芳洲に言わせれば「ざざいぶく(さざえの腹のように尻すぼみ)の御時勢」であった。對馬の命綱である朝鮮貿易を、さらに細めることは絶對にできない。竹島一件交涉において、これ以上に紛糾し、貿易に惡影響が及んではならなかった。對馬には、もはや選擇の余地は無かった。合意しなければ、もう對馬は破綻である。

겐로쿠 8(1695)년에 막부의 칸죠우봉행[해설 9] 하기와라 시게히데의
발의로, 은의 개주가 이루어졌다. 은화의 품위는 그때까지 통용되었
던 케이쵸우은 80%에서 겐로쿠은 64%로 낮아졌다. 품위가 떨어지는
겐로쿠은은 당연히 조선 측이 수취를 거부했다. 무역에 대한 악영향
은 필지였다. 쓰시마번의 앞날은 어둡기만 했다. 쓰시마는 당분간 보
유하고 있던 케이쵸우은을 조선의 결제에 충당했다. 그러나 그것도
곧 바닥이 났다. 쓰시마의 경제적 여유는 이미 없어졌다. 아메노모리
호우슈우는 그것을 "소라의 배(용두사미, 아래로 갈수록 좁아지는 것)
와 같은 시세"라고 말했다. 쓰시마의 생명줄이었던 조선무역을 더 이
상 줄이는 일은 절대로 있을 수 없는 일이었다. 타케시마잇켄의 교섭
에 있어, 이 이상 분규를 일으켜 무역에 나쁜 영향을 미쳐서는 안 되
었다. 쓰시마에는 이미 선택의 여지는 없었다. 합의하지 않으면 이미
쓰시마는 파탄이다.

　そのような中、元祿八年の夏に語られたのが、この竹島文談であ
る。幕府の意向を受け、その命に從うが、なお朝鮮とは決裂を避
け、對馬の命綱たる貿易を續行できなければならない。そのために
は幕府に情報を伝え、現狀を明らかにしなければならない。この
意見具申が、陶山庄右衛門から宗義眞へと上げられた。そして宗
義眞が幕閣との打ち合わせのため、いよいよ同八年の秋、江戶へ
出發する。宗義眞も藩の経濟的苦境を承知し、確實に追い詰められ
ていた。
　元祿九年(一六九六)には、對馬藩は出費半減の節約令を發してい
る。さらに元祿十年(一六九七)には、藩士から祿の借り上げまでも

行っている。坂道を轉がり落ちるように惡化する對馬藩の経濟であった。やむを得ず、同十年の末、對朝鮮貿易のベテランである橋辺半五郎と關野甚兵衛を朝鮮に派遣し、品位六四％の元祿銀を貿易代銀とする交渉を始めた。だがこの銀の変更問題は、その交換率をめぐり、もめにもめた。慶長銀での支拂いを元祿銀にすれば、一体どれくらい、割增しの支拂いが發生するのか、そこがポイントとなった。實際に貨幣の「吹き分け」を行い、互いに銀の含有率を調べた。だが互いの含有率データは相違した。その相違をもとに交渉を行うから、なかなか合意に至らない。對馬の主張は二五％割增しであったのに對し、朝鮮の主張は二九％割增しであった。結局、翌元祿十一年(一六九八)十一月、二七％割增しで決着した。このような経濟的背景の中で、對馬は竹島一件の交渉を、ねばり強く續けていたのである。

그러한 상황의 겐로쿠 8(1695)년 여름에 두 사람이 이야기한 것이 이『타케시마분단』이다. 막부의 의향에 따르고, 그 명에 따르나, 조선과의 결렬을 피해, 쓰시마의 생명줄인 무역을 지속하지 않으면 안 된다. 그러기 위해서는 막부에 정보를 전하여, 현상을 분명히 하지 않으면 안 된다. 그 의견을 스야마 쇼우에몬이 소우 요시자네에게 말씀드렸다. 그리고 소우 요시자네가 막각과 상의하기 위해, 1695년의 가을에 에도로 출발했다. 소우 요시자네도 번의 경제적 어려움을 알 정도로 확실히 곤경에 처했다.

겐로쿠 9(1696)년에 쓰시마번은 출비를 반감하는 절약령을 내렸다. 또 겐로쿠 10(1697)년에는 번사한테 녹을 빌리기까지 했다. 비탈길을 구르듯이 악화되는 쓰시마의 경제였다. 어쩔 수 없이 1697년 말에 대조선 무역의 베테랑인 하시나베 한고로우와 세키노 신베에를 조선에 파견하여, 품위 64%인 겐로쿠은을 무역대은으로 하는 교섭을 시작했다. 그러나 이 은의 문제는 그 교환을 둘러싸고 논쟁이 심했다. 케이쵸우은으로 지불하는 것을 겐로쿠은으로 하면, 도대체 얼마 정도, 할증하여 지불해야 하는 것일까. 그것이 중점이었다. 실제로 화폐를 녹여 함유물을 분리해보는 '후키와케'까지 실행하며, 서로가 은의 함유량을 조사했다. 그러나 상호의 함유율의 통계가 달랐다. 그 차이를 근거로 교섭을 행하므로, 좀처럼 합의에 이를 수 없었다. 결국 다음 겐로쿠 11(1698)년 11월에 27% 할증하여 결착을 보았다. 이러한 경제적 배경 속에서, 쓰시마번은 타케시마잇켄의 교섭을 끈질기게 지속했던 것이다.

竹島一件の交渉は、銀の変更問題の交渉と、相前後して進められていた。同時進行の交渉であったから、銀で妥協を得るためには、一方の竹島で妥協しなければならない。つまり相互補完の交渉であった。竹島一件において、幕府は日本漁民に渡海禁制を申し渡した。それは對馬の功績である。ならば、それに對し感謝の書狀が送り返されねばならない。そしてその感謝のしるしは、銀で、つまり貿易で、返して貰わねばならない。なおも交渉は継續した。

この嚴しい交渉には、それなりの先例がある。それが倭館移轉問題における交渉であった。竹島一件の交渉は、この倭館移轉の交渉を、そのままに眞似る交渉であった。同じく繰り返し使者を派遣し、同じくねばり強く交渉した。同じく倭館闌出事件を引き起こ

し、同じく強く壓力を掛けた。

　竹島一件における倭館闌出事件は、元祿十年(一六九七)八月に勃發
した。その折、釜山の民を捕らえ置いた。だが倭館移轉における闌
出事件の敎訓を踏まえ、この度は、朝鮮側は力ずくの外交的決着に
持ち込ませなかった。そして結局、平和的解決に收めていく。それ
しか道が無かったからでもある。

　타케시마잇켄의 교섭은 은의 변경문제의 교섭과 전후하여 진행되
었다. 동시 진행의 교섭이었으므로 은으로 타협을 이루려면, 다른 쪽
의 죽도를 타협하지 않으면 안 되었다. 즉 상호보완의 교섭이었다. 타
케시마잇켄에 있어 막부는 일본어민의 도해금제를 명했다. 그것은 쓰
시마의 공적이다. 그렇다면 그것에 대해 감사의 서장을 보내지 않으
면 안 된다. 그리고 그 감사의 표시는 은, 즉 무역으로 되돌려 받지
않으면 안 된다. 교섭은 계속되었다.

　이 어려운 교섭에는 그 나름대로 선례가 있다. 그것이 왜관이전의
문제에 대한 교섭이었다. 타케시마잇켄의[해설 10] 교섭은 이 왜관이전
의 교섭을 그대로 흉내 내는 교섭이었다. 그것과 마찬가지로 반복해
서 사자를 파견하며 마찬가지로 끈질기게 교섭했고, 마찬가지로 왜관
난출 사건을 일으키고, 마찬가지로 강하게 압박했다.

　타케시마잇켄에 있어서의 왜관 난출사건은[해설 11] 겐로쿠 10(1967)년
8월에 발발했다. 그때는 부산의 민간인을 잡아 가두었다. 그러나 왜관
이전의 난출사건의 교훈을 살려, 이번에는 조선 측이 민감하게 외교
적 해결을 하려하지 않았다. 그리하여 결국은 평화적으로 해결했다.
그럴 수밖에 없었기 때문이다.

元祿十一年(一六九八)六月、竹島一件の決着に對し、朝鮮からの感謝の書狀が江戸表に屆いた。それはやはり繰り返す交渉の末に、書き改められたものであった。その報告が同十一年九月、將軍德川綱吉のもとに屆けられ、その了承を得た。

元祿十二年(一六九九)三月、對馬は使者を朝鮮に派遣し、朝鮮政府からの「竹島謝書」を、正式に幕府に伝達し、それが受納されたことを伝えた。さらに同十二年十月、對馬藩の江戸家老から、老中の阿部豊後守正武に對し、この朝鮮への伝達を、無事に終えたことを報告した。竹島一件の交渉は、ここにおいて、全て終了した。

對馬の貿易は完全な中継貿易であった。日本銀によって商品を購入するというもの、輸出品の主役は、あくまでも銀であった。宝永年間(一七〇四～一七一一)には慶長銀と同等の品位の高い宝永特鋳銀(人参往古銀)が鋳造され、朝鮮交易に使用された。

だが所詮、銀が枯渇すれば貿易は衰退する。銀は限りある資源である。對馬は銀に替わる新たな輸出商品を、全く作り出すことができなかった。それゆえ、以後、對馬の繁榮は無かった。

겐로쿠 11(1698)년 6월에 타케시마잇켄이 결착된 것에 대해, 조선에서 감사의 서장이 에도에 도착했다. 그것은 역시 되풀이된 교섭의 결과 끝에 개서한 것이었다. 그 보고가 동11년 9월 장군 토쿠가와 쓰나요시에게 전달되어 승인을 받았다.

겐로쿠 12(1699)년 3월에 쓰시마는 사절을 조선에 파견하여, 조선정부의 '죽도사서'를 정식으로 막부에 전달하고 그것이 수납된 것을 전했다. 또 동년 10월에 쓰시마번의 에도 가로가 노중 아베 분고노카미

마사타케에게, 이것을 조선에 무사히 전달한 사실을 보고했다. 타케시마잇켄의 교섭은 이것으로 종료되었다.

쓰시마의 무역은 완전히 중계무역이었다.[해설 12] 일본은으로 상품을 구입하는 것으로, 수출품의 주역은 어디까지나 은이었다. 호우에이 연간(1704~1711)에는 케이쵸우은과 동질의 품질이 좋은 호우에이특주은(인삼왕고은: 조선의 인삼을 수입하는 데 사용된 은)이 주조되어 조선교역에 사용되었다.

그러나 아무래도 은이 고갈되면 무역이 퇴조한다. 은은 한계가 있는 자원이다. 쓰시마는 은을 대체할 수 있는 수출상품을 어떻게 해도 만들어낼 수 없었다. 그렇기 때문에 이후 쓰시마의 번영은 없었다.

特鑄銀「人蔘代往古銀」
日本銀行金融金融研究所貨幣博物館藏

【竹島文談의 현재적 의미】

この書簡資料は、今の「竹島問題」の解決に、重要な示唆を与える。交渉の当事者たちが、どう考え、どう行動すべきなのかを、これは明確に映しだす。もちろん時代が違い、事情が違い、事の背景も大きく異なっている。だが互いの國益を掛け、國の威信を掛け、知恵を絞り、論を整え、自らの立場、その主張を通そうとする。そしてぎりぎりのところまで交渉を續ける。そのようなところは現代の狀況と全く同じである。

これは外交文書の、一方の側の内部文書である。今で言えば、当分の間、秘匿して置くべき内々の文書、秘密文書に該当するものである。だがここには關わった当事者だけが体験する深い悩み、すなわち煩悶、不安、焦燥、無力感などが、如實に語られている。つまり極めて人間的なのである。外交は互いの國の力によって行われるが、そこに關わる個人の力も、決して無視できない力を持つ。それが手に取るように見えてくる。

이 서간의 자료는 오늘의 '죽도문제'의 해결에 중요한 시사를 하고 있다. 교섭의 담당자들이 어떻게 생각하고 어떻게 행동해야 하는가를 명확하게 그려낸다. 물론 시대가 다르고 사정이 다르고 문제의 배경도 크게 달라져 있다. 그러나 서로 국익을 걸고 나라의 위신을 걸고 지혜를 짜고 논리를 정비하여, 자기의 입장, 그 주장을 관철시키려 한다. 그리고 아슬아슬한 곳까지 교섭을 지속한다. 그러한 것은 현대의 상황과 다름이 없다.

이것은 외교문서의, 한 편의 내부문서다. 지금으로 말하자면, 당분간 비닉하여 두어야 하는 내부문서, 비밀문서에 해당하는 것이다. 그러나 여기에는 관계했던 당사자만이 체험하는 깊은 고민, 즉 번민, 불안, 초조, 무력감 등이 여실히 나타나 있다. 그야말로 인간적인 내용의 것이다. 외교는 서로가 국력에 의지하여 이루어지지만, 그것에 관여하는 개인의 능력도 결코 무시할 수 없는 힘을 가진다. 그것이 확실하게 보인다.

外交交渉の要諦は、雨森芳洲の「交隣提醒」に記されている。その幾つかを簡略に列擧すれば、次のようなものである。
第一項「朝鮮交接の儀は、第一に人情、時勢を知ることが肝要である」と、相手を良く知ることから外交は始まる。

외교교섭의 요체는 아메노모리 호우슈우의 『교린제성』에 기록되어 있다. 그 몇 개를 간략하게 열거하면 다음과 같은 것이다.
제1항 '조선교접의 의는 제1로 인정과 시세를 아는 것이 중요하다.' 라고 있는 것처럼, 상대를 잘 아는 것에서 외교는 시작된다.

第十一項 「隣交と言うことでは、通詞ほど大切な役人は無い。言語さえ通じればよいというものではない。人柄もよく、才覺があり、物事の道理、義務をわきまえ、上司を大切にする者でなくてはならない。そのような人でなければ本当の役には立たない」と、外交に關わる担当官の人格、識見の高さ、また自らの業務に對する自覺が、重要だと說く。

제11항 '인교라고 말하는 것에는 통사처럼 중요한 자가 없다. 언어만 통하면 좋다는 것은 아니다. 인품도 좋고 재능도 있어 사물의 도리와 의무를 분별하여 상사를 소중히 여기는 자가 아니면 안 된다. 그러한 사람이 아니면 보탬이 되지 않는다.'라고, 외교에 관계하는 담당관의 인격과 높은 식견, 그리고 스스로의 의무에 대한 자각이 중요하다 했다.

第十三項 「日本と朝鮮とは諸事風儀が違い、嗜好もそれに応じて違う。そのような所に、どうにも日本の風儀を持ち出して朝鮮人に對すれば、食い違いが多く生じる。日本ではよいと言うことが朝鮮ではそうではないし、日本でよくないと言うことが朝鮮ではよいということが、限りなくある。そのようなことを心得ておかねばならない」と、文化相對主義の認識である。互いの文化を尊重し、それに応じた對応がある。

제13항 '일본과 조선은 모든 일의 풍습이 다르고 기호도 그것에 따라 다르다. 그러한데도 무작정 일본의 풍습으로 조선인을 대하면 엇박자가 많이 생긴다. 일본에서는 좋다고 말하는 것이 조선에서는 그렇지 않고, 일본에서 좋지 않다고 말하는 것이 조선에서는 좋다고 하는 일이 한없이 많다. 그러한 것을 미리 알아 두지 않으면 안 된다.'라고, 문화상대주의 인식을 들었다. 상호가 문화를 존중하고 그것에 따라 대응해야 한다는 것이다.

第十四項 「朝鮮人はみだりに言葉に表さないから、それを愚かであると思ってしまう。朝鮮人は婉曲に表現するから、それを煮え切

らないと思ってしまう。だがそうではない。前後を踏まえた知慮の深さがそうさせるのであり、古今の書伝にも彼らは通じている。下々の者さえ、その知慮の深浅は、とうてい日本人の及ぶところではない」と説く。その通りで、外面だけから判断してはならない。その奥底にある眞實を見抜く力が、外交には必要である。

　第14항 '조선인은 함부로 말로 표현하지 않으므로 그것을 어리석다고 생각해버린다. 조선인은 완곡하게 표현하므로 그것을 미적지근하다고 생각해버린다. 그러나 그렇지 않다. 전후를 포함한 지려의 심천은 도저히 일본인이 미치지 못한다.'라고 이야기했다. 맞는 말로, 외면만으로 판단해서는 안 된다. 그 깊은 곳에 있는 진실을 보는 능력이 외교에는 필요하다.

　第二七項　「豊臣家は名分の無い戰を起こし、兩國の無數の民を殺戮した。そのような暴惡を示す耳塚を朝鮮の使者に見せ、日本の武威を現すことになると思うことなど、何とも奇妙なこと、恥ずべきことで、却って我が國の無學、不見識を現すことである」と斷じる。相手に對する配慮が欠けては、そもそも外交は成立しない。まして攻め込んだ側が、その惨禍を忘れては話にならない。攻め込まれた側は、表面上は何事も無かったようにふるまうが、ずっと怨念を持ち續け、語り継いでいる。そのような記憶は共有され、反省の上に立って、互いの語り合いがなされなければならない。

　제27항은 '토요토미가는 명분이 없는 전쟁을 일으켜 양국의 무수한

인민을 살육했다. 그러한 포악을 나타내는 귀무덤을 조선사자에게 보여 일본의 무위를 나타내겠다고 생각하는 것 등은, 참으로 기묘한 일, 부끄러운 일로 오히려 우리나라의 무학, 불견식을 나타내는 일'이라고 단정한다. 상대에 대한 배려가 없으면 애초 외교는 성립되지 않는다. 하물며 쳐들어간 쪽이 그 참화를 잊어서는 말이 안 된다. 공격을 받은 쪽은 표면상으로 아무런 일도 없었던 것처럼 행동하나, 지속적으로 원한을 가지고 있으며 계속해서 이야기한다. 그러한 기억을 공유하여, 반성을 바탕으로 해서, 서로 이야기하지 않으면 안 된다.

第三二項 「竹島一件までは、威力を示し脅し叱りすれば、ことは進んだ。しかし、この七年の経過を経て、そのようなことでは、ことは進まなくなった。そのような恐喝まがいの談判では、かえって外聞も惡く、しかも成るものも成らなくなってしまうのだ」と言う。武威を示し交涉を成立させようとしても、それを許さぬ時代に入っていた。そもそも朝鮮は儒敎による秩序によって國を治める。文官が武官に優越していた。一方、日本は戰亂の中、武を以て秩序を図ってきた國である。武官が文官に優越していた。だがこの竹島一件の時代、すなわち德川綱吉の治世、文官が武官に優越する世に轉換を始めていた。そのような時代の趨勢を、外交を担当する者は、よく見据えておかねばならない。すなわち時代を讀むことが必要なのである。

제32항은 '타케시마잇켄까지는 위력을 보이며 위협하며 소리치면 일이 성사되었다. 그러나 이 7년의 경과를 거쳐, 그러한 일로는 일이

이루어지지 않게 되었다. 그러한 공갈 같은 담판으로는 오히려 평판도 나쁘고, 될 일도 되지 않게 되고 만다.'라고 말했다. 무위를 보여 교섭을 성립시키려 해도 그것을 허락하지 않는 시대가 되었다. 애당초 조선은 유교에 의한 질서로 나라를 다스린다. 문관이 무관보다 우월했다. 한편 일본은 전란 중에 무를 가지고 질서를 지켜온 나라였다. 무관이 문관보다 우월했다. 그러나 이 타케시마잇켄의 시대, 즉 토쿠가와 쓰나요시의 치세는 문관이 무관보다 우월한 세상으로 전환하기 시작했다. 그러한 시대의 추세를, 외교를 담당하는 자는 잘 보지 않으면 안 된다. 즉 시대를 읽는 일이 필요한 것이다.

第四九項「朝鮮人が嫌がることを、頓着無く、ごり押しして一件落着しても、長い目で見れば、結局、日本の不利益になる」と記す。壓力を掛けて、こちらの言い分を通してみても、結局、長い目で見れば、利益に繋がらないという。全く、その通りである。外交交渉の評価は、結局、歴史が評価するものである。この竹島一件の評価は、さていかがなものだろうか。

歴史的文書「竹島文談」に關わった二人の当事者を、では次に紹介しておく。最初の書簡文を書いた一方の当事者、陶山庄右衛門についてである。そして續いて返答の書簡文を書いた今一方の当事者、賀島兵助についてである。そして影に隠れてはいるが、この竹島交渉に多大な影響を与えた人物として、雨森芳洲についても触れておく。

제49항은 '조선인이 싫어하는 일을 눈치 없이 억지로 밀어붙여 일건을 낙착한다 해도 긴 안목으로 보면 결국 일본의 불이익이다.'라고

기록했다. 압력을 가해 이쪽의 요구를 밀어붙여도 결국 긴 안목으로 보면 이익으로 이어지지 않는다 한다. 그야말로 그대로이다. 외교교섭의 평가는 결국 역사가 평가하는 것이다. 이 타케시마잇켄의 평가는 과연 어떤 것일까. 역사적 문서『타케시마분단』에 관여했던 두 당사자를 다음에 소개한다. 먼저 처음에 서간문을 쓴 한쪽의 당사자 스야마 쇼우에몬을 이야기한다. 그리고 이어서 답의 서간문을 쓴 한쪽의 당사자 카시마 효우스케를 이야기한다. 그리고 그늘에 가려져 있으나, 이 죽도교섭에 다대한 영향을 준 인물 아메모리 호우슈우에 대하여 언급하기로 한다.

陶山庄右衛門의 墓
対馬府中(嚴原町)의 修善寺에 있다. 墓碑銘은 '訥庵鈍翁墓'이라고 새겨져 있다.
옆에 처의 묘가 있다.

陶山庄右衛門(訥庵)畫像
日本経済叢書, 卷十三(日本経済叢書刊行會, 瀧本誠一編, 大正四年)의 「陶山鈍翁肖像」

【陶山庄右衛門】

陶山庄右衛門(一六五七～一七三二)は、号を訥庵、または鈍翁と称する。字(あざな)は存(ながろう)で、別号を海隅小生、また西丘老夫という。對馬藩政史に殘る顯著な業績を收め「對馬聖人」とも称されている。その略歴を少し掲げると、次のようになる。

明暦三年(一六五七)對馬藩宗家の儒医として仕える陶山玄育の嫡子として、對馬府中(今の嚴原町)にて生誕した。幼名を五一郎という。

寛文年中(一六六一～一六七三)京そして江戸へ出る。木下順庵の門に入り、朱子學を學ぶ。木門六百人中、賢才は室鳩巣と陶山五一郎と、師の順庵をして言わしめる程の學業を修める。その後、南都にて心學(儒・仏・神の融合の學)を修行する。延宝二年(一六七四)十八歳で致仕。なお京にて學業を續け、延宝五年(一六七七)に歸島した。

스야마 쇼우에몬(1657～1732)은 호를 돈오라 한다. 자는 존(나가로우)으로 별호를 해우소생, 또는 서구노부라 했다. 쓰시마 번정사에 남는 현저한 업적을 거두어 '쓰시마 성인'이라고 칭송하고 있다. 그 약력을 약간 소개하면 다음과 같다.

메이레키 3(1657)년에 쓰시마 소우케의 의사로 일하는 스야마 겐이쿠의 적자로 쓰시마 부중(지금의 이즈하라쵸우)에서 태어났다. 유명은 고이치로우라 한다.

칸분연중(1661～1673)에 쿄우토와 에도에 나갔다. 기노시타 준안의 문하가 되어 주자학을 배웠다. 보쿠몬 600인 중에 현재는 무로 큐우소와 스야마 고이치로우라고 스승 준안이 말할 정도로 학업을 닦았다. 그 후 남도(奈良)에서 심학(儒佛神을 융합한 학문)을 수행하고, 엔호우 2(1674)년 18세에 출사했다. 이후 쿄우토에서 학업을 계속하다 엔호우 5(1677)년에 귀도했다.

延宝八年(一六八〇)二十四歳で家督を継ぎ、馬廻(上士)格として祿百石を給う。天和元年(一六八一)朝鮮通信使招聘の使者として朝鮮に渡る。すでに四回ほど朝鮮に渡っていて、朝鮮情勢に詳しかったからである。そしていよいよ天和二年(一六八二)綱吉襲職の祝賀に、その朝鮮通信使が來日する。この折、儒官として応接し、江戸へ隨行した。

貞享二年(一六八五)主命により、平田直右衛門、加納幸之助と共に「宗氏家譜」を編纂した。すなわち宗氏累代の文書を閲覧し、學術官としての経験も積む。この一時期、儒者としての生活を離れ、家業の医業を継いだ。だが医業は肌に合わなかった。やはり儒者として、學業の末に目指す聖人の道を踏み行いたい。對馬の農政改善、對馬農村の振興に向け、充分に資する仕事を行いたい。そのような自らの使命を改めて感じ取った。元祿三年(一六九〇)氣根に乏しく、なにぶんにも儒医の家業を勤め難いと、家業御免を願い出た。これが許され家業(医業)の繁忙から、ついに開放された。

엔호우 8(1680)년 24세에 가독을 잇고, 우마마와리(상사)[해설 13] 격으로 녹 100석을 받는다. 텐나 원(1681)년에 조선통신사 초빙의 사자로 조선에 건너갔다. 이미 4회 정도 조선에 건너간 일이 있어, 조선의 정세에 밝았기 때문이다. 그리고 텐나 2(1682)년에 쓰나요시 습직의 축하로, 조선통신사가 내일할 때, 유관으로서 응접하며 에도에 수행했다.

죠우쿄우 2(1685)년에 주인의 명에 따라 히라타 나오에몬 가노 유키노스케와 같이 『소우씨케후』를 편찬했다. 즉 소우씨 누대의 문서를 열람하고 학술관으로서의 경험을 쌓았다. 한때는 유자의 생활을 떠나 가업인 의업을 이었다. 그러나 의업이 성격에 맞지 않았다. 역시 유자로서 학업을 목표로 하는 성인의 길을 걷고 싶었다. 쓰시마의 농정개선, 쓰시마 농촌의 진흥을 향해 마음껏 이바지하는 일을 하고 싶었다. 그러한 스스로의 사명을 새삼스럽게 느꼈다. 겐로쿠 3(1690)년 끈기가 부족하여 아무래도 의업의 가업에 종사하기 어렵다며, 가업을 그만두는 원서를 냈다. 그것이 허가되어 번잡스런 가업(의업)에서 겨우 개방되었다.

　元祿八年(一六九五)五月、朝鮮情勢に詳しいゆえ、使者の一人として、また朝鮮に派遣された。ここで朝鮮側と向き合い、竹島の事で論談した。だが交渉はまとまらず、やむなく對馬に歸還する。この時期、對馬藩の藩論は割れ、今後の對策が藩內で檢討されていた。この折、竹島の件に關し、私淑する先輩の賀島兵助に相談した。この時の往復の書簡が「竹島文談」である。その賀島の意見を承け、方針を定め、藩論を主導する。十月には宗義眞に從い、江戸へ向け出發した。だが中途で病を得て、京にとどまり靜養した。その間、藩主と江戸の年寄りたちは公儀と相談し、いよいよ方針が定まった。ここに竹島交渉は新たな段階に入り、解決に向けて動きだした。

겐로쿠 8(1695)년 5월에 조선 정세에 밝기 때문에 사자의 한 사람으로 조선에 파견되었다. 여기서 조선과 마주하여 죽도의 일을 논담했다. 그러나 교섭이 이루어지지 않아 어쩔 수 없이 쓰시마로 귀환했다. 이 시기에 쓰시마번의 의견은 둘로 나뉘어져, 금후의 대책이 번내에서 검토되었다. 이때 죽도건에 관하여 사숙하는 카시마 효우스케와 상담했다. 그러며 왕복한 서간이『타케시마분단』이다. 그 카시마의 의견을 듣고 의견을 결정하고 번론을 주도했다. 10월에는 소우 요시자네를 따라 에도로 출발했으나 도중에 병을 얻어 쿄우토에 머물며 몸조리했다. 그 사이에 번주와 에도의 토시요리들은 장군과 상담하여 방침을 정했다. 여기서 죽도교섭이 새로운 단계에 들어, 해결을 향해 움직이기 시작했다.

元祿九年(一六九六)一月、ついに日本漁民の竹島渡海禁令が出され、それに對する朝鮮からの感謝狀が、元祿十一年(一六九八)六月に江戸に届いた。こうして竹島一件は落着を見る。

元祿十一年(一六九八)七月、陶山庄右衛門は、雨森芳洲と共に、朝鮮方支配佐役に就いた。同年九月には、對馬藩飛地の肥前國田代領と隣國久留米藩との川界紛爭の解決を命ぜられ、田代に赴任する。元祿十二年(一七九九)一月、この河川の眞ん中を境界とする約定書を交換し、この多年の懸案を解決に導いた。

겐로쿠 9(1696)년 1월에 드디어 죽도도해금령이 내리고, 그것에 대한 조선의 감사장이 겐로쿠 11(1698)년 6월에 에도에 도착했다. 그렇게 해서 타케시마잇켄은 종결되었다. 겐로쿠 11(1698)년 7월에 스야마 쇼우에몬은 아메노모리 호우슈우와 같이 조선방지배좌역을 맡았다. 동년 9월에는 쓰시마번의 토비치인[해설 14] 히젠노쿠니 타시로령과 인국 쿠루메번의 경계 분쟁의 해결을 명받고, 타시로에 부임했다. 겐로쿠 12(1699)년 1월에 하천의 한가운데를 경계로 하는 약정서를 교환하여 수년의 현안을 해결로 이끌었다.

元祿十二年(一六九九)三月、四十三歲で藩の郡奉行に就任する。以後、田畑の少ない對馬のため、農業振興に力を注ぐ。飢饉對策として甘藷栽培を獎勵し、救貧對策などに顯著な業績を收める。對馬農業の自給自足体制に向け、強力に農政を指導した。農作物を食い荒らし農民の生産意欲を削ぐ猪を、對馬から根絶するため、ついに「殲猪令」を發した。對馬の島を、九つの區畫に區切り、柵を作り、農民に銃の扱い方を教え、冬場の農閑期を利用し、猪を一區畫ずつ殲滅していった。八万頭の猪を十年の歲月を掛け、全て殺し盡くした。当時、德川綱吉の時代である。生類憐れみの令が發せられていた。農民たちは深山聖域へ踏みこみ殺生を行うことを恐れた。だが粘り強い説得と優れた指導力によって、この困難な猪狩りの大事業を果たした。

겐로쿠 12(1699)년 3월에 34세로 번의 고오리봉행으로 취임했다. 이후 논밭이 적은 쓰시마를 위해 농업진흥에 힘을 쏟는다. 기근대책으로 감자재배를 장려하고 구빈대책 등에 현저한 업적을 거둔다. 쓰시마 농업의 자급자족 체제를 목표로 강력하게 농정을 지도했다. 농작물을 파헤쳐 농민의 생산의욕을 떨어뜨리는 멧돼지를 쓰시마에서 근절하기 위해, 결국 '섬저령'을 내렸다. 쓰시마 섬을 아홉 구역으로 나누어 책을 세우고 농민에게 총 다루는 법을 가르쳐, 겨울 농한기를 이용하여 멧돼지를 한 구역씩 차례로 섬멸해 나갔다. 8만 두의 멧돼지를 10년의 세월에 걸쳐 죽였다. 당시는 토쿠가와 쓰나요시의 시대로, 생류를 아끼라는 영이 내려 있었다. 농민들은 심산성역에 들어가 살생하는 것을 두려워했으나, 끈질긴 설득과 뛰어난 지도력으로 이 곤란한 멧돼지 사냥이라는 대사업을 수행했다.

陶山は對馬の自立を、朝鮮貿易による利のみに賴ることに、强い危機感を持っていた。だから農業生産性の向上によって、島の自立を果たそうとする。だが陶山の目指したのは、それだけではない。島の経濟的自立の構想と共に、島の軍事的自立の構想も持っていた。「治にあって亂を忘れず(易経、繫辭伝下)」と、この島國を島民自身によって守るつもりであった。それは異國との接点に位置する對馬ならではの發想である。

스야마는 쓰시마의 자립을 조선무역에 의한 이익에만 의지한다는 것에 강한 위기감을 가지고 있었다. 그래서 농업생산의 향상을 통한 섬의 자립을 이루려고 했다. 스야마가 목적한 것은 그것만이 아니었다. 섬의 경제적 자립 구상과 함께 섬의 군사적 자립의 구상도 가지고 있었다. '통치에 있어서 난을 잊지 않고(易經繫辭伝下)'라고, 이 섬나라를 도민 자신의 힘으로 지킬 계획이었다. 그것은 이국과의 접점에 위치하는 쓰시마가 아니면 가질 수 없는 발상이었다.

ここでは様々な國の船が漂着の形で訪れる。突如、賊船へと変貌することも無いわけではない。まして朝鮮との間に紛爭など生じれば、島はたちまち戰場の最前線と化す。元祿六年に始まり同十二年に終わった「竹島一件」は、そのような可能性を大いに孕んでいた。軍事的裏付けの無い外交交渉は、まことにひ弱なものと自覺していた。その反省の上に立ち、この島の軍事防衛が構想されたのである。一旦、事が起これば、泰平の世を生きる島内の武士だけでは、島を守ることなどできない。ならば對馬防衛のためには、農民にも銃火器を分け与え、軍事要員とすれば良い。そして實際に、對馬府中で鐵砲製造が行われていく。それが猪退治に使用されていった。猪退治とは、實は軍事演習でもあった。訓練された農民が、對馬の深い山を利用し、戰鬪作戰を行うというものである。それは今でいうゲリラ戰の演習で、對馬一島を難攻不落の要塞化するものであった。だが軍事訓練だけを行うと、幕府から謀反の疑いを掛けられる。すなわち藩は取り潰されてしまう。そのため猪退治を隱れ簑として利用したのである。

　이곳에는 여러 나라의 배가 표착의 형태로 찾아온다. 돌연 적선으로 변모하는 일도 없지 않다. 하물며 조선과의 사이에 분쟁 등이 생기면 섬은 즉시 전장의 최전선으로 변한다. 겐로쿠 6년에 시작되어 동 12년에 끝난 '타케시마잇켄'은 그러한 가능성을 크게 잉태하고 있었다. 군사적 뒷받침이 없는 외교교섭은 그야말로 약한 것이라고 자각하고 있었다. 그 반성을 토대로 이 섬의 군사적 방위가 구상된 것이다. 일단 일이 생기면 태평세를 보내는 도내의 무사만으로는 섬을 지킬 수 없다. 그렇다면 쓰시마 방위를 위해서는 농민에게도 총화기를 나누어 주고 군사요원으로 삼는 것이 좋다. 그래서 실제로 쓰시마 부중에서 철포제조를 하고 있었다. 그것들이 멧돼지 퇴치에 사용되었다. 멧돼지 퇴치는 군사연습이기도 했다. 훈련된 농민이 쓰시마의 깊은 산을 이용하여 전투작전을 행한 것이다. 그것은 현재에 말하는 게릴라전의 연습으로, 쓰시마 일도를 난공불락의 요새화시키는 일이었다. 그러나 군사훈련만을 목적으로 하면 막부는 반란으로 의심하기 쉽다. 그렇게 되면 번은 찌부러지고 만다. 그래서 멧돼지 퇴치를 구실로 이용한 것이다.

　この對馬の軍事的自立策は、だが陶山のオリジナルではない。それは彼が私淑する先輩賀島兵助の發想である。『賀島兵助言上書』第三十四條に、その發想がある。

　陶山は晩年、農政に關する著作に專念し、農政學者として名を殘す。そして享保十七年(一七三二)中風(腦卒中)となり死亡した。享年七六歲である。その墓所は嚴原の修善寺にある。碑銘は「訥庵鈍翁墓」である。その葬式には全島鄕村から參列があった。なかでも雨森芳洲が衣を脱いで棺を覆うたことや、對馬藩執政の大浦忠左衛門が墓穴に臨んで落涙したことは、今に伝えられている。享保二十年(一七三五)には、佐護の農民たちが、その遺德を偲び佐護河畔に頌德碑「曠古遺愛の碑」を建てる。こちらの碑文は「國の事　能く知る人のなかりせば　などか建てなんこの碑(いしぶみ)を」である。これは雨森芳洲が詠んだものである。

이 쓰시마의 군사적 자립책은 스야마의 독창적인 것이 아니다. 그것은 그가 사숙하는 선배 카시마 효우스케의 발상이다. '카시마 효우스케 코토아게쇼' 제34조에 그 발상이 있다.

스야마는 만년에 농정에 관한 저작에 전념하여 농정학자로 이름을 남긴다. 그리고 쿄우호우 17(1732)년에 중풍(뇌졸중)으로 사망했다. 향년 76세였다. 묘소는 이즈하라의 슈우젠지에 있다. 비명은 '도쓰안 돈오우의 묘'이다. 그 장례식에는 전도 향촌에서 참례했다 한다. 그중에도 아메노모리 호우슈우가 옷을 벗어서 관을 덮었던 일이나 쓰시마한 집정 오오우라 타다자에몬이 묘혈에 서서 낙루한 일은 지금까지 전해지고 있다. 쿄우호우 20(1735)년에는 사고의 물가에 송덕비 '광고유애의 비'를 세웠다. 이 비문은 '나라의 일을 잘 아는 사람이 아니라면 어찌 세우겠는가 이 비를'이다. 이것은 아메노모리 호우슈우가 읊은 것이다.

【賀島兵助】

賀島兵助(一六四五〜一六九七)は名を成白と称する。号は恕軒である。對馬藩政史において、陶山訥庵と並ぶ名行政官、しかも廉直の士である。

正保二年(一六四五)對馬府中(今の嚴原町)にて生誕した。母は對馬名門の阿比留氏で淑德の婦人、よく日々兵助を教訓したと言う。父の賀島仁左衛門成尙は、慷慨氣節の士であった。元來が旅人で、藩主の宗義成(よしなり)によって新たに召し抱えられた人物という。この父なる人は、明暦三年(一六五七)宗義成の死に際し、いざ殉死をと決意した。だが幕命によって中止させられる。しかし翌万治元年(一六五八)主君の命日に、殉死十三士の一人として、切腹を決行した。これは「万治の追腹」と称される壯絶なものである。行年四七歳の、この父は、極めて謹嚴實直な性格であった。兵助は、その次男である。

카시마 효우스케

카시마 효우스케(1645〜1697)의 이름은 성백이라 칭한다. 호는 죠켄이다. 쓰시마 번정사에 있어 스야마 도쓰안과 같이 내세울 수 있는 행정관, 그것도 청렴결백한 선비였다. 쇼우호 2(1645)년에 쓰시마 부중(지금의 이즈하라초)에서 태어났다. 모는 쓰시마 명문의 아비루씨 숙덕의 부인으로, 하루같이 효우스케를 잘 교훈했다 한다. 부 카시마 닌자에몬 나리히사는 강직한 기질의 선비였다. 원래 여행가로 번주 소우 요시나리가[해설 15] 초빙하여 일을 시킨 인물이라 한다. 이 부친이라는 사람은 메이레키 3(1657)년에 소우 요시나리의 죽음을 계기로 순사를 결심했으나 막부의 명령으로 중지되었다. 그러나 다음 해 만지 원 (1658)년, 주군의 기일에 순사한 13인사의 한 사람으로서, 셋푸쿠(할복 자살)를 결행했다. 이것은 '만지의 추복'으로 불리는 장절한 사건이었다. 행년 47세의 부는 아주 근엄실직한 성격이었다. 효우스케는 그 부친의 차남이었다.

賀島兵助(恕軒)畵像
松尾禎作『鄕土更正之事蹟, 基肄養父實記, 附賀島兵介公小傳』昭和 8 年刊)
우는 아들 元千代

賀島兵助夫妻畫像
松尾禎作『鄉土更正之事蹟，基肄養父實記，附賀島兵介公小傳』昭和 8 年刊)

賀島兵助의 墓
対馬府中(厳原町)의 海岸寺에 있다.

賀島兵助의 頌德碑 「憲副賀島君碑」
佐賀縣鳥栖市田代本町 太田山 安生寺 境内에 있다.

『對馬夜話』に載るエピソードであるが、寺にて父が殉死の際、兄なる人に「介錯せよ」と命じたという。だが兄は涙にくれ、立ち上がることさえできなかった。そこで弟である兵助が立ち上がり、介錯を勤めようとする。だが父はそのような兵助を叱った。「兄は父子の情にひかれて、速やかに立ちも得ざれ共、介錯の事をば、いかで弟に致さすべき。汝はさはなくて、兄を凌ぐ志あり。さては一生を送ること心もとなし」と、たしなめた。結局、兄が介錯を勤めたが、当時十四歳であった兵助は、この父の臨終の一言を忘れない。終生の戒めにしたという。

寛文四年(一六六四)二十歳になった兵助は、大小姓(中士)として召し出され、初出仕する。五人扶持七石であった。

『쓰시마야화』에 있는 이야기로, 절에서 아버지가 순사했을 때, 형이라는 자에게 "할복하는 곁에 있다 목을 베라."고 개착을 명했다 한다. 그러나 형은 슬픔에 젖어 일어나지도 못했다. 그러자 동생인 효우스케가 일어나 개착을 수행하려 했다. 그러나 아버지는 그러한 효우스케를 꾸짖었다. "형은 부자의 정에 이끌려 재빨리 일어나지도 못하는데, 어찌 개착의 일을 동생이 하게 하겠는가. 너는 그렇지 않아도 형을 능가하는 의지가 있다. 그러면 일생을 보내는 데 불안하다."라고 나무랐다. 결국 형이 개착을 맡아 실행했으나 당시 14세였던 효우스케는 부가 임종 시에 말한 것을 잊지 않고 평생의 가르침으로 삼았다 한다.

칸분 4(1664)년에 24세가 된 효우스케는 오오고쇼우(중사)로 부름을 받아 출사하기 시작했다.[해설 16] 5인 후치 7석이었다.

延宝三年(一六七五)三一歳となった兵助は、肥前國田代(佐賀縣の基肄郡・養父郡)の郡佐役(副代官)となって赴任する。肥前國田代は、對馬府中藩の飛び地である。宗義智が文祿の役の戰功を賞され、薩摩國出水郡一万石を得たが、遠方ゆえ慶長元年(一五九六)これの代地として交換になった領地である。代官所を田代(今の鳥栖市)に置いたことから田代領と稱する。

　この地は米の欠乏に悩む對馬の、まさに穀倉地帶である。だが当時は荒蕪きわまりない土地であった。ここに赴任してから約十年、疲弊と困窮のどん底にあった領民に、なんとか生計が立つよう善政を敷く。飢餓に苦しむ領民に救援米を據出し、病者の救濟、奉公人の請返し、また訴訟制を設け、民意の不滿を取り上げ、汲み上げた。養蚕その他の産業を奬勵し、洪水被害をくい止めるため、山には植林し、河川を修復、護岸(堤防)工事を行っていく。その政治は時宜を得て、田代領は豊かな土地へと変貌した。治安も回復し、平和が訪れ、領民から兵助は慈父のように慕われた。それらの樣子をまとめたものが『基肄養父實記』である。当時親交のあった貝原益軒など、この深い味わいの內容を評し「鶴の吸物」と稱したほどである。

　엔호우 3(1675)년에 31세가 된 효우스케는 히젠노쿠니 타시로(사가켄의 기이군・야부군)의[해설 17] 군좌역(부대관)이 되어 부임한다. 히젠국 타시로는 쓰시마 부중번의 타지의 영지이다. 소우 요시토모가 분로쿠의역(임진왜란)에서 세운 전공을 보상받아, 사쓰마노쿠니 이즈미군 1만 코쿠를 받았으나 멀기 때문에 케이쵸우 원(1596)년에 이것을 대지로 해서 교환한 영지였다. 대관소를 타시로(지금의 도스시)에 두었기 때문에 다시로령이라고 칭했다.

이 자방은 쌀의 부족으로 고뇌하는 쓰시마의, 그야말로 곡창지대이다. 그러나 당시는 말로 표현할 수 없는 거친 토지였다. 이곳에 부임하여 약 10년간, 피폐와 곤궁의 밑바닥에 있는 지역민에게, 어떻게든 생계를 꾸리도록 선정을 폈다. 기아에 허덕이는 주민에게 구원미를 거출하여 주고, 병자를 구제하고, 고용인을 귀가시키고, 소송제의 설치로 불만이 있는 민의를 취급하여 해결하였다. 양잠과 다른 산업을 장려하고, 홍수 피해를 예방하기 위해 산에 식림하고, 하천을 수복하며, 제방공사를 했다, 그 정치는 시의를 얻어, 타시로 영지는 풍요로운 땅으로 변모했다. 치안도 회복되고, 평화가 찾아와, 주민들이 효우스케를 엄부처럼 따랐다. 그러한 상황들을 정리한 것이 『키요우부짓키』이다. 당시 친교가 있었던 카이바라 에키켄 등이, 이 깊은 맛이 있는 내용을 평하여 「쓰루노스이모노(최고급요리)」라고 칭할 정도였다.

貞享二年(一六八五)郡佐役(副代官)となった內野才兵衛成忠と交代し、兵助は對馬に歸った。藩主の宗義眞は、この兵助の功績を賞し、上士に引き上げ七十石の錄を給した。

貞享四年(一六八七)四三歲の時、次々と治績を擧げたその功により、藩の大監察(大目付)を命じられた。早速その職分に從い、對馬藩政の內部を自ら子細に点檢する。表向きは繁榮の對馬藩であったが、銀流出問題に端を發した貿易制限令(貞享令)が發されたことで、その實態は極めて嚴しくなっていた。だがなお藩老による專橫政治、放漫財政、藩主による奢侈浪費が繼續し、それに導かれる拝金主義が、藩全体を覆っていた。藩幹部と結ぶ特權商人と、それ以外

の商人との間に、大きな経済的格差が生じていた。貿易の縮小は、零細商人の側を、極度に追い詰める。すでに投身自殺まで起きていた。また上士層と中下士層との間の、経済的格差も進み、下級武士の困窮は目を覆うものがあった。そのような中下士層を救うため、一部で地方知行制が復活してきた。だがそれでは府内士が郷村に分け入り、農民の持つ土地を収納する。農民自身も大いに困窮していた。この時期、對馬の山林は、家中の普請や薪買いや銀山の炭焼きなどで伐採され盡くし、島の全てが、禿げ山、荒れ山となっていた。生活に苦しむ農民に、もはや山林収入も無い。藩政の矛盾は、ここに完全に露呈してきた。

죠우쿄우 2(1685)년에 군좌역(부대관)이 된 우치노 사이베에나리타다와 교대하고, 효우스케는 쓰시마로 돌아왔다. 번주 소우 요시자네는 이 효우스케의 공적을 인정하여, 상사로 승진시키고 70코쿠(石)의 녹을 주었다.

죠우쿄우 4(1687)년 43세 때, 착실히 치적을 쌓은 공으로, 번의 대감찰(오오메쓰케)을 명받았다. 서둘러 그 직분에 따라 쓰시마 번정의 내부를 자세히 점검했다. 표면적으로는 번영하는 쓰시마번이었으나 은의 유출문제로 시작된 무역제한령(죠쿄령)이 발령되어, 그 실상은 아주 어렵게 되었다. 그럼에도 아직도 번로에 의한 전횡정치, 방만재정, 번주의 사치와 낭비가 계속되고, 그것에 따른 배금주의가 번 전체를 휩싸고 있었다. 번 간부와 결탁한 특권상인과, 그 외의 상인 간에 커다란 경제적 격차가 생기고 있었다. 무역의 축소는 영세상인 측을 극도로 어렵게 했다. 이미 투신자살까지 일어나고 있었다. 또 상사층과

중·하사층 사이의 경제적 격차도 커져 하급무사의 곤궁은 볼 수가 없었다. 그러한 중·하사층을 구하기 위해, 일부에서 지방행정제가 부활했다. 그러나 그렇게 되면 부내관리가 향촌에 들어가 농민이 가진 토지를 수납하게 된다. 농민 자신도 크게 곤란했다. 이런 시기에 쓰시마의 산림은 번사(藩士)들의 일꾼이나 나무꾼, 은산의 숯 굽는 사람 등의 채벌로 섬 전체가 민둥산이 되었다. 생활이 어려운 농민에게는 이미 산림 수입도 없게 되어 번정의 모순이 완전히 노출되었다.

兵助は藩政改革の必要性を唱え、覺悟の諫言を行う。「如何樣之死罪にも仰せ付けらるべく候」と、その死を賭しての秕政彈劾書が、時弊三十四ヶ條を列記した『賀島兵助言上書』である。この時、確かに朝鮮貿易は不振であった。幕府は長崎貿易制限策を朝鮮貿易にも適用させ、貿易額の總枠抑制を命じていた。このため對馬藩の財政は急激な惡化をきたしていた。賀島兵助言上書は「近年は御商賣不利に罷り成り、御勝手御手續き成られ難く候」と收支バランスが取れていない藩経濟を鋭く指摘する。その壓迫が下々の生活を、いよいよ不安に陷れていた。それゆえ放漫財政を取り仕切って來た藩老樋口孫左衛門と、その与党とを、ここで彈劾の標的とした。まつりごとの爲されようを、民の暮らしぶりへの配慮を、今一度考慮するよう强く訴えた。だが当然ながら、彼らから激しい反發を受ける。また樋口らの藩政運營を支持し、十万石格の誇示を續けた藩主宗義眞の、激しい怒りをも買う。それゆえ言上書は「文体不礼千万成る儀、亂心の樣に相聞へ候」と、狂人のたわごととして打ち捨てられてしまった。

효우스케는 번정개혁의 필요성을 느껴, 각오하고 간언했다. "어떤 사죄라도 받겠습니다."라고, 목숨을 건 비정한 탄핵서가, 폐단 34조를 열거한 '카시마 효우스케의 언상서(言上書)'였다. 이때 조선과의 무역이 부진했다. 막부는 나가사키 무역제한책을 조선무역에도 적용시켜, 무역액의 총규모 억제를 명했다. 이 때문에 쓰시마 재정은 급격히 악화되었다. 카시마 효우스케의 언상서는 "근년 상매의 불황으로 살림살이를 유지하기 어렵습니다."라고 수지균형이 맞지 않는 번경제를 날카롭게 지적했다. 그 압박이 하층민의 생활을 불안으로 몰고 있었다. 그래서 방만한 재정을 취하는 번로(藩老) 히구치 마고자에몬과 그 여당을 탄핵의 목표로 삼았다.

藩政の内部矛盾を摘記し、早急に再建策をと提言したのであるが、藩の首脳部からは、完全な拒絶に遭った。直ちに役を解かれ、禄を奪われ、屋敷は闕所、伊奈郡の越高村へ配流、蟄居を命じられた。以後十一年間、この謫居の地で侘びしく暮らすことになる。その不遇の中で、なお陶山庄右衛門との交流があった。この「竹島文談」は、そのような不遇の時期、元禄八年(一六九五)に取り交わされた往復の書簡である。

元禄十年(一六九七)貧困窮乏、食うや食わずの中、ついに兵助は配所で病死する。享年五十三歳であった。だが彼の遺徳は偲ばれ、田代領の領民から、祭祀料が届けられた。墓所は府中の海岸寺にある。

その後、天明四年(一七八四)田代の領民から建碑嘆願書が提出され、寛政六年(一七九四)亀井南溟の撰による頌徳碑が田代の太田山に建てられた。文化年間には、藩の家老大森功久によって、伊奈の配

所にも遺徳を偲ぶ碑が建てられた。

번정의 내부모순을 적기하여 조속한 해결책을 제언했지만 번의 수
뇌부는 완강히 거절했다. 즉시 효우스케의 관직을 박탈하고 녹을 삭
탈하고, 영지를 몰수하여, 이나군의 고시타카무라에 유배하여 칩거할
것을 명했다. 이후 11년간 이 귀양지에서 외롭게 지내게 된다. 그 불
우한 생활 중에도 여전히 스야마 쇼우에몬과의 교류가 있었다. 이 '타
케시마 분담'은 그 같은 불우한 시기였던 겐로쿠 8(1695)년에 주고받
은 서간이었다.

겐로쿠 10(1697)년, 빈곤하고 궁핍하여 제대로 먹지도 못하다 효우
스케는 유배지에서 병사한다. 향년 53세였다. 그러나 그의 유덕은 기
려져, 타시로령의 영민들이 제사비용을 보냈다. 묘소는 부중의 카이
간지에 있다.

그후 텐메이 4(1784)년에 타시로의 주민들이 건비 탄원서를 제출하
여, 칸세이 6(1794)년에 카메이 난메이가 편집한 공덕비를 타시로의
오오다산에 세웠다. 분칸 연간에는 번의 집정관 오오모리 나리히사가
유배지 이나에도 유덕을 기리는 비를 세웠다.

【賀島兵助의 상서문】

賀島兵助が殘したものの最大のものは、その『賀島兵助言上書』である。様々な提言がなされているが、その中には朝鮮問題に關わる部分がある。言上書の第二十六條から第三十四條に、その主要部分が書かれている。その概要を次に掲げておく。これは「竹島一件」が生じた元祿六年(一六九三)の、ちょうど六年前、貞享四年(一六八七)時点での、外交における問題点指摘である。第二十六條は總論にあたり、第二十七條から第三十四條が各論である。

카시마 효우스케가 남긴 것 중 최대의 것은 이 "카시마 효우스케언상서"였다. 여러 가지를 제언했지만, 그중에는 조선문제에 관련되는 부분도 있다. 언상서의 제26조부터 제34조에 그 주요 부분이 있어 그 개요를 싣는다. 이것은 '타케시마잇켄'이 일어난 겐로쿠 6(1693)년보다, 정확히 6년 전 죠우쿄우 4(1687)년 시점의 일로, 외교문제의 지적이었다. 제26조는 총론에 해당되며 제27조부터 제34조가 각론이다.

第二十六條、以前は、朝鮮から誠信が盡くされ、こちらも同樣に礼儀正しく盡くし、ということがあった。だがいつとはなく諸事が正しく動かなくなった。こちらが無理を求めることも多くなり、あちらも誠意を盡くさぬことが多くなった。用件もなるだけ聞かぬように、予め防御されてしまう。しかし朝鮮には、我が國に背き難い事情 [北の胡族の攻擊を抱える事情] があり、そのため、こちらが強く出ると、しかたなく從うということがある。だがそれでも、最近

は古來の約束事も粗略に扱われ、少しの事にも爭論が絶えなくなってきた。全ての事柄が惡い方向に向かっている。それは、こちらからのやり方に、宜しく無いところがあるからである。見聞きしたものを書き付けて、例を擧げて申し上げる。

제26조, 이전에는 조선이 성신을 다하고, 이쪽도 마찬가지로 예의를 다한다는 식이었다. 하지만 어느 사이엔가 모든 일이 제대로 되지 않게 되었다. 이쪽이 무리한 요구를 하는 일도 많아졌고, 저쪽도 성심을 다하지 않는 일이 많아졌다. 용건도 가능하면 듣지 않으려고 미리 방어하고 만다. 하지만 조선에서는 우리나라를 등지기 어려운 사정 [북의 오랑캐의 공격을 받고 있는 사정]이 있어서, 그 때문에 이쪽이 세게 나가면 어쩔 수 없이 따르게 된다는 사고가 있다. 하지만 그럼에도 최근에는 고래에 약속했던 일도 허술하게 취급되어, 작은 일에도 논쟁이 끊이지 않게 되었다. 모든 사정이 나쁜 방향으로 향하고 있다. 그것은 이쪽의 방법에 적절치 않은 부분이 있기 때문이다. 보고 들은 것을 기록하면서, 예를 들어 말씀드리겠습니다.

第二十七條、我が國と朝鮮との交流は [釜山の倭館の] 專門の取次役が果たしている。今、朝鮮へ派遣し、その倭館で働いている役人は數多くいるが、この交流を專門に行う役人は、僅かに倭館の館守と、外交交渉を行う裁判役だけである。この兩役だけでは、とてもその重要な役割は果たせない。せめてこれに佐役を付けるか別役を設けて、交流のための責任者を增やすべきである。また通事(通譯)なども、さらに五、六人を增やし、こちらの體制を整え、朝鮮のこと

を詳しく藩に報告させるべきである。だが實際は、そうなっていない。一方、朝鮮の方は、日本向けに譯官(專門の外交官)通事(通譯)館直(書記官)など數百人の役人を揃えていて、以前からの通交上のことは大小となく詳しく記録にとどめている。それゆえ古い事を知っている人も、また數多くいる。對馬側と爭論にでもなれば、その確かな証據を出してきて、それをもとに申し立ててくる。しかしこちらには、そのような詳しい記録は保存されておらず、その古いことを記憶している人もいない。そのため爭論の折、朝鮮側に敗れることが多くなり、事件の解決を非常に澁滯させている。先頃あった告還の使者や漂流人護送の使者のように、爭論に至るまでもなく事が進められてしまう拙劣さは、惡いことの見本である。爭論の折に色々と言葉を盡くし、大変な努力をし、それでようやく以前と同じ程度というのでは、それは間違ったやりかたか、あるいは知惠が足りないということである。

　제27조, 우리나라와 조선의 교류는 [부산의 왜관의]^[해설 18] 전문 중계인이 하고 있다. 지금 조선에 파견하여 왜관에서 일하는 관리의 수는 많지만, 교류를 전문으로 행하는 관리는 불과 왜관의 관수와 외교교섭을 맡은 재판역뿐이다. 이 양역만으로는 도저히 그 중요한 역할을 수행할 수 없다. 적어도 여기에 보좌관을 붙이거나 다른 자리를 만들어서 교류를 위한 책임자를 늘려야 한다. 또 통역 등도 5, 6인을 늘려서 이쪽의 체제를 정비하고 조선의 일을 자세히 번에 보고하게 해야 한다. 하지만 실제로는 그렇게 되어 있지 않다. 한편, 조선 측에서는 일본을 대상으로 한 역관(전문 외교관), 통역, 서기관 등 수백 명의

관리를 갖추고 이전부터 통교상의 일은 대소를 따지지 않고 자세하게 기록하고 있다. 그래서 옛일을 알고 있는 사람도 많다. 쓰시마 측과 논쟁이 되면, 그 확실한 증거를 대고 그것을 근거로 이의를 제기한다. 하지만 이쪽에서는 그런 자세한 기록이 보존되어 있지 않고, 그 오래된 일을 기억하고 있는 사람도 없다. 그 때문에 논쟁 시 조선 측에 패하는 일이 많아져, 사건의 해결을 아주 정체시키고 있다. 일전에 있었던 귀환을 알리는 사자나 표류인을 호송하는 사자처럼 논쟁조차 하지 못하고 일이 진행되고 마는 졸렬함은 나쁜 일의 표본이다. 논쟁 시 말을 많이 하며 엄청난 노력을 하여 겨우 이전과 같은 정도였다는 것은 방법이 잘못되었거나 지혜가 부족했다는 것을 의미한다.

역대 왜관의 위치

蔚山塩浦倭館

洛東江

熊浦薺浦倭館

豆毛浦倭館
釜山倭館
草梁倭館

絶影島

加徳島

巨済島

倭館의 위치

第二十八條、以前、朝鮮の釜山倭館の裁判役(専門の外交官)は、一人宛てで任命され、いずれもその勤務年数は長かった。だが近年は二人宛てで任命されるが、渡海が繰り返される交代勤務で、その勤務年数は短い。その上、組頭役や館守役を勤めた者まで、この裁判役に就かすため、朝鮮の側は、この人事を笑いものにしている。配置の道理も無く、勤務能力に妥当性が無い。ただ地位による私利を求めるもので、彼ら朝鮮側は、この裁判役を米取裁判(米を取るだけの利益追求の裁判)と蔑称し、批判している。この春のことであるが、譯官(専門の外交官すなわち裁判役の古川平兵衛に逢ったが、その時、古川平兵衛に代わり平田所左衛門が、また唐坊忠右衛門に代わり加城六之進が任命されるのではないかと申していた。その話は間違いでは無かった。最近、平兵衛に代わり所左衛門が確かに任命された。そもそも朝鮮との交流役柄の中で、裁判役は何よりも重要な役柄である。その人選には知恵と才覺のある者を選ぶべきで、しかも我が國と朝鮮との交流の経緯を良く承知している人物であるべきである。そのような人物を長期間に亘り勤務させれば、さらに朝鮮の事情にも精通し、良質の裁判(外交官)に成長することとなる。だが右の所左衛門を任命したような人事を行えば、いったい、どのような利点があるのか。藩の年寄たちは [自分の影響力を行使し] 裁判に任命させたく思う者を数多く抱えている。その身びいきによる恣意的な人事は、公平であるべき殿様の名による人事を、歪めてしまうものである。これでは人々は呆れ返り、ただあざ笑うばかりである。

제28조, 이전 조선의 부산왜관의 재판역(전문외교관)은 한 사람씩 임명되어서 모두 근무 연수는 길었다. 그러나 요즘은 2명씩 임명되지만, 도해를 반복하는 교대근무로, 그 근무 연수는 짧다. 게다가 쿠미카시라역(에도시대 나누시名主를 보좌하여 동네일을 맡아보던 직책)이나 관주역으로 근무했던 자까지 재판장의 역을 맡기 때문에, 조선 측은 이 인사를 비웃고 있다. 배치에 원칙이 없고, 근무능력에 타당성이 없다. 단지 지위에 따라 사리를 추구하여, 그들 조선 측은 이 재판역을 쌀징수 재판(쌀만을 징수하는 재판역)이라고 천칭하며 비판하고 있다. 이번 봄의 일로, 역관(전문외교관, 즉 재판장) 후루가와 히라베에를 만났는데, 그때 후루가와 히라베에를 대신하여 히라타 쇼우자에몬이, 또 토우보우 타다에몬을 대신하여 카조우 로쿠노스케가 임명되는 것 아닌가라고 말하고 있었다. 그 이야기가 틀리지 않았다. 최근 히라베에 대신에 쇼우자에몬이 임명되었다. 원래부터 조선과의 교류 역할 중에 재판장은 아주 중요한 역직이다. 그 인선에는 지혜와 재치가 있는 사람을 골라야 한다. 그것도 우리나라와 조선이 교류하는 경위를 잘 아는 인물이어야 한다. 그런 인물을 장기간 근무시키면, 더욱더 조선의 사정에도 정통하여 양질의 재판장(외교관)으로 성장하게 된다. 그러나 앞의 쇼자에몬을 임명하는 것과 같은 인사를 하면, 도대체 어떤 이점이 있다는 것일까. 번의 토시요리들은 [자신의 영향력을 행사하여] 재판장으로 임명하고 싶은 사람을 많이 거느리고 있다. 자신의 마음에 드는 사람을 미는 자의적인 인사는 공평해야 할 주군의 인사를 왜곡하고 만다. 이대로는 사람들이 기가 막혀 그저 웃을 뿐이다.

第二十九條、天和三年(一六八三)釜山倭館の館内に立てた高札があ
る。ここには五箇條の禁制が記されている。

一、際木(制限區域)の外へ出間敷き事

二、上乘せ銀(商賣における手數料)は仕る間敷き事

三、市の入る時、面々の房内へ朝鮮人を呼び入れ、商賣を仕る間
   敷き事

四、五日ごとの雜物入來の時、朝鮮の役人等を妄りに打擲仕る間
   敷き事

五、館門之外に於いて罪科(仕置き)は行なわれるべき事

제29조, 텐나 3(1683)년에 부산왜관의 관내에 세운 고찰(禁令, 법령,
사형수의 죄상 등을 적어 세운 판자)이 있다. 여기에는 5개조의 금제
가 기록되어 있다.

1. 제목(際木: 제한구역) 밖에 나가지 말 것(出間敷き事).

2. 웃돈(장사에 있어서의 수수료)은 내지 말 것.

3. 시장에 들어갈 때, 각자의 방 안으로 조선인을 불러들여 장사를
   하지 말 것.

4. 5일마다 잡동사니가 들어올 때 조선의 관리 등을 함부로 구타하
   지 말 것.

5. 관문 밖에서 죄과(처형, 사형)는 거행되어야 한다.

この五箇條の制札が、倭館の門の内側に、高々と揭げられ公示さ
れている。朝鮮の方でも、この五箇條が大石に彫り付けられ、坂の
下、番所の前と、それが立て掛けられ公示されている。この法度の

通りに抑えられているため、現在の商賣係(藩の公的商人)の者は、手數料を取ってはならないことになっている。だが商取引とは当然手數料を頂くもので、それゆえ商賣係の者を始め、ここで商賣に關わる者の全てが、結局、館外において商取引を行ってしまう。公的な商賣係でさえも [潛商のような眞似をする。それゆえ多くの商人が迷惑している。] だが仕置きをしようにも館外ゆえ、該当する者は誰もいないし、また当然、館内では仕置きはできない。この事で館守が高札に記す通り、嚴重な手數料制限を行ってみても、それは守られることは無いし、また緩めることを行うのは、高札を揭げた法度としての意味をなさなくなる。まことに行政上、實情に合わず、迷惑な禁制となっている。この高札を揭げるについて、当時朝鮮に渡って合意した輩はもとより、そのまま永く放置した者どもによって、これが我が對馬の害になっている。この一言の始まりには、いったい誰が關わっていたのか。当時、殿樣に宜しき樣に報告していたに違いない。殿樣を補佐すべき年寄達は、これをどのように心得るのか。今更もう返らぬ事ではあるが、殘念至極のことで、万人が悔やんでいる。

　이 5개조의 제찰(금지사항을 조목조목 써서 길가나 사찰의 경내에 세운 팻말)이 왜관의 문 안쪽에 높이 걸려 공시되었다. 조선 측에서도 이 5개조를 큰 돌에 새겨 언덕 아래와 번소 앞에 그것을 세워 공시했다. 이 법도대로 억제되어 있기 때문에 현재의 상매계(번의 공적상인) 사람은 수수료를 받을 수 없게 되어 있다. 그러나 상거래라는 것은 당연히 수수료를 받는 것으로, 그 때문에 전담상인을 비롯하여 여기서

장사에 관계하는 사람 모두가 결국은 관외에서 상거래를 하게 된다. 공적인 상거래조차도 [잠상과 같은 흉내를 낸다. 그래서 많은 상인이 불편하게 되었다.] 그러나 처벌을 하려고 해도 관외이기 때문에 해당자가 아무도 없고, 또 당연히 관내에서는 처벌할 수 없다. 이 일로 관수가 고찰에 쓴 대로 엄중히 수수료 제한을 행해 보아도 그것을 지킬 수 없고, 또 완화하는 것은 고찰을 내건 법도의 의미를 이룰 수 없게 한다. 실로 행정상 실정에 맞지 않아 성가신 금제가 되었다. 이 고찰을 내건 것에 대해, 당시 조선에 건너가 합의한 자들은 물론, 그대로 계속 장기간 방치한 자들에 의해, 이것이 우리 쓰시마에 해가 되고 있다. 이 금지령의 시작에는 과연 누가 관련되어 있었는가. 당시 주군에 좋은 일인 것처럼 보고하고 있었음에 틀림없다. 주군을 보좌해야 할 토시요리들은 이것을 어떻게 이해하고 있었을까. 이제 와서 되돌릴 수 없는 일이지만, 지극히 유감스러운 일로 만인이 후회하고 있다.

第三十條、近來は御約定の外に、樣々な用度を朝鮮側へ求めている。無理強いをしているため朝鮮側は、こちらの殿樣を、利欲が深く義理を知らない方だと申している。とりわけ倭館の移轉を御求めになり、その願いの通りに移轉が成ったのに、何ら朝鮮側に目に見える利益が無い。むしろ朝鮮側にとり、元の倭館より新館の方が不便になっている。朝鮮側では數十万の民力を費やし、普請に携わった人夫が數百人も亡くなっている。そのようなことを考えれば、對馬の殿樣の御心は、實に誠信の薄いものだと、とても恨みに感じているようである。だから現在どのように輕い用件を申し込んでみても、そうたやすくは応じて貰えない。たとえ御約定に載るような用

件であっても、手抜きされ、達成に欠けるのである。

제30조, 근래는 약정 외에 여러 가지 필요한 비용을 조선 측에 요구하고 있다. 강요하고 있기 때문에 조선 측은 이쪽의 주군을 욕심이 많고, 도리를 모르는 분이라고 말하고 있다. 특히 왜관의 이전을 요구하여, 그 바람대로 이전이 이루어졌는데, 뭔가 조선 측에는 눈에 보이는 이익이 없다. 오히려 조선 측에 있어서는 전의 왜관보다 신관 쪽이 불편하게 되어 있다. 조선 측에서는 수십만의 백성의 힘을 허비하고, 건축에 종사하는 인부가 수백 명이나 죽었다. 그러한 것을 생각하면, 쓰시마 영주님의 마음은 실로 성신이 희박한 자라고, 매우 원망하고 있는 것 같다. 그래서 현재 아무리 가벼운 용건을 제기해도 그렇게 간단하게는 응해주지 않는다. 비록 약정에 기재된 것 같은 용건이라 해도 관심을 보이지 않아 달성되지 않는 것이다.

　第三十一條、去年の春、漂流の朝鮮人を母國へと送還することがあった。彼らが倭館に到着した折、問題が生じた。日本側に居る間、こちらで調達し遣わした物品がある。鍋、小桶、置いろり、櫓、水棹、綱などである。對馬以外の國から貰った分も含め、これらを倭館の代官が取り上げてしまった。漂流朝鮮人の各々が故郷に歸ろうとしても、この鍋、桶、いろりが無いため、飯を炊くこともできない。水棹、櫓、綱が無いため、船を漕ぎ廻すこともできない。難儀の余り、東萊府へ泣き付き、返還を求める訴訟に發展した。このような代官の收奪行爲は誠に淺ましく、誠信というには余りに懸け離れたものである。

제31조, 작년 봄에 표류한 조선인을 모국에 송환한 일이 있었다. 그들이 왜관에 도착했을 때 문제가 생겼다. 일본 측에 있을 때, 여기에서 조달해서 보낸 물품이 있다. 냄비, 작은 통, 놓는 화로, 노, 삿대, 그물 등이다. 쓰시마 이외의 나라에서 받은 것도 포함하여, 이것들을 왜관의 대관(에도시대 막부의 직할지를 다스리던 지방관)이 몰수해 버렸다. 표류 조선인들 각자가 고향에 돌아가려고 해도 이 냄비, 통, 화로가 없기 때문에 밥을 할 수도 없었다. 노, 삿대, 그물이 없기 때문에 배를 저어 갈 수도 없다. 크게 고생하여, 동래부에 울며 호소하여, 반환을 요구하는 소송으로 발전했다.[해설 19] 이러한 대관의 수탈행위는 실로 한심스러워, 성신이라고 하기에는 너무나 동떨어진 일이다.

第三十二條、以前は朝鮮人が對馬人に叱責されると、恐れをなし、顔色も変わっていた。だが近年は全く逆になっている。對馬の者は朝鮮人から脇差しや刀を奪い取られ、あるいは打擲せられ、あるいは踏まれ蹴られするようになった。誠に對馬と朝鮮とは平和の交わりをすべきであるのに [一時期] 我が國の勢いが強かったから、朝鮮は万事に従ってきた。だがそのため少々の無理や非道を、押し通すことがあった。今はもう昔と変わり、そのような事は無い。むしろ朝鮮側の方が、こちらを犯し、欺くという事が多くなってきた。言語道断のことで、是非に及ばぬ次第である。

제32조, 이전에는 조선인이 쓰시마 사람에게 질책당하면 두려워하고 안색도 변했다. 그러나 근년에는 정반대로 되었다. 쓰시마 사람은 조선인에게 호신용 칼이나 검을 빼앗기고, 혹은 맞고 혹은 밟히고 차

이게 되었다. 실로 쓰시마와 조선은 평화교류를 해야 하는데 [한때] 우리나라의 세력이 강했기 때문에 조선은 만사에 복종했다. 그러나 그 때문에 약간의 무리나 억지를 밀어붙이는 일이 있었다. 지금은 옛날과는 달라 그러한 일은 없다. 오히려 조선 측 사람이 이쪽을 위협하고 기만하는 일이 많아졌다. 언어도단의 일로 시비를 가릴 수 없는 실정이다.

第三十三條、最近になって朝鮮に商賣のため渡る時、その渡し銀は五百匁につき四匁五分ほど輕く掛け [その差額は藩庫に收納し] 渡すようになった。また朝鮮において商賣用の蠟、銅、丹木、胡椒などを朝鮮人に渡す時、その渡し銀は百斤に付き五斤程輕く掛け [その差額は藩庫に收納し] 渡している。また商賣に用いる斤量(渡し銀の計量器)が二つあるが、その內の一つは國渡り斤量といって、まっとうな廉直の計測のものである。今一つは請取り斤量といって、強固 [ゆえ少し多めに載せる必要] のものである。白糸や人參などを請け取るとき、この請取り斤量によって、百斤につき三斤宛多く請け取るのである、このような計量器の不正使用は天下の大禁であるから、下々の者も行うことはない。しかし公貿易すなわち殿様の御商賣に、このようなことをやっている。これでは下々に示しが付かず、民の私曲邪欲を禁止できない。まして朝鮮國がどのように思うか、その影響は計り知れない。今現在の右の有樣を修正すれば [流通が正しく機能し] 商賣物の値段も違ってくるから、藩にとって損に成るようなことはない筈である。たとえ損になっても [本來の正しい商取引に立ち歸らせるべきである。] このような不正かつ姑息な手段で

利潤をかせいでいては、結局、朝鮮側の不信を増すばかりである。

　제33조, 최근 들어 조선에 상업으로 건너갈 때, 건너는 비용은 500 몬메에 4몬메 5부 정도 가볍게 부과하여 [그 차액은 번의 창고에 수납하여] 두게 되었다. 또한 조선에서 상업용의 초, 동, 단목, 후추 등을 조선인에게 건넬 때, 그 비용은 100근당 5근 정도 가볍게 부과하고 [그 차액은 번의 창고에 수납하여] 두고 있다. 또 상업에 쓰이는 근량 (건네는 은의 계량기)이 두 개 있는데, 그중 1개는 나라를 건너는 저울 이라고 해서, 정상적이고 바른 계측의 저울이었다. 또 하나는 우케토 리(領收) 근량이라 해서, 강[하기 때문에 조금 많이 올릴 필요가] 있는 저울이다. 백사나 인삼 등을 수취할 때, 이 영수 저울에 따라 100근당 3근 많게 수취하는 것이다. 이러한 계량기의 부정사용은 천하의 대금 (大禁)이었으므로, 하부인들도 행하는 일이 없다. 그러나 공무원, 즉 영주님의 상거래에서, 이러한 짓을 하고 있다. 이래서는 아랫사람에 게 본보기가 되지 않고, 백성의 사리사욕을 금지할 수 없다. 더구나 조선국이 어떻게 생각할지, 그 영향은 헤아릴 수 없다. 지금 현재 위와 같은 일을 수정하면 [유통이 바르게 기능하여] 상매물의 가격도 달라 지므로, 번에게 손해가 될 일은 없을 것이다. 설령 손해가 있다 해도 [본래의 바른 상거래로 돌아가게 해야 한다.] 이와 같은 부정 및 임시 방편의 수단으로 이윤을 얻고 있다가는, 결국 조선 측의 불신을 높일 뿐이다.

　不正を見のがしていると、後日さらにひどい惡事が湧き起こり、それが蔓延してくる。今後は朝鮮國へ、少しも道理の無いことは言

い掛けず、約條にあること以外は要求せず、そして昔から續いてきた交易品の流通を、斷絶させることなく引き継ぎ、正しく受け継がなければならない。 [朝鮮國との交流を正しく運ぶためには] 少しの事も、詳しく記録に留め [その文化、習慣、考え方、行動などについて、その知識を整備し、それを我々は共有しておかねばならない。それを知った上で、朝鮮國との直接の折衝に当たる] 館守や裁判に就く人物について、その人柄や品格や識見などをよく承知し、選ばなければならない。そして一旦、彼の國との爭論となれば、この館守や裁判役は [その整備された知識に基づき] 少しの事にも負けることなく、礼儀正しく、全てのことに誠信のまま、朝鮮國との交渉に当たらねばならない。そのような [體制を作る] 事が、殿様の御威光を次第に強く現すことになり、朝鮮からも尊敬の念を以て仰ぎ見られることになり、兩國隣交の道は衰えることなく末永く續くことになる。

부정을 묵인하고 있으면, 후일 더 나쁜 일이 일어나고 그것이 만연하게 된다. 앞으로는 조선국에 조금도 도리에 어긋나는 일은 말을 하지 말고, 약조에 있는 것 이외에는 요구하지 않으며, 그리고 옛날부터 지속되는 교역품의 유통을 단절시키는 일 없이 계승하여, 올바르게 이어가지 않으면 안 된다. [조선국과의 교류를 바르게 진행하기 위해서는] 작은 일도, 자세히 기록하여 [그 문화, 습관, 사고방식, 행동 등에 관해 그 지식을 정비하여, 그것을 우리들이 공유해야 한다. 그것을 안 후에, 조선국과 직접 절충에 임한다.] 관수나 재판이 되는 인물에 관해, 그 인품이나 품격, 식견 등을 잘 알고 뽑지 않으면 안 된다. 그리고 일단 그 나라와 논쟁이 되면, 그 관수나 재판장은 [그 정비된 지식에 근거하여] 작은 일에도 지는 일 없이, 예의 바르게, 모든 일에 성신으로, 조선국과의 교섭에 임하지 않으면 안 된다. 그러한 [체제를 만드는] 것이 영주님의 위광을 점차로 강하게 구현하는 일이 되어, 조선도 존경하는 마음으로 우러러 보는 일이 되어, 양국린교의 길은 쇠하는 일 없이 영원히 지속되게 된다.

第三十四條、公方樣(德川綱吉)は不德の御人柄であり、天下の政道は正しく行われていない。今の所、お世継ぎも無い [不安定な] 狀態であるから、近々亂世になるかもしれない。そうなれば朝鮮との交流も今のようなわけには行かなくなる。しかも對馬國は米作の出來ない山ばかりの島國で、何よりも米不足に成り易い。もし亂世にでもなれば、どのような事態に立ち至るのであろうか。今のように経濟が逼迫し、侍や百姓や商人までもが困窮し、何事も不調の狀態にあれば、何としても [経濟を立て直し] 金銀を蓄え、侍や百姓や商人を困窮から救い、諸人の心服を得るようにしておかねばならない。そして亂世への用心を、普段から怠ってはならない。近年は以前と異なり、長崎へ唐船(中國船)が大分來るようになってきた。唐(清、当時は康熙帝の時代)は我が國の様子を窺い [亂世に付け込む腹づもりと] 風聞がある。このような風聞は虛說であろうが、古い昔に [元寇のような] 例もあるから、單に虛說として放置するわけにも行かない。對馬國は日本と朝鮮との境にあるから、太平の世にも、朝鮮に對し武備が必要である。それは朝鮮から、あるいは唐から、突如として兵船の來寇が有るからである。そのためには防戰の軍法が

予め定められ、整備されていなければならない。それが大切なことである。

　제34조, 장군(德川綱吉)은 부덕한 인품으로, 천하의 정도는 올바르게 행해지고 있지 않다. 지금 후계자도 없는 [불안정한] 상태이므로 곧 난세가 될지도 모른다. 그렇게 되면 조선과의 교류도 지금과 같지는 않을 것이다. 게다가 쓰시마국은 벼농사가 불가능한 산밖에 없는 섬나라이므로 무엇보다도 쌀이 부족하기 쉽다. 만약 난세라도 되면 어떤 사태에 이를 것인가. 지금처럼 경제가 핍박하여 무사나 백성, 상인까지도 곤궁하여, 모든 것이 나쁜 상태이니, 무어라 해도 [경제를 일으켜 세우는] 금은을 모아, 무사나 백성, 상인을 곤궁에서 구제하여, 많은 사람들의 신임을 얻을 수 있도록 하지 않으면 안 된다. 그리고 난세의 준비를 평소에도 게을리 해서는 안 된다. 근년에는 이전과 달리 나가사키에 당선(중국선)이 많이 오게 되었다. 당(청, 당시는 강희제의 시대)은 우리나라의 상황을 엿보다 [난세에 끼어들 심산이라는] 풍문이 있다. 이 같은 풍문은 낭설이겠지만, 오랜 옛날에 [元寇와 같은] 예도 있으므로 그저 낭설로 방치할 수는 없다. 쓰시마국은 일본과 조선의 경계에 있으므로, 태평시대에도 조선에 대한 무비가 필요하다. 그것은 조선에서 혹은 당에서 갑자기 병선이 쳐들어올 수도 있기 때문이다. 그러기 위해서는 방전의 군법을 미리 정하고 정비해 두어야 한다. 그것이 중요한 일이다.[해설 20]

【賀島兵助상서문의 영향】

　この激しい言上書によって、賀島兵助は流罪に遭った。だがその精神は藩內に受け継がれる。そして記録類の整備が進んでくる。記録係すなわち文書担当の役職が、藩內に創設されてくる。その動きは早く、言上書が出た二年後、すなわち元祿二年(一六八九)の出來事である。

　この年、朝鮮支配担当の年寄、平田隼人、杉村伊織の下に、その支配方の用事を勤めるよう人選が行われた(「表書札方每日記」十一月十七日條)。阿比留惣兵衛、澤田源八、大塔七左衛門の三人で、ここに賀島兵助が主張した朝鮮向けの佐役あるいは別役の創設が行われた。いわゆる朝鮮支配佐役の先驅けとなる役職の登場である。この結果、對馬藩內に朝鮮外交のエキスパートの育成、すなわちシンクタンクが整備されていく。彼らによって、以後に到る膨大な對馬藩宗家文書が、蓄積されていく。

카시마 효우스케 언상서의 영향

　이 격한 언상에 의해 카시마 효우스케는 유배를 당한다. 그러나 그 정신은 번 내에 이어졌다. 그리고 기록류의 정비가 진행되었다. 기록계, 즉 문서담당의 관리직이 번 내에 창설되었다. 그 움직임은 빨라 언상서가 나온 2년 후, 즉 겐로쿠 2(1689)년에 생겼다.

　이해에 조선지배 담당인 토시요리 히라다 하야토, 스기무라 코레오리의 밑에 그 지배방법의 용무를 맡을 인선이 있었다(「表書札方每日記」 11월 17일조). 아비루 소우베에, 사와다 겐하치, 다이토우 시치자베에몬의 3명으로, 여기에 카시마 효우스케가 주장했던 조선전담의 보좌역 혹은 별정직의 창설이 이루어진 것이다. 이른바 조선지배보좌역의 선구가 되는 별정직의 등장이었다. 이 결과 쓰시마번 내의 조선외교 전문가의 육성, 즉 두뇌집단이 정비되어 간다. 그들에 의해 이후에 방대한 쓰시마번 종가문서가 축적된다.

　ここで選抜された阿比留惣兵衛は、後に「朝鮮向巧者」と称されるほど、朝鮮外交に通じる人物に成長する。阿比留惣兵衛については、對馬藩「奉公帳」の記載を見れば、元祿四年(一六九一)九月、宗義眞の意向により「朝鮮御用之記録」を仕るよう、新たに朝鮮支配担当となった年寄杉村采女の口から申し渡されている。元祿二年に朝鮮担当年寄の補佐役に就き、元祿四年に朝鮮御用の記録係に就き、その専門職をしっかりと勤めた阿比留惣兵衛は、ついに元祿六年(一六九三)その整備された記録類を藩廳へ提出した。

　元祿竹島一件勃發の時、對馬藩内には、對朝鮮外交において充分な爭論を行うことのできる外交データが、この阿比留惣兵衛によって、すでに蓄積されていた。外交交渉には、知惠と知惠とのつばぜり合いがある。多田與左衛門による強硬な對朝鮮外交とは、この藩内蓄積データの裏付けによって、始めて可能だった。そして、そのようなデータを驅使し、文書作成能力を持った人材群の育成が、やはり對朝鮮外交には不可欠であった。藩主の宗義眞は、そのような人材群を對馬に取り揃えようと、優秀な藩儒をスカウトしていた。中江藤樹の三男中江弥三郎や、木門の俊秀雨森芳洲や松浦霞沼は、そのような理由で對馬藩に招かれたのである。阿比留惣兵衛は、元

祿十一年(一六九八)文祿慶長役後の外交關係資料をまとめた『善隣
通書』『善隣通交約條事考』を著している。

　여기서 선발된 아비루 쇼우베에는 후에 '조선향교자'로 칭해질 정
도로 조선외교에 능통한 인물로 성장한다. 아비루 쇼우베에에 관해서
는 쓰시마번 '봉공장'의 기재를 보면, 겐로쿠 4(1691)년 9월에 소우 요
시자네의 의향에 따라 '조선어용지기록'을 맡도록 하라고, 새로 조선
지배담당이 된 토시요리 스기무라 우네메가 전달했다. 겐로쿠 2년에
조선담당 토시요리의 보좌역이 되어, 겐로쿠 4년에 조선어용의 기록
을 맡아, 그 전문직을 제대로 해낸 아비루 쇼우베에는 드디어 겐로쿠
6(1693)년에 정비된 기록류를 번청에 제출했다.
　겐로쿠 타케시마잇켄이 발발했을 때, 쓰시마번 내에는 대조선외교
에서 충분히 논쟁할 수 있는 외교 데이터가 이 아비루 쇼우베에에 의
해 이미 축적되어 있었다. 외교교섭에는 지혜와 지혜의 겨루기가 있
다. 타다 요자에몬에 의한 강경한 대조선외교라는 것은, 이 번 내의
축적 데이터의 뒷받침이 있어 비로소 가능했다. 그리고 그러한 데이
터를 구사하여, 문서작성 능력을 가진 인재군의 육성 역시 대조선외
교에는 불가결한 일이었다. 번주 소우 요시자네는 그러한 인재군을
쓰시마에 갖추려고 우수한 유생을 스카우트했다. 나카에 토우쥬의 삼
남 나카에 미사부로우나, 보쿠몬(기노시타 준안木下順庵의 문하)의 수
재 아메노모리 호우슈우나 마쓰우라 카스누마는 그러한 연유로 쓰시
마번에 초대된 것이다. 아비루 쇼우베에는 겐로쿠 11(1698)년, 분로
쿠·케이쵸우역(壬辰·丁酉倭亂) 후의 외교 관계자료를 정리한 『선
린통서』, 『선린통교약조사고』를 저술했다.

【雨森芳洲】

　雨森東五郎(一六六八～一七五五)という。芳州はその号である。近江國伊香郡雨森村にて、医師雨森清納の子として生まれる。「幼にして医を學び」と伝えられるが、少年期のことはつまびらかではない。天和三年(一六八三)十六歳の時、この父を失う。貞享二年(一六八五)十八歳の時、江戸に出て、木下順庵の門に入った。元禄二年(一六八九)二十二歳の時、師の順庵の推擧により、對馬藩に儒官として仕官した。先ずは江戸詰めである。對馬藩は朝鮮との外交の窓口として、眞文(漢文)に堪能で優秀な儒官を必要としていた。そのような儒官によって意思疎通を図り、友好關係の維持、貿易問題、外交問題を處理するのである。また幕府との折衝、朝鮮譯官の接待などを行うのである。その見習が始まった。

아메노모리 호우슈우

　아메노모리 호우슈우(1668～1755)는 아메노모리 토우고로우(雨森東五郎)라고도 하며, 호우슈우(芳州)는 그의 호이다. 오미노구니 이카고오리(近江國伊香郡) 아메노모리무라에서 의사 아메노모리 키요노(清納)의 아들로 태어났다. 어려서 의학을 배웠다고 전해지지만, 어릴 때의 일은 명확하지 않다. 텐나 3(1683)년 16세 때 부친을 여의고, 18세가 되던 죠우쿄우 2(1685)년에 에도에 나가 기노시타 준안(木下順庵)의 문하에 들어갔다. 22세가 되던 겐로쿠 2(1689)년에 스승 준안의 천거로 쓰시마번의 유관으로 임관했다. 먼저 에도에서 근무했다. 쓰시마번은 조선과의 외교창구로서 한문에 능한 우수한 인재를 필요로 했다. 그러한 유관의 인재를 통해 의사소통을 꾀하여 우호관계를 유지하며 무역문제나 외교문제를 처리하려 했다. 또 막부와의 절충, 조선역관의 접대 등을 행하려는 것이었다. 그 실습이 시작되었다.

　元禄五年(一六九二)二五歳の時、師順庵の推擧で唐音修行(中國語の稽古)のため、江戸から長崎へ行くこととなった。いずれ對馬藩で外交文書を扱うため、眞文の、さらなる素養が必要となるからであった。この六月二十七日には、藩主の義眞は隱居し、家督を息子の義倫(よしつぐ)に讓っている。新藩主が御國入りするとなれば、当然、朝鮮から使節(譯官)が渡海してくる。俊秀の儒管芳洲に、唐音稽古を認め、眞文理解に練達の度を加え、使節譯官との応接に備えさせたのである。

　對馬藩は長崎にも藩邸を持っていた。その理由の一つは、對朝鮮貿易にあたり、東南アジアから輸入される品々を、この長崎で購入するためであった。つまり長崎は、對馬が果たす仲介貿易の、その土台を支える據点だった。又今一つの理由は、朝鮮漂流民を朝鮮に送り返す役割を、對馬藩が担当しており、その漂流民の取り調べは長崎で行われることになっていたからである。つまり朝鮮からの漂流者は、必ず一度、長崎へ送られ、そこから對馬を経由し、歸國するからであった。

25세가 되던 겐로쿠 5(1692)년에 스승 쥰안의 천거로 당음수행(중국어 연습)을 위해 에도에서 나가사키로 가게 되었다. 언젠가 쓰시마에서 외교문서를 취급하기 위해서는 한문의 소양을 필요로 했기 때문이다. 6월 27일에는 번주 요시자네가 은거하며 가독을 장남 요시쓰구에게 양도했다. 새 번주가 나라에 오면 당연히 조선에서 사절(譯官)이 건너오게 되어 있다. 준수한 유학자 호우슈우의 중국어 연수를 인정하여, 한문이해를 위한 연마의 정도를 높여, 사절 역관의 응접에 대비한 것이다.

쓰시마번은 나가사키에도 번저를 가지고 있었다. 그 이유의 하나는 대조선 무역에 임하여 동남아시아에서 수입되는 물품들을 나가사키에서 구입하기 위해서였다. 즉 나가사키는 쓰시마가 수행하는 중개무역의 토대를 지탱하는 거점이었다. 또 다른 이유는 조선표류민을 조선에 돌려보내는 역할을 쓰시마번이 담당하고, 표류민의 취조는 나가사키에서 행하게 되어 있기 때문이다. 조선의 표류자는 반드시 나가사키로 보내, 그곳에서 쓰시마를 경유하여 귀국하게 되어 있었다.

雨森芳洲畵像
滋賀縣高月町芳洲會(高月町立 觀音之里歷史民族資料館)所藏

馬上의 雨森芳洲
朝鮮通信使絵卷(高麗美術館藏)卷 1「正德元年行列圖」의 畫像

雨森芳洲墓
対馬府中(嚴原町)의 長壽院에 있다.

そのような長崎へ、唐音修行のため、芳洲は旅立った。江戸を出發したのは元祿五年十一月二日のことである。隱居となった前藩主義眞は、この十一月二十三日江戸を發ち、大坂から海路で對馬へと歸還した。芳洲は大坂から赤間關まで、義眞一行に隨從し、瀬戸内海を海路で進んだ。その後、別れて陸路、長崎へと向かった。長崎に到着したのは十二月である。

　元祿六年(一六九三)二十六歳の時、この年初から、出島近くの唐人屋敷に學問稽古に通い始めた。教師は白石惠嚴という。しかしせっかくの長崎留學も一年足らずで、つまり同年の秋、急遽國元の對馬行きを命じられた。朝鮮との外交關係のもつれ、すなわち竹島一件が持ち上がったからである。學問も半ばで入國を命じられたのは、近く朝鮮から來る譯官使に、前例のない書契(書簡)を渡さねばならないからで、おそらく、その文書を作るためであったろう。

　그러한 나가사키에 중국어 연수를 위해 호우슈우가 길을 떠났다. 에도를 출발한 것은 겐로쿠 5(1692)년 11월 2일이다. 은거한 전 번주 요시자네는 11월 23일에 에도를 출발하여 오오사카부터 해로로 쓰시마로 귀환했다. 호우슈우는 오오사카부터 아카네세키까지 요시자네 일행을 모시고 세토나이카이를 해로로 나아갔다. 그 후에 헤어져서 육로로 나가사키로 향했다. 나가사키에 도착한 것은 12월이다.

　26세가 되던 겐로쿠 6(1693)년의 연초부터 테지마 근처 당인의 저택으로 학문을 배우러 다니기 시작했다. 교사는 하쿠세키 게이겐이라 한다. 그러나 모처럼의 나가사키 유학도 1년을 넘지 못하고, 그해 가을에 급거 쓰시마행을 명받았다. 조선 외교문제의 어려움, 즉 타케시마잇켄이 생겼기 때문이다. 학문 도중에 입국을 명받은 것은 곧 조선에서 오는 역관사에게 전례가 없는 서간을 건네지 않으면 안 되었기 때문이므로, 필시 그 문서를 작성하기 위해서였을 것이다.

　竹島一件を少し追えば、この元祿六年五月二十三日、老中土屋相模守政直の御用人から、對馬藩邸の聞役に對し呼び出しがあった。竹島に渡った朝鮮人二人を、鳥取藩が長崎に送る手筈になっている。對馬藩は、その二人を長崎で受け取り、朝鮮へ送るよう指示があった。そして再び朝鮮人が竹島へ渡らぬよう、彼の國へ申し入れを行うよう指示があった。この朝鮮人が鳥府を發ったのが六月七日、そして長崎に着いたのが六月晦日である。この朝鮮人二人を受け取るため、對馬からの使者嶋雄菅右衛門が、長崎に出向いていた。七月朔日、對馬藩長崎留守居役の濱田源兵衛は、長崎奉行を介し、鳥取藩から二人を受け取った。藩が關わる異人宿の末次七郎兵衛宅に彼らを收容し、嚴重に警固した。使者の嶋雄菅右衛門が七月十日に一旦歸國し、替わって一宮助左衛門が、對馬から長崎に來着した。この一宮によって、朝鮮人二人が對馬に護送されるのであるが、彼らが長崎を發ったのは九月三日のことである。雨森芳洲は、この朝鮮人の長崎逗留の間、この長崎屋敷にいた。竹島一件を現場にあって見聞きし、彼らの口上書にも目を通していた筈である。当然、朝鮮との外交關係について、對馬藩の外交的立場について、また自分自身の外交文書能力について、樣々に思いを巡らしていたに違いない。

타케시마잇켄을 약간 언급하자면 겐로쿠 6(1693)년 5월 23일에 노중 쓰치야 사가미노카미 마사나오의 어용인이 쓰시마 번저의 키키야쿠(역직)를 호출했다. 죽도에 온 조선인 두 사람을 톳토리번이 나가사키에 보내게 되어 있다. 쓰시마번은 그 두 사람을 나가사키에서 인계받아 조선에 보내라는 지시가 있었다. 그리고 다시는 조선인이 죽도에 건너오는 일이 없도록 그 나라에 요구하라고 지시했다. 이 조선인이 톳토리부를 출발한 것이 6월 7일, 그리고 나가사키에 도착한 것이 6월 그믐이었다. 이 조선인 두 사람을 인수하기 위해 쓰시마에서 사자 시마오 스가에몬이 나가사키로 향했다. 7월 초하루 쓰시마번 나가사키 루스이역의 하마다 겐베에는 나가사키 봉행의 중개로 톳토리번한테 두 사람을 인수받았다. 번이 관여하는 이국인 숙사의 스에지 시치로우베에의 집에 그들을 수용하고 엄중히 경비했다. 사자 시마오 스가에몬이 7월 10일에 일단 귀국하고 대신 이치노미야 스케자에몬이 쓰시마에서 나가사키에 왔다. 이 이치노미야가 조선인 둘을 쓰시마로 호송하는데, 그들이 나가사키를 출발한 것은 9월 3일이었다. 아메노모리 호우슈우는 이 조선인이 나가사키에 체류하는 기간에 나가사키 저택에 있었다. 타케시마잇켄을 현장에서 견문하며 그들의 구상서도 보았기 마련이다. 당연히 조선과의 외교관계에 대하여 쓰시마번의 외교적 입장에 대해, 또 자신의 외교문서 능력에 대해 여러 가지 생각을 하고 있었음에 틀림없다.

朝鮮人二人は、九月三日、對馬へ向け護送された。その後、これを追い掛けるように、芳洲も長崎を發ち、九月十七日に對馬へ着いた。これが芳洲の始めての對馬入りである。新藩主の義倫は、すで

に四月十六日に對馬に歸っている。これが藩主義倫の初の入國である。九月二十一日、藩邸で能會があった。その後、年寄中の詰め間で芳洲の御目見得があり、新藩主義倫との初對面の儀が行われた。學問好きの義倫は芳洲に好意を持ち、後には毎日藩邸に呼ばれ、論語などの講義が始まっていく。この時、義倫は二十三歳、芳洲は二十六歳である。

　對馬藩の記錄「國元表毎日記」の元祿六年九月二四日條には、雨森東五郎へ知行二百石の仰せ付けがある。早速、記室(朝鮮修交の外交文書を扱う)の仕事を命じられていた。朝鮮譯官の渡來は十二月の予定である。だからこの時の仕事は、譯官との文書交換の業務ではない。結局、朝鮮人二人の送還と、竹島をめぐる交渉に關わっての文書作成であったろう。もちろん芳洲が直接、外交折衝を行うわけではない。この交渉役となったのは、藩の年寄多田與左衛門と、そこに關わる一行である。だが前例の無い書契作成のため、芳洲は長崎から呼び戻され、この裏方の仕事、文書作成に關わったのである。これは外交における後方での業務分擔、實に目立たぬ仕事である。だが外交文書の作成という、後々までも影響を及ぼす極めて重要な仕事であった。

　조선인 둘은 9월 3일 쓰시마로 호송되었다. 그 후 이를 뒤쫓듯이 호우슈우도 나가사키를 출발하여 9월 17일에 쓰시마에 도착했다. 이것이 호우슈우의 첫 쓰시마 나들이였다. 신번주 요시쓰구는 이미 4월 16일에 쓰시마에 돌아와 있었다. 번주 요시쓰구도 처음으로 입국한 것이다. 9월21일에 번저에서 모임(能會)이 있었다. 그 후 중신들의 대기실에서 호우슈우의 알현이 있어, 신번주 요시쓰구와의 첫 대면의 의례가 이루어졌다. 학문을 좋아하는 요시쓰구는 호우슈우에게 호의를 가져, 이후에는 매일 집으로 불러 논어 등의 강의를 시작했다. 이때 요시쓰구는 23세, 호우슈우는 26세였다.

쓰시마번의 기록 '국원표매일기'의 겐로쿠 6(1693)년 9월 24일 조에는 아메노모리 토우고로우에 지행 2백 석에 임명한다는 명이 있다. 서둘러 기실(조선수교의 외교문서를 취급하는 곳)의 일을 명받았다. 조선역관의 도래는 12월 예정이었다. 그러므로 이때의 일은 역관과의 문서교환 업무가 아니다. 결국 두 조선인의 송환과 죽도를 둘러싼 교섭에 관한 문서의 작성이었을 것이다. 물론 호우슈우가 직접 외교절충을 하는 것은 아니다. 이 교섭역을 맡은 것은 번의 중신 타다 요자에몬과 그것에 관련된 일행이었다. 하지만 전례 없이 서계작성을 위해 호우슈우는 나가사키에서 호출되어, 이것과 관련된 일, 문서작성에 관여한 것이다. 이것은 외교에 있어 후방에서 업무를 분담하는 일로 그야말로 눈에 띄지 않는 일이다. 하지만 외교문서 작성이라는, 훗날까지 영향을 미치는 극히 중요한 일이었다.

では直接の交渉の方を、少し追っておこう。朝鮮人を送還するため、元禄六年九月七日、多田與左衛門が參判使に任命された。參判使とは、礼曹參判(礼曹の次官、對馬藩主はこの參判と同格とされている)宛の藩主書簡を持参する使者である。對馬側で參判使と呼んだ正官の使者を、朝鮮側では大差使と呼んだ。この大差使に応對するのが、都から派遣され東萊に赴く接慰官である。すなわち大差使と接慰官との間で、外交交渉が行われる。

通常の外交問題の處理は、釜山倭館の現地に居る裁判役と朝鮮側の兩譯官(訓導と別差)との間で行うが、今回はことが大きく、參判使の派遣となったのである。この九月七日には、また先問使(參判使派遣を朝鮮へ報じる役)も任命され、九日には誓旨血判を命じられている。對馬藩では釜山へ渡航する役人に限らず、佐須奈關所をはじめ、旅役所(長崎や大坂や京都といった各地の對馬藩邸)に赴く者には、禁制を記した壁書を渡し、支配年寄の立會で誓旨血判を行うことになっていた。藩の規律を守ってもらわねば、秩序が保てない。外部で不始末を犯してはならないからであった。

그러면 교섭의 상황을 살펴보기로 한다. 조선인을 송환하기 위해 겐로쿠 6(1693)년 9월 7일에 타다 요자에몬이 참판사로 임명되었다. 참판사란 예조참판(예조의 차관, 쓰시마 번주는 이 참판과 동격이었다) 앞으로 보내는 번주의 서간을 지참하는 사자이다. 쓰시마 측에서 참판사라고 부른 정관의 사자를 조선 측에서는 대차사라고 불렀다. 이 대차사를 응대하는 것이, 도성에서 파견하여 동래에 부임하는 접위관이다. 즉 대차사와 접위관이 외교교섭을 하는 것이다.

통상 외교문제의 처리는 부산 왜관의 현지에 있는 재판역과 조선측의 양 역관(훈도와 별차) 사이에서 이루어지지만, 이번은 사건이 커서 참판사를 파견하게 된 것이다. 9월 7일에는 또 선문사(참판사 파견을 조선에 알리는 역)도 임명되어, 9일에는 서지혈판(誓旨血判)을 명받았다. 쓰시마번에서는 부산에 도항하는 역인에 한하지 않고, 사스나 세키쇼를 비롯해 여역소(나가사키나 오사카 교토 등 각지에 있는 쓰시마번저)에 가는 자에게는 금제를 기록한 벽서를 건네고 지배중신의 입회하에 서지혈판을 행하게 되어 있다. 번의 규율을 지키지 않으면 질서가 유지되지 않는다. 외부에서 잘못을 범해서는 안 되었기 때문이다.

九月十八日、朝鮮事情に精通した阿比留惣兵衛に、參判使に同行するよう命が下った。阿比留の役割は、この參判使一行の知恵袋つまり知的顧問役である。九月二十七日、一行に對し合力と許前(御免銀のこと)とが与えられたが、阿比留惣兵衛のそれは、副使格の都船主よりも優遇されたものであった。彼の持つ朝鮮知識、交渉能力が、知的価値として評価を受けたのである。まさに特別扱いであった。

9월 18일 조선사정에 정통한 아비류 소우베에게 참판사를 동행하라는 명이 내렸다. 아비류의 역할은 이 참판사 일행의 지혜주머니, 즉 지적 고문역이다. 9월 27일 일행에게 합력과 허전(御免銀)을 주었으나 아비류 소우베에가 부사격의 도선주보다도 우대받은 것이었다. 그가 가진 조선의 지식과 교섭 능력이 지적 가치로서 평가받은 것이다. 그야말로 특별취급이었다.

十月朔日には對馬府中の以酊庵(幕府の命を受け、對朝鮮外交を管掌した寺院)で、組頭(杉村三郎左衛門、大浦忠左衛門)および大目付の立會のもと、送還する朝鮮人二人の檢分があった。両人の口上書を以酊庵の長老(当時は天龍寺南芳院の東谷守洵長老)が確かめ、これによって送還の手續きは、全て終わった。あとは送り出すだけであ

る。十月二十二日、參判使の一行は、二人の朝鮮人を護送し、府中の港を發った。芳洲も、その作成に關わったであろう書契を、彼等は携えている。十一月二日、この參判使一行は、釜山の倭館へ到着した。

10월 초하루에는 쓰시마부중의 이테이안(막부의 명을 받아 조선외교를 관장하는 사원)에서 쿠미카시라 스기무라 사부로우자에몬 오오우라 타다자에몬 및 오오메쓰케의 입회하에 송환하는 두 조선인을 조사했다. 두 명의 구술서를 이테이안의 장로(당시는 텐류지 난보우인의 토우코쿠노카미 쥰쵸우로우)가 확인했다. 이것으로 송환수속은 전부 끝났다. 남은 것은 보내는 일뿐이었다. 10월 22일에 참판사 일행은 두 조선인을 호송하고 부중의 항을 떠났다. 호우슈우도 그 작성에 관련되었을 서류를 그들은 휴대하고 있었다. 11월 2일에 참판사 일행이 부산 왜관에 도착했다.

さて對馬府中に殘る芳洲であるが、記室として、やがて訪れ來る問慰譯官の一行を待ち受けていた。問慰譯官の來島とは、隱居となった宗義眞と、新たに藩主となった宗義倫に對し、朝鮮政府からの書契を携え、表敬訪問するためである。芳洲が對馬に呼び戻された本來の目的は、この問慰譯官に對する備えのためであった。そして十二月三日、いよいよ一行が對馬府中に到着した。三人の譯官(安同知、朴僉知、金正來)は、茶禮、前藩主(宗義眞)への挨拶、萬松院(宗家の墓所)への參詣、中宴席、そして以酊庵の宴席と、次々に公式行事を濟ませていく。彼らは元祿七年の正月を、この對馬府中で迎

えた。譯官一行は正月十七日、歸國のための出宴席も濟ませてい
く。だが對馬藩の返簡が遲れたため、出航が延び延びとなってい
た。まだ慣れぬ書契の作成に、芳洲らが苦心したことを窺わせる。
だがそれだけではない。釜山の草梁倭館での外交交涉と、これは連
動するからである。多田與左衛門が朝鮮からの返翰を、この府中に
持ち歸ったのは、元祿七年二月二十七日のことである。竹島一件の
交涉は「弊境之鬱陵島」という文字によって、大きな暗礁に乘り上げ
ていた。日本の竹島に朝鮮人漁民が再び罷り渡らぬようにと、その
ような要望の書契を多田は接慰官に手渡した。それに對し、朝鮮の
海域內にある鬱陵島という表現で、朝鮮政府から返答が戻って來
た。すっきりしない思いが對馬の側にあった。それを朝鮮側に明確
に伝えなければならない。それゆえ朝鮮譯官に渡す書契には一工夫
が要った。譯官の一行が府中を出帆したのは、多田が戻り、しばら
く経った後の三月初旬のことである。

　그런데 쓰시마 관청에 남은 호우슈우이지만 기실로서, 드디어 찾아
온 문위역관 일행을 맞이하고 있었다. 문위역관의 내도는 은거한 소
우 요시자네와 새로 번주가 된 소우 요시쓰구에게 조선정부의 서계를
가지고 표경방문하는 일이었다. 호우슈우가 쓰시마에 소환된 본래의
목적은 이 문위역관에 대한 준비였다. 12월 3일에 드디어 일행이 쓰시
마부중에 도착했다. 세 사람의 역관(안동지, 박첨지, 김정래)은 다례,
전 번주(소우 요시자네)의 방문, 반쇼우인(宗家의 묘소)의 참배, 중연
석, 그리고 이테이안의 연회를 차례차례 공식행사로 치러 나갔다. 그
들은 겐로쿠 7(1694)년 정월을 이곳 쓰시마부중에서 맞이했다. 역관

일행은 정월 17일에 귀국하기 위한 연회석도 마쳤다. 그러나 쓰시마 번의 답장이 늦어졌기 때문에 출항이 연기되었다. 아직 익숙하지 않은 서계 작성에는 호우슈우 등이 고심했다는 것을 알 수 있다. 하지만 그것만이 아니다. 부산 왜관에서의 외교교섭과 연동되기 때문이었다. 타다 요자에몬이 조선의 답서를 부중에 가지고 돌아온 것은 겐로쿠 7(1694)년 2월 27일이었다. 타케시마잇켄의 교섭은 '폐경의 울릉도'라는 문자 때문에 큰 암초에 부딪쳐 있었다. 일본의 죽도에 조선 어민이 다시 건너오지 못하도록 해달라고, 그것을 요망하는 서한을 타다가 접위관에게 건넸다. 그러자 조선은, 조선영내에 있는 울릉도라는 표현이 있는 회답을 보냈던 것이다. 이 회답을 보고 쓰시마번은 꺼림칙하게 생각했다. 그것을 조선 측에 명확하게 전하지 않으면 안 된다. 그것 때문에 조선역관에게 건네는 서계는 생각할 필요가 있었다. 역관 일행이 부중을 출범한 것은 타다가 돌아와, 시간이 지난 3월 초순이었다.

　元禄七年の三月、譯官を送り出した後、藩主の宗義倫も參勤のため、府中を發った。病弱のため出發が延引し、ようやく三月も二十三日に出船した。芳洲もこの時、義倫に從い、江戸へ發った。そして多田與左衛門も再び交渉のため、五月二十八日、府中を發ち、閏五月十三日に倭館に着いた。再び延々の交渉が始まっていく。だがやはり決着には至らない。

　そのような中、病弱であった義倫は、同年の秋、九月二十七日、江戸藩邸で死去した。芳洲にとっては、僅か一年ばかりの主從關係であった。義倫の後を嗣ぐことになったのは、弟の根尾次郎(通称は

次郎君)で、まだ十一歳の少年である。芳洲は、この幼君の侍講となった。隱居していた父の義眞が、次郎すなわち義方(よしみち)の成長まで、後見役を勤める。藩政に復歸し、再び「朝鮮國之御用」を取り仕切る。この藩主(義倫)死去の知らせは、釜山倭館に在住し續け、なお朝鮮との交渉に当たっていた参判使一行にも伝えられた。義眞の藩政復歸と共に、外交交渉は仕切り直しとなった。だが交渉は膠着狀態に陷っていて、新たな展開の端緒さえ見出せなかった。

　겐로쿠 7(1694)년 3월 역관을 보낸 후 번주 요시쓰구도 산킨코우타이를 위해 부중을 출발했다. 병약하기 때문에 출발이 지연되어 겨우 3월 23일에 출항했다. 호우슈우도 이때 요시쓰구를 모시고 에도로 출발했다. 그리고 타다 요자에몬도 다시 교섭을 위해, 5월 28일에 부중을 출발하여 윤 5월 13일에 왜관에 도착했다. 다시 지루한 교섭이 시작되었으나 역시 결말에 이르지 못했다.

　그러는 사이 병약했던 요시쓰구는 같은 해 가을 9월 27일에 번저에서 서거했다. 호우슈우로서는 불과 1년 남짓의 주종관계였다. 요시쓰구의 뒤를 잇게 된 것은 동생 네오지로우(통칭 지로우키미)로 아직 11살의 소년이었다. 호우슈우는 그 어린 네오노키미의 시강이 되었다. 은거하고 있었던 아버지 요시자네가 지로우, 즉 요시미치가 성장할 때까지 후견역을 맡았다. 번정에 복귀하여 다시 '조선국지어용'을 맡았다. 이 번주(요시쓰구)의 사망 소식은 부산왜관에 계속 머물며 조선과의 교섭을 하고 있던 참판사 일행에게도 전해졌다.[해설 21] 요시자네의 번정복귀와 함께 외교교섭은 다시 검토하게 되었다. 하지만 교섭은 교착상태로 새로운 전개의 단서조차 보이지 않았다.

対馬藩主 「宗義眞」像, 對馬 嚴原町、万松院藏

重苦しいまま元祿八年の正月は過ぎた。そして四月に入り、再び
朝鮮に向けて新たな使者が派遣される。今回の正使は杉村朶女、都
船主陶山庄右衛門である。彼らは四月末に府中を出港し、翌五月十
一日に釜山の倭館に着いた。倭館に殘る多田與左衛門と協力し、再
び交渉を開始する。だが結局、不調のままに推移した。實りの無い
まま、一行は六月十日、倭館を出船し、六月十七日、府中に歸着し
た。多田も、この時、一緒になって歸ってきた。對馬藩内にも、こ
の外交交渉をめぐり、意見の對立があった。新たな仕切り直しの折
衝は、どのような方針で、どのようにして行うのか、陶山庄右衛門
へも諮問があった。そして「竹島文談」の内容に至るのである。この
陶山の意見を受け容れ、その實行のためには、幕府執政との新たな
打ち合わせが必要となった。

지지부진한 채 겐로쿠 8(1695)년 정월이 지났다. 그리고 4월에 들어
다시 조선을 향한 새로운 사자가 파견된다. 이번 정사는 스기무라 우
네메, 토센슈 스야마 쇼우에몬이었다. 그들은 4월 말에 부중을 출항해
서 다음 5월 10일에 부산 왜관에 도착했다. 왜관에 남은 타다 요자에
몬과 협력해서 다시 교섭을 개시한다. 그러나 역시 순조롭게 진행되
지 못했다. 결실이 없는 상태에서 일행은 6월 10일에 왜관을 출선해
6월 17일에 부중에 귀착했다. 타다도 이때 함께 돌아왔다. 쓰시마번
내에도 이 외교교섭을 둘러싼 의견대립이 있었다. 새로운 내용의 절
충은 어떠한 방침으로 어떻게 해나갈 것인가 스야마 쇼우에몬한테도
자문이 있었다. 그리고 '타케시마분단' 내용에 이르는 것이다. 이 스
야마의 의견을 수용하여 실행하기 위해서는 막부정권과의 새로운 협

의가 필요하게 되었다.

　元祿八年八月晦日、ついに宗義眞は對馬府中を出發する。そして十月五日、江戸に到着した。對馬の智惠袋の一人、陶山庄右衛門も、この江戸行きに隨從した。だが病を得て、途中の京で靜養する。

　江戸に至った義眞は、早速この件に關し、江戸藩邸の年寄連中と檢討を始める。そして「竹嶋御用の儀に付き、阿部豊後守樣へ平田直右衛門を差し出され」(「表書札每日記」元祿八年十一月二十五日條)、閣老との綿密な打ち合わせを行っていく。この時、江戸に居た芳洲は、十二月十六日、江戸藩邸の文庫藏にある機密文書の閱覽を願い出ている。「雨森藤五郎、朝鮮向き御用の御書物を見聞き候に付き、誓旨血判を仰せ付かる」(「奥書札方每日記」十二月十六日條)とある。竹島一件に關わる重要文書を、誓旨血判してまで見たいと思ったのである。それは竹島問題に關わる外交關係文書を、改めて調査閱覽し、それなりの見識を持って、藩主後見の宗義眞や、阿部豊後守と折衝する平田直右衛門の相談に応えるためであった。この積み上げられてきた知識を前提として、芳洲は率直な意見具申を行った。いわば平田直右衛門の懷刀的存在であった。その平田直右衛門は、老中の阿部豊後守に、この膠着狀態に陷った竹島一件について、その打開策を含め一切を報告した。そして新たな幕府の方針を伺っていく。

　겐로쿠 8(1695)년 8월 말일 드디어 요시자네는 쓰시마 부중을 출발한다. 그리고 10월 5일에 에도에 도착했다. 쓰시마의 지혜주머니의 한 사람인 스야마 쇼우에몬도 에도행에 수행했으나 병을 얻어 도중의 교우토에서 요양하게 되었다.

에도에 도착한 요시자네는 서둘러 이 건에 관하여 에도번의 중신 (토시요리)들과 검토를 시작했다. 그리고 '죽도어용의 건에 대해, 아베 분고노카미님에게 히라타 나오에몬을 보내'('표서찰매일기' 겐로쿠 8년 11월 25일조) 막부 중신들과 면밀하게 협의했다. 이때 에도에 있었던 호우슈우는 12월 16일에 에도번저의 문고장에 있는 기밀문서의 열람을 원했다. '아메노모리 후지고로우가 조선에 관한 서적을 보는 데 있어, 서약하는 혈판을 찍었다'[해설 22]('오서찰방매일기' 12월 16일 조항)라고 되어있다. 타케시마잇켄에 관한 중요한 문서를 서약하고 혈판까지 찍으며 보고 싶다고 생각한 것이다. 그것은 죽도 문제에 관한 외교관계문서를 조사해 열람하고 그 나름대로의 견식을 가지고 번주를 후견하는 소우 요시자네나 아베 분고노카미와 절충하는 히라타 나오에몬의 상담에 응하기 위한 준비였다. 이 축적한 지식을 전제로 해서 호우슈우는 솔직한 의견을 이야기했다. 소위 히라타 나오에몬의 심복과 같은 존재였다. 히라타 나오에몬은 노중 아베 분고노카미에게, 교착상태에 빠진 타케시마잇켄에 대하여 그 타개책을 포함한 모든 것을 보고했다. 그리고 새로운 막부의 방침을 물었다.

元祿九年正月九日、阿部豊後守は平田直右衛門を呼び出した。そして竹島問題に付き、次のように述べた。「かような小島のことで隣國と爭い、和好を失するのは得策ではない。それゆえ、この際、日本人の往漁を禁じてはどうか」と。漁業權ごときで隣國の朝鮮と爭うのを不可とした。このあと正月二十八日、老中衆から宗義眞に對し、この方針に沿い事件を處理すべく、朝鮮と交渉するよう仰せ

があった。すなわち日本人漁民の島への渡航を禁じていく。その方針が決定したことで、宗義眞は歸國の途に付いた。

　元祿九年二月十九日、宗義眞は江戸を發ち、四月八日に對馬に戻った。陶山庄右衛門も、この義眞に隨從し、京から對馬に戻ってきた。一方、芳洲の方はと言えば、中斷していた唐音稽古を再び續けるため、義眞出發の二日前つまり元祿九年二月十七日、長崎に向けて出發した。出發に際し義眞に拜謁、その折、羽織を賜っている。長崎行きは義眞の了解を得たものであった。外交交涉に果たす芳洲の知的役割は大いに期待されていた。またその實績も確かに積んできた。長崎に到着した後、また再び熱心に唐音稽古に勵んでいった。義眞が竹島問題のため歸國するからには、この秋、朝鮮から譯官が渡來してくるのは必至である。その時、必ず芳洲は對馬に呼び戻される。それを覺悟の長崎行きであった。それゆえ長崎滯在中は、その藩邸に届く對馬の國元からの指示に、絶えず注意を拂う必要があった。

　겐로쿠 9(1696)년 1월 9일, 아베 분고노카미는 히라타 나노에몬을 호출했다. 그리고 죽도문제에 대해 다음과 같이 말했다. "그처럼 작은 섬의 일로 인국과 다투어 우호를 잃는 것은 득책이 아니다. 그러므로 이번에, 일본인의 왕어를 금하면 어떨까."라고 말했다. 어업권과 같은 일로 인국 조선과 다투는 것은 안 된다는 것이다. 이후 1월 28일에 노중들이 요시자네에게 이 방침에 따라 사건을 처리할 수 있도록 조선과 교섭해야 한다는 명령이 있었다. 즉 일본어민이 섬에 가는 도항을 금지했다. 그 방침이 결정되자 소우 요시자네는 귀국길에 올랐다.

겐로쿠 9(1696)년 2월 19일에 소우 요시자네는 에도를 떠나 4월 8일 쓰시마로 돌아왔다. 스야마 쇼우에몬도 이 요시자네를 수행하여 쿄우토에서 쓰시마로 돌아왔다. 한편, 호우슈우는 중단했던 중국어 연습을 다시 계속하기 위해 요시자네가 떠나기 이틀 전, 즉 겐로쿠 9년 2월 17일에 나가사키를 향해 떠났다. 출발에 즈음하여 요시자네를 배알하고 하오리를 하사받았다. 나가사키행은 요시자네의 양해를 얻은 일이었다. 외교교섭에 수행한 호우슈우의 지적 역할은 크게 기대되었다. 또 그 실적도 확실히 쌓았다. 나가사키에 도착한 후, 다시 열심히 중국어 학습에 열중했다. 요시자네가 죽도문제 때문에 귀국한 이상, 그 가을에 조선에서 통역관이 도래하는 것은 틀림없는 일이었다. 이 때, 반드시 호우슈우는 쓰시마에 소환될 것이다. 그것을 각오한 나가사키행이었다. 그러므로 나가사키 체재 중에는 번저에 보내는 쓰시마의 지시에 끊임없이 주의를 기울일 필요가 있었다.

元祿九年六月十三日、對馬府中から朝鮮に向け、譯官招請の使者が發った。また阿部豊後守と折衝を續けた平田直右衛門が、勘定方支配役を御免となり、新たに朝鮮役支配を仰せ付けられた(「國表毎日記」七月七日條)。譯官の渡來すなわち竹島問題の交渉に向け、藩が態勢を整えつつあることが、よく分かる。八月二日、譯官招請の使者が歸國し、譯官の渡來もいよいよ十月と決まったことを伝えた。譯官招請の目的は、義眞歸國の祝儀であり、朝鮮役(朝鮮國之御用)拝命の嘉儀であり、竹島問題の交渉であった。そして芳洲にも對馬への歸國要請が、やはり伝えられていった。だが芳洲は九月にも十月にも戻っていない。天候不順その他、諸々の理由があったので

あろう。その間、譯官(卞同知、宋判事)一行は、十月七日、府中に到着した。そして外交的儀式が順々に繰り廣げられた。十月二十五日には中宴席が、十月二十八日には以酊庵宴席が執り行われる。十一月四日には、譯官一行は久田の茶屋見物に出掛けている。だがまだ芳洲の歸國は遅れていた。「雨森藤五郎儀、譯官の渡海に付き、御用の長崎より歸國仕り候に申し越し候へ共、此の間の日和のゆえか、今もって參着仕らず候(「表毎日記」元祿九年十一月十日條)」とある。國元では、惡天候で遲延する芳洲の歸國を、待ちわびていた。その惡天候の中を、長崎から松浦半島を越え、壹岐、對馬と渡る経路を、その間、芳洲は進んでいた。迎えに出ていた藩の鯨船は、この壹岐で芳洲と出會った。直ちに藩船に乗り移らせ、對馬へと取って返した。こうして十一月十六日、對馬府中に着いた。譯官が歸國する前に、なんとか間に合った。譯官に手渡す書契が、直ちに芳洲によって調えられたことであろう。

겐로쿠 9(1696)년 6월 13일 쓰시마 부중에서 조선으로 역관을 초청하는 사자가 떠났다. 또 아베 분고노카미와 절충을 계속한 히라타 나오에몬이 칸조우카타 지배역을 그만두고 새로 조선역 지배를 명받았다('국표매일기' 7월 7일 조).[해설 23] 역관의 도래, 즉 죽도문제의 교섭을 향해 번이 태세를 조정하는 것을 잘 알 수 있다. 8월 2일에 역관 초청의 사자가 귀국하여, 역관의 도래가 드디어 10월로 정해진 것을 전했다. 역관 초청의 목적은 요시자네 귀국의 축하이며 조선의 일(조선국지어용)을 명받은 축의이고 죽도문제의 교섭이었다. 그리고 호우슈우에게도 쓰시마로 돌아오라는 귀국요청이 전해졌다. 하지만 호우슈우는 9월에도 10월에도 돌아가지 않았다. 일기의 불순이나 그 외의 여러 이유가 있었을 것이다. 그 사이 역관(변동지, 송판사) 일행은 10월 7일 부중에 도착했다. 그리고 외교적 의식이 차례로 전개되었다. 10월 25일에는 중연회가 10월 28일에는 이테이안 연회가 거행되었다. 11월 4일에 역관 일행은 히사다의 찻집 구경을 했다. 하지만 아직 호우슈우의 귀국은 늦어지고 있었다. "아메노모리 토우고로우는 역관의 도해에 맞추어, 근무하는 나가사키에서 귀국하라고 연락했음에도, 그 동안의 날씨 때문일까 아직도 도착하지 않았습니다('表海日記' 1696년 11월 10조)."라고 되어 있다. 쿠니모토에서는 악천후로 지연되는 호우슈우의 귀국을 애타게 기다리고 있었다. 그 악천후 속을, 나가사키에서 마쓰우라 반도를 넘어, 잇키 쓰시마로 건너는 경로를, 호우슈우는 가고 있었다. 마중 나온 번의 경선은 잇키에서 호우슈우를 만났다. 곧장 번선에 태우고 쓰시마로 돌아갔다. 이리해서 11월 16일 쓰시마 부중에 도착했다. 역관이 귀국하기 전에 겨우 도착했다. 역관에 건넬 서계가 즉시 호우슈우에 의해 조정되었을 것이다.

　十一月十八日、譯官の出宴席(出船宴)が執り行われた。これで譯官の公式行事は全て終了である。いよいよ出立となり、竹島問題について宗義眞から朝鮮譯官へ、口答で對馬側の解決案が提示された。すると早速、その內容を眞文にして、文字として提示することを朝鮮側は希望した。そこで平田直右衛門が譯官側に、その眞文を提示した。これは芳洲による文作であろう。なぜなら平田直右衛門の下にあって、この折、ひたすら平田の影としての役廻りに、芳洲は徹していたからである。この眞文を和文に直せば、次のようなもので

ある(泉澄一『對馬藩儒雨森芳洲の基礎的研究』pp.136〜137)。

　11월 18일 역관의 출연석(출선연)이 거행되었다. 이것으로 역관의 공식행사는 모두 끝나게 된다. 이윽고 출발하게 되어, 죽도문제에 대해서 소우 요시자네가 조선역관에 구답으로 쓰시마 측의 해결안을 제시했다. 그러자 신속히 그 내용을 한문으로 해서, 문자로 해서 제시할 것을 조선 측이 희망했다. 그러자 히라타 나오에몬이 역관 측에 한문을 제시했다. 이것은 호우슈우가 작문한 것으로 생각된다. 왜냐하면 히라타 나오에몬 아래에서 한결같이 그림자 같은 역할을 호우슈우가 전념하고 있었기 때문이다. 이 한문을 일본어로 고친다면 다음과 같은 것이다(泉澄一『對馬藩儒雨森芳洲の基礎的研究』, pp.136〜137).

一、前藩主(義倫)の治世に竹嶋問題が起こり、二度の使者を派遣した。だが交渉の最中に前藩主が死去し、使者を召還した。

二、參勤のとき阿部豊後守から竹嶋の地狀や方向を聞かれたので、實情を具に答えたところ　[豊後守がいうには]　對馬から遠く朝鮮からは近い。將來必ず密貿易を行うなど弊事が起こる。

三、そこで幕府から命令を出し、竹嶋への往漁を禁じるようにする。

四、不和は些細なことから、禍は下々のものから生じる。いま兩國百年の親交がいよいよ篤からんことを望むゆえ、一島をめぐる些細なことで、あれこれ言わないようにする　[とのことである]　。これこそ兩國の美事というべきではないか。

五、貴公らの報告により、朝廷が礼曹に命じて丁重に書簡を整え、我々の誠信の誼を謝すようにしてくれたらよいのだ。

六、貴公らが歸國し、口答のみで我公(宗義眞)が親しく述べたこと
　を、朝廷に伝えてはならない。聽いただけでは理解してもら
　えないかもしれないからだ。ゆえに文書にしてこのように示
　しているのだ。

1. 전 번주(요시쓰구)의 치세에 죽도문제가 일어나 두 번 사자를 파
　 견했다. 그러나 교섭 중에 전 번주가 사망하여 사자를 소환했다.
2. 참근시 아베 분고노카미가 죽도의 지형이나 방향을 물었기 때문
　 에, 실정을 자세하게 대답했더니[분고노카미가 말하기를] 쓰시마
　 에서 멀고 조선에서는 가깝다. 장래 반드시 밀무역을 행하는 등
　 의 폐단이 생긴다.
3. 그래서 막부가 명령을 내려 죽도의 왕래어업을 금지하도록 한다.
4. 불화는 사소한 것에서부터, 화는 아랫사람들로부터 생긴다. 지금
　 양국 백년의 친교가 점점 두터워지는 것을 바라기 때문에, 하나
　 의 섬을 둘러싼 사소한 일로 이것저것 말하지 않도록 한다[는 것
　 이다]. 이것이야말로 양국의 아름다운 일이라고 말해야 하지 않
　 겠는가.
5. 귀공들의 보고에 따라 조정이 예조에 명하여 정중히 서간을 정리
　 하여, 우리들의 성신의 의에 감사하도록 해주면 좋겠다.
6. 귀공들이 귀국하여, 구답만으로 우리 번주(소우 요시자네)가 친
　 밀하게 말한 것을 조정에 전해서는 안 된다. 들은 것만으로는 이
　 해하지 못할지도 모르기 때문이다. 그래서 문서로 해서 이렇게
　 나타내고 있는 것이다.

芳洲は、かつて江戸滯在中に、外交文書「朝鮮向御用御書物」を誓旨血判までして閲覽していた。そのような學習、研究の成果が、ここで發揮されたのである。この知的な藩儒の存在に、藩主後見役の宗義眞も、年寄の平田直右衛門も、大いに滿足したに違いない。朝鮮に渡す外交文書は、その案文を作成した後、以酊庵で淸書し封印することになっている。その以酊庵からの封書が、再び藩廳へ戻り、朝鮮譯官へ手渡されていく。おそらく芳洲が作成した外交文書も、そのような経過を辿り、平田直右衛門から、朝鮮の役官へ手渡されていったに違いない。「天龍院公(宗義眞)實錄」には、この伝達について「時は丙子年(元祿九年)十二月なり」とある。眞文が手渡された後、まもなく譯官一行は歸國の途についた。譯官の府中出發は十二月十日のことである。

호우슈우는 과거 에도에 체재할 때, 외교문서 '조선향어용어서물'을 서약하는 혈판까지 찍고 열람했었다. 이와 같은 학습 연구의 성과가 여기서 발휘된 것이다. 이 지적인 번유의 존재에, 번주의 후견역인 소우 요시자네도 토시요리 히라타 나오에몬도 크게 만족했음이 틀림없다. 조선에 건넨 외교문서는 그 내용을 작성한 후, 이테이안에서 청서하고 봉인하게 되어 있다. 그 이테이안의 봉서가 다시 번청으로 돌아와, 조선역관에게 건네진다. 아마도 호우슈우가 작성한 외교문서도 그러한 경로를 거쳐 히라타 나오에몬이 조선의 역관에게 건넸음이 틀림없다. '텐류우인공(소우 요시자네)실록'에는 이 전달에 대해 "때는 병자(겐로쿠 9)년 12월이다."라고 되어 있다. 한문의 문서를 건넨 후 곧 역관 일행은 귀국길에 올랐다. 역관의 부중 출발은 12월 10일의 일이었다.

期待された仕事を終え、満足の中で、芳洲は同僚の小川新平の妹を嫁に迎えた。その縁組は十二月二十二日で、藩の承認を得たものである。そして芳洲は新妻を伴い、再び長崎に向かった。元禄十年の正月から一年有余、芳洲夫妻は長崎で、その新居を過ごした。この長崎行きは、もちろん引き續きの唐音稽古のためである。これは中國語の會話を學ぶのではない。師の木下順庵の教えに従い、眞文の理解を深める修行方法であった。芳洲は語る。「そのころ音讀が甚だ有益であると知っている人はおらず、我が順庵先生のみ、そのことを知っていて、それで私に唐音を學ばせたのだ」と。日本式の返り点を付けた訓讀では、中國や朝鮮の漢文を正しく理解することは難しい。音讀によってこそ漢文の讀解、作文力が身に付くということである。朝鮮との外交文書に關わる芳洲には、これは必須の學問修行であった。

기대한 일을 마치고 만족하는 시기에 호우슈우는 동료 오가와 신페이(小川新平)의 여동생을 처로 맞이했다. 그 혼인은 12월 22일로 번의 승인을 얻은 것이었다. 그리고 호우슈우는 신처를 동반하고 다시 나가사키로 향했다. 겐로쿠 10년 정월부터 일 년 남짓을 호우슈우 부부는 나가사키에서 신접살림을 차렸다. 이 나가사키행은 물론 계속되는 중국어 학습을 위한 것이었다. 그것은 중국어 회화를 배우는 것이 아니다. 스승 기노시타 준안(木下順庵)의 가르침에 따라 한문의 이해를 깊게 하는 수행방법이었다. 후일에 효우슈우는 "그때 음독이 매우 유익할 것이라고 알고 있었던 사람은 나의 준안 선생뿐으로, 그것을 알

고 있었기에 나에게 당음을 배우게 한 것이다."라고 말했다. 일본식의
순서를 매긴 훈독으로는 중국이나 조선의 한문을 바로 이해하는 것이
어렵다. 음독하는 것으로 한문의 독해나 작문력이 몸에 익었다고 말한
것이다. 조선과의 외교문서에 관계하는 호우슈우에게 이것은 필수적
인 학문수행이었다.

씨-보루토圖 '長崎港의 眺望'
九州大學附屬圖書館醫學部分館所藏

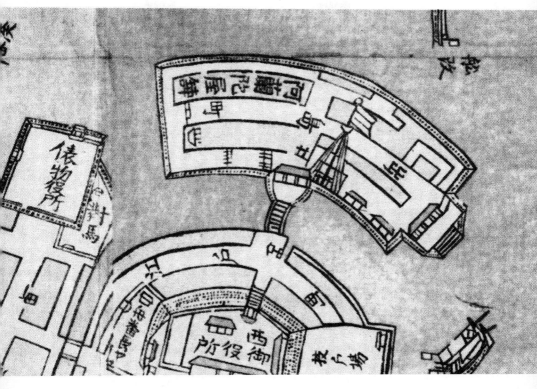

對馬藩長崎藏屋敷의 所在地
「長崎市街圖 (享保 2 年, 文錦堂版)」東京都立中央圖書館藏)

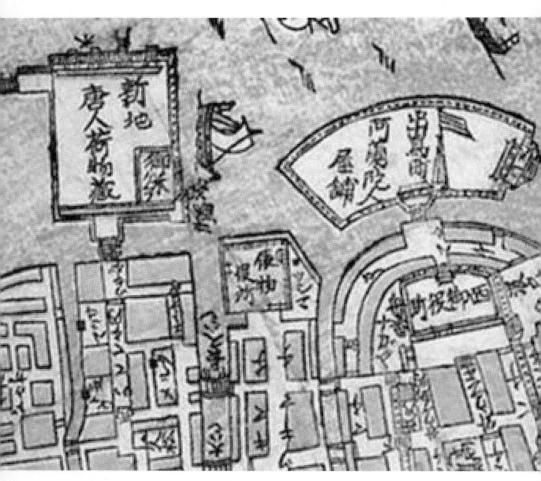

対馬藩長崎藏屋敷의 所在地
「肥前長崎圖」(九州大學圖書館)

元祿十一年三月十四日、長崎での唐音稽古を終え、芳洲は對馬に帰着する。すでに三一歳になっていた。帰國から二ヶ月を過ぎた六月一日、藩の文庫にある文書類を、自由に閲覧したいと申し出ている(「表毎日記」元祿十一年六月朔日條)。藩の文庫には、機密を要する外交文書や貴重書が、數多く保管されている。それを借り出したい時、その都度、年寄中まで文書を以て許可を願い出る慣わしであった。だがそれでは大いに煩雜である。見たい時、知りたい時、文庫の書籍係に斷るだけで、本を借り出せるようにして欲しい、そのように申し出たのである。申し出は聞き届けられ、直ぐに許可された。さらに六月十五日には、自由に書籍が閲覧できるよう、芳洲は文庫の書籍係に任じられている。外交交渉は、蓄積された経験の上に、積み上げられた記録類の上に、そして互いに重ね合わされた叡智の上に成されるのである。對馬藩の外交文書の蓄積は、ねばり強い外交交渉を行う上で、欠くことのできぬものであった。そのような知識情報を蓄積したスタッフが、外交交渉の現場には、なんとしても必要であった。陶山庄右衛門や雨森芳洲、さらには『朝鮮通交大紀』を編んだ松浦儀右衛門(霞沼)や、『竹島紀事』を編んだ越常右衛門などの面々は、阿比留惣兵衛に始まる對馬藩シンクタンクの、その一員であった。

원록 11년 3월 14일에 나가사키에서 중국어 수행을 마치고, 호우슈우는 쓰시마에 귀착했다. 이미 31살이었다. 귀국해서 두 달 지난 6월 1일에, 번의 문고에 있는 문서류를 자유롭게 열람하고 싶다는 요구를 했다('표매일기' 겐로쿠 11년 6월 1일조). 번의 문고에는 기밀을 요하는 외교문서와 귀중서가 많이 보관되어 있다. 그것을 빌리고 싶을 때는 그때마다 토시요리에게 문서로 허가를 청원하는 것이 관례였다. 하지만 그것은 매우 번잡하다. 보고 싶을 때, 알고 싶을 때, 문고의 서적계에 알리는 것만으로 책을 빌릴 수 있도록 해주었으면 좋겠다고 요구한 것이다. 요구는 받아들여져 곧바로 허가되었다. 또 6월 15일에는 자유롭게 서적을 열람할 수 있도록 호우슈우는 문고의 서적계로 임명되었다. 외교교섭은 축적된 경험 위에, 쌓아 올린 기록류의 이해 위에, 그리고 서로 겹쳐진 예지 위에 이루어진 것이었다. 쓰시마번의 외교문서 축적은 끈기 있는 외교교섭을 하는 데 있어 빼놓을 수 없는 일이었다. 그러한 지식정보를 축적한 스태프가, 외교교섭의 현장에는 아무래도 필요했다. 스야마 쇼우에몬과 아메노모리 호우슈우, 또『조선통교대기』를 편한 마쓰우라 요시에몬과『죽도기사』를 편한 코시 쓰네에몬 등의 면면은 아비루 쇼우베에를 시작으로 하는 쓰시마번의 두뇌 집단이었다.

元祿十一年七月十九日、芳洲は陶山訥庵と共に、朝鮮方支配佐役(朝鮮佐役)を命じられた。この朝鮮佐役は、竹島一件で苦汁をなめた對馬藩が、朝鮮問題に迅速に對應できるよう、新たに作り出した役職である。その仕事は直接の外交交渉ではない。外交文書の調査探索、前例を尋ね知ること、そして外交案文の作成と鍊成である。あくまでも裏方の役回り、文書係であり、知惠を出す秘書官という役柄である。だがその重要性は論を待たない。この時の朝鮮御用支配役、すなわち對朝鮮外交の總責任者は、藩年寄の杉村采女と平田直右衛門であった。

この時点に至っても、まだ竹島をめぐる一件は、もたついていた。「戊寅年三月日」の日付、すなわち元禄十一年三月の日付で送られて來た礼曹參判の書簡に、竹島をめぐり「貴國は初め誤認と雖も、終には能く敦(おさ)め復す」との記載があった。對馬側はこの「誤認」の文言に反發し、この一連の語句を削除するよう申し入れを行っている。このような書簡文言をめぐる外交交渉に、芳洲の知識は必要であり、また芳洲もそれに応える形で、藩廳の書庫に殘された外交文書を讀み解く必要があった。そのような事が、自由な書籍閲覽の理由でもあった。對馬と朝鮮、その双方の考え方には、まだ相当の食い違いがあった。それを正して、調整して行くためには、深い外交的知識と、その理論的裏付けが必要であった。

　對馬藩は平田直右衛門を江戸へ派遣し、なおも朝鮮側書契の不遜不逞を主張する。なおも嚴しい外交交渉を續ける姿勢を取る。交渉の最前線に立つがゆえの、對立の姿勢である。だが一方で老中の阿部豊後守は、今や落としどころを探っていた。おだやかな對應を取り、政治的決着のための見解を述べていく。そして元禄十一年七月、對馬藩もこの阿部の提案を受け入れた。最終判斷は將軍の意向である。元禄十一年九月、老中の阿部は、將軍の側用人で時の最高權力者たる柳澤出羽守吉保、同じく側用人の松平右京亮輝貞の了承を受ける。それは第五代將軍徳川綱吉の裁可するところであった。こうして竹島一件は、終局を迎える。

　겐로쿠 11년 7월 19일에 호우슈우는 스야마 토쓰안과 함께 조선방지배좌역(조선좌역)을 명받았다. 이 조선좌역은 타케시마잇켄으로 쓴

잔을 마신 쓰시마번이 조선문제에 신속하게 대응할 수 있도록 새로이 만든 역직이다. 그 일은 직접적인 외교교섭이 아니다. 외교문서의 조사 탐색, 전례를 찾아 아는 일, 그리고 외교문안의 작성과 완성이다. 어디까지나 배후의 역으로, 문서계이고, 지혜를 발휘하는 비서관이라는 배역이었다. 하지만 그 중요성은 논할 필요가 없다. 이때의 조선어 용지배역, 즉 대 조선외교의 총책임자는 번의 토시요리인 스기무라 우네메와 히라타 나오에몬이었다.

이 시점에 이르러도 아직 죽도를 둘러싼 일건은 진척이 없었다. '무인년 3월일' 일부, 즉 겐로쿠 11년 3월의 일부로 보내온 예조참판의 서간에 죽도를 둘러싸고 "귀국은 처음에 오인이라고 말했어도, 결국은 잘 정리하여 복구했다."라는 기재가 있었다. 쓰시마 측은 이 '오인'이라는 문언에 반발하고, 이 일련의 어구를 삭제하도록 신청하였다. 이런 서간문언을 둘러싼 외교교섭에 호우슈우의 지식은 필요하며, 또 호우슈우도 거기에 응하는 형태로, 번청의 서고에 남아 있는 외교문서를 읽어 해독할 필요가 있었다. 그러한 일이 자유스러운 서적열람의 이유이기도 했다. 쓰시마와 조선, 쌍방의 사고에는 상당한 불일치가 있었다. 그것을 바르게 조정해 가기 위해서는 깊은 외교적 지식과 이론적 배경이 필요했다.

쓰시마번은 히라타 나오에몬을 에도에 파견하여, 여전히 조선 측 서계의 불손 불령을 주장했다. 아직도 엄격한 외교교섭을 계속하려는 자세를 취한다. 교섭의 최전선에서 서 있는 까닭에 대립의 자세였다. 그러나 한편의 노중 아베 분고노카미는 끝낼 구실을 찾고 있었다. 부드러운 대응을 취하며 정치적 결단을 위한 견해를 언급한다. 그리고 겐로쿠 11년 7월에 쓰시마번도 아베의 제안을 받아들였다. 최종 판단은 장군의 의향이다. 겐로쿠 11년 9월에 노중 아베는 장군의 측근으로 당시의 최고 권력자인 야나기사와 데바노카미요시야스, 같은 측근인 마쓰다이라 우쿄우료우테루사다의 승인을 받는다. 그것은 제5대 장군 토쿠가와 쓰나요시가 재가한 것이었다. 이렇게해서 타케시마잇켄은 종국을 맞이한다.

元祿十二年(一六九九)三月、對馬は阿比留惣兵衛を、使者として朝鮮に派遣した。そして朝鮮政府からの「竹島謝書」を、正式に幕府に伝達し、それが受納されたことを伝えた。この竹島一件の無事落着は、ひとえに宗義眞の働きが大きかったことを付け加えた。同十二年十月、對馬藩は在番の江戸家老大浦忠左衛門から、老中の阿倍豊後守に對し、この朝鮮への伝達を、無事に終えたことを報告した。こうして竹島一件は解決を見た。

では、その後の芳洲の足跡を、今少し、辿っておこう。元祿十五年(一七〇二)三五歳になった芳洲は、それまでの裏方から、いよいよ表の顔として登場する。そして始めて朝鮮へ渡った。同十五年二月二六日、府中を出發し、三月二日に釜山に着いた。告襲參判使の都船主としての役割であった。この時の正使は樋口作左衛門、封進役は永野佐五衛門である。この使節派遣の目的は、藩主義方が成人し、後見の義眞が隠居したことを伝え、それに伴って朝鮮から新藩主義方の襲封を祝賀する譯官使の派遣を要請するものであった。竹島一件を解決し、新たな時代の始まりとなるものであった。折しもこの年、八月七日、宗義眞が死去した。まさに古い時代は去り、新しい時代の到來であった。初めての異國体驗をした芳洲は、對馬

に歸った後、早速、朝鮮語の上手な者について下稽古を始める。そして翌元禄十六年、改めて朝鮮に渡り、以後足かけ三年間を釜山の草梁倭館で過ごした。そしてこの倭館で、朝鮮語の入門書『交隣須知』をまとめた。

겐로쿠 12년(1699) 3월에 쓰시마는 아비루 소우베에를 사자로 삼아 조선에 파견했다. 그리고 조선 정부의 '죽도사서'를 정식으로 막부에 전달하고, 그것이 수납된 사실을 전했다. 이 타케시마잇켄의 무사낙착은 오로지 소우 요시자네의 공이 컸다는 것을 덧붙였다. 동 12년 10월에 쓰시마번은 재번의 에도가로 오오우라 타다자에몬이 노중 아베 분고노카미에게, 조선에 전달하는 일이 무사히 끝났다는 사실을 보고했다. 이렇게 해서 타케시마잇켄은 해결을 보았다.

그 이후의 호우슈우의 족적을 살펴보면 다음과 같다. 겐로쿠 15(1702)년 35세가 된 호우슈우는 그때까지의 막후역할에서 드디어 표면의 인물로 등장한다. 그리고 비로소 조선에 건너갔다. 동 15년 2월 26일에 부중을 출발하여 3월 2일에 부산에 도착했다. 번주의 습봉을 알리는 참판사 토센슈로서의 역할이었다. 이때의 정사는 히구치 사쿠사에몬, 봉진역은 나가오 사고에몬이다. 이 사신 파견의 목적은 영주 요시미치가 성인이 되어 후견의 요시자네가 은거한다는 사실을 전하고, 그것과 더불어 조선에서 신 번주 요시미치의 습봉을 축하하는 역관사의 파견을 요청하는 일이었다. 타케시마잇켄을 해결하고, 새로운 시대의 시작이 되는 것이었다. 마침 이 해의 8월 7일에 소우 요시자네가 사거했다. 그야말로 구시대가 가고 새 시대가 도래하고 있었다. 처음으로 이국을 경험했던 호우슈우는 쓰시마로 돌아온 후, 즉시 조선어가 능숙한 사람에 붙어 기초연습을 시작했다. 그리고 다음 겐로쿠 16년에 다시 조선에 건너가, 이후 3년에 걸쳐 부산 초량왜관에 서 보냈다. 그리고 이 왜관에서 조선어 입문서『교린수지』를 정리했다.

正德元年(一七一一)四四歳になった芳洲は、德川家宣の將軍職就任を祝う朝鮮通信使に同行し、江戸に赴いた。この時、國書復号問題の解決に奔走し、新井白石と激しい論爭を交えた。享保三年(一七一八)には藩主宗義方が死去し、その弟の宗義誠(よしのぶ)が家督を継いだ。

享保四年(一七一九)五二歳の芳洲は、德川吉宗の將軍職就任を祝う朝鮮通信使に同行し、藩主の宗義誠と共に、再び江戸に赴いた。享保六年(一七二一)には五四歳となり、朝鮮佐役を辭任し、隱居することになった。だが享保九年(一七二四)五七歳で再び致仕、藩主宗義誠の側用人に就任し、逼迫した藩財政の再建に着手した。さらに享保十三年(一七二八)六一歳で、釜山倭館の裁判役に任命された。そして享保十五年(一七三〇)六三歳で役を降り、釜山から歸國した。このとき朝鮮外交の心得『交隣提醒』を執筆した。この『交隣提醒』は芳州が藩主宗義誠へ上呈した交隣の意見書である。先にも述べたように全五四箇條からなり、芳洲の外交体験から生み出された信條、外交の精神を吐露したものである。その末尾の第五四項に、有名な「誠信の交」を記す文がある。

쇼우토쿠 원년(1711)에 44살이 된 호우슈우는 토쿠가와 이에노부의 장군직 취임을 축하하는 조선통신사와 동행하여 에도로 향했다. 이때 국서복호문제를 해결하려고,[해설 24] 아라이 하쿠세키와 격렬한 논쟁을 폈다. 쿄우호 4(1718)년에는 번주 소우 요시미치가 사망하고 그 동생 소우 요시노부가 가독을 계승했다.

쿄우호우 4(1719)년 52살의 호우슈우는 토쿠가와 요시무네의 장군 직 취임을 축하하는 조선 통신사와 동행하여 번주 소우 요시노부와 함께 다시 에도로 향했다. 쿄우호우 6(1721)년에는 54살이 되어 조선 좌역을 사임하고 은거하게 되었다. 하지만 쿄우호우 9(1724)년 57살에 다시 복귀하여 번주 소우 요시노부의 측근으로 취임하여 핍박한 번재 정의 재건에 착수했다. 또 쿄우호우 13(1728)년에 61세로 부산 왜관의 재판역으로 임명되었다. 그리고 쿄우호우 15(1730)년 63세에 역을 그 만두고 부산에서 귀국했다. 이때 조선외교의 이해 『교린제성』를 집 필했다. 이 『교린제성』은 호우슈우가 번주 소우 요시노부에 드리는 교린의 의견서이다. 앞에서도 언급했듯이 총 54개조로 이루어져 있으 며, 호우슈우의 외교 경험에 의한 신조, 외교의 정신을 토로한 것이다. 그 말미의 제54항에 유명한 '성신의 교'를 기록한 문이 있다.

誠信の交わりと申す言葉を、人々は口に出します。たいていはそ の字義を明らかにしていません。誠信と申すのは「實意」と申すこと でございまして「互いに欺かず爭わず」眞實を以て交わることを誠信 と申すのでございます。朝鮮とまことの誠信の交わりを取り行うべ きであるとお思いになられるならば、こちらからの送使をも、また 悉くご辭退なされて、少しも彼の國の接待ご馳走を受けないようにな さる時が無くては、まことの誠信とは申し難いのです。その理由は、

彼の國の書籍を拝見すれば、彼らの底意がどこにあるかが知れるから
です。しかしこういう段階に持っていくことは、容易に叶うことでは
ございません。それゆえ現今まで續けて參ったのでございます。彼の
國でも、また容易に改めることができそうにありません。そういうわ
けなので、何とぞ今後は現狀に留め置かれながらも、加えて「實意」を
見失わないようにお心掛けになられるべきでございます。

　성신의 교제라는 말을 사람들이 말합니다. 대개 그 자의를 분명히
하고 있지 않습니다. 성신이라고 하는 것은 '실의'라고 말씀드리는 것
이어서 '서로 속이지 않고 다투지 않고' 실질로 사귀는 것을 성신이라
고 말씀드리는 것입니다. 조선과 진실한 성신의 교제를 취해 나가야
한다고 생각하신다면, 이쪽에서 보내는 사신도, 역시 사양하여, 그 나
라에서 접대하는 음식을 대접받지 않도록 하는 일이 없어서는, 진실
한 성신이라고는 말씀드리기 어렵습니다. 그 이유는, 그 나라의 서적을
보면, 그들의 저의가 어디에 있는지를 알 수 있기 때문입니다. 그러나
이러한 단계에 이르는 것은 용이한 일이 아닙니다. 그래서 지금까지
계속되어 온 것입니다. 그 나라에서도 쉽게 개정할 수 있을 것 같지 않
습니다. 그러한 사정이오니 아무쪼록 향후는 그러한 현상을 방치한다
하더라도, 더불어 '실의'를 잃지 않도록 마음을 쓰셔야 합니다.

　「日本人は其の性質が獷悍(無礼で狂暴)で、義を以ては屈し難い」
と申叔舟の文にも見えます。彼の國の幣賚(貨幣と通し紐、すなわち
費用)は、相當の負担でございますが、送使接待を初め、今まで別狀
も無く連續しているのは、獷悍の性を恐れられていることから起こ

ることなのでございます。これ以降、余威については、今は甚だ薄くなっておりますゆえ、今後の對馬人が從前の武技を失い、惰慢の心を持つようになれば、必ずや最前申し上げた「なんとかの木刀」のごとく [効果の無いもの] になりますので、朝鮮關係の幹事の者どもは、そのことをよく心得るのが肝要でございます。とにかく朝鮮の事情を詳しく知らずにいるならば、事に臨んで何の了見も持つことができなくなります。浮說新語がどれぐらい出て來たところで、何の益にもなりません。それゆえ経國大典、考事撮要などの書や、阿比留惣兵衛の編じた善隣通交、松浦儀右衛門の編じた通交大紀、および分類記事、紀事大綱を、常に熟覽致し、前後を考え、處置致すべきかと存じます。

享保十三戊申年十二月二十日　　　　雨森東五郎

宝暦五年(一七五五)芳洲は八八歳で、嚴原日吉の別莊において、死去した。

　"일본인은 성질이 광한(무례하고 광폭)하여 의로 다스리기 어렵다."라고 신숙주의 문장에도 있습니다.[해설 25] 그 나라의 폐두(화폐와 매는 끈, 즉 비용)는 상당한 부담입니다만, 보낸 사신의 접대가 시작된 이래 지금까지 별 탈 없이 계속되고 있는 것은, 광포한 성질을 두려워하는 것에 기인하는 일입니다. 이후 여위(무력을 배경으로 하는 위협)에 대한 두려움은, 지금은 매우 옅어지고 있어, 금후의 쓰시마인이 종전의 무의 기능을 잃어, 태만한 마음을 가지게 되면, 반드시 조금 전에 말씀 드린 '어떤 목검'과 같이 [효과가 없는 것]이 되기 때문에, 조선관계의 책임자들은 그것을 명심하는 것이 중요합니다. 어쨌든 조선의 사정을 자세하게 알지 못하고 있으면 사건에 임하여 어떤 의견도 가질 수 없게 됩니다. 새로운 소문이 아무리 떠돈다 해도 아무런 이익도 되지 않습니다. 그러므로 경국대전 등의 책과 아비루 쇼우베에가 편한 선린통교, 마쓰우라 요시에몬이 편한 통교대교 및 분류기사, 기사대강을 항상 숙람하며 전후를 생각하여 처치해야 할 것이라고 생각합니다.

쿄우호우 13 무신년 12월 20일   아메노모리 토우고로우

호우레키 5(1755)년에 호우슈우는 88세로 이즈하라 히요시 별장에서 사거했다.

[해설1]

옛날 겐로쿠시대 일본은 도쿠가와 제5대 장군 쓰나요시 정권이었고, 조선은 제19대 국왕 숙종시대였다.

토쿠가와쇼우 군 계
德川將軍家 계도

朝鮮王朝世系圖

⑭宣祖 ─┬─ ⑮光海君
        └─ 元宗(追尊) ── ⑯仁祖 ── ⑰孝宗 ── ⑱顯宗 ── ⑲肅宗 ─┬─ ⑳景宗
                                                              └─ ㉑英祖

[해설2]

쓰시마(對馬)

쓰시마의 대부분은 主島 쓰시마지마(對馬島)가 차지하고 주위에 100개 이상의 속도가 있다. 일반적으로는 이 對馬島와 속도를 합하여 對馬라고 부른다. 엣날에는 쓰시마노쿠니(對馬國)나 다이슈(對州)라 했다. 『일본서기』에서는 對馬島 3자를 합하여 '쓰시마'로 읽었다. 한국과 가까워 옛날부터 대륙의 문화와 경제를 받아들이는 창구 역할을 수행했다.

古代

建國神話라고 하는 『古事記』에는 최초로 태어난 8도 중의 하나로서 '津島'라고 기록되어 있고, 『日本書紀』는 '對馬洲', '對馬島'로 기록했다. 『魏志倭人傳』(정식으로는 三國志·魏書·東夷專·倭人條)에는 왜의 일국으로, 한국 남안의 '狗耶韓國(경상남도 김해 부근)'의 다음에 '對馬國'으로 등장한다. 對馬國은 狗耶台國에 속하고, 卑狗, 卑奴母離라는 부관이 통치했다. 『日本書紀』에는 神功皇后가 對馬 북단(지금의 鰐浦)을 출발하여 신라를 복속시키고 屯倉을 설치했다는 내용이 있다. 『삼국사기』에는 신라 18대 實聖尼斯今 7(408)년에, 왜인이 신라를 습격하기 위해 쓰시마에 군영을 정비했다는 내용이 있다. 이처럼 쓰시마는 조선 침략의 중계지로서 역할을 수행하고 있었다. 왜국은 당과 신라의 침공에 대비하여 664년에 사키모리(防人)를 두고 8개소에 봉화소를 설치했다. 그 후에 여러 곳에 성을 쌓아 국경의 요새가 되었다. 이 때문에 國府와 많은 神社를 건립했다. 674년에는 은을 조정에 바쳤는데, 이것이 일본이 최초로 은을 산출한 일이었다. 701년에는 쓰시마에서 산출된 금을 헌상했는데, 조정은 이를 축하하여 일본 최초의 원호 '大寶'를 세웠다.

中世

12세기에 소우씨(宗氏)의 시조 고레무네(惟宗)씨가 쓰시마에 입국한다. 고레무네는 원래 다자이후(大宰府)의 관인으로, 치구젠노쿠니(筑前國) 무나카타군(宗像郡)에서 왔다. 점차로 실권을 장악하며 무사화한다. 그때까지는 국교가 없는 고려와 교역을 하는 아비루(阿比留)씨가 세력을 잡고 있었다. 아비루씨가 다자이후의 문책에 저항하자,

1246년에 다자이후의 명을 받은 고레무네 시게히사(惟宗重尙)가 아비루씨를 정토하고 쓰시마의 지배권을 확보했다. 카마쿠라시대(鎌倉)에는 두 번에 걸친 몽고의 침략이 있었다. 이후에 왜구의 활동이 심해지자 쓰시마는 왜구의 근거지가 되었다.

1366년에는 고려가 왜구의 단속을 요청했고, 쓰시마가 응하여 고려와 통교하기 시작했다. 1389년에는 朴葳(?~1398)가 왜구를 토벌하기 위해 쓰시마를 정벌했다. 박위는 고려 말 조선 초의 문신으로, 우달치(迂達赤)로 등용된 뒤 김해부사가 되어 왜적을 물리쳤고, 1388년 요동정벌 때는 右軍都統使 이성계를 따라 위화도에서 회군한 인물이었다. 1587년에 토요토미 히데요시(豊臣秀吉)가 九州를 정벌하자 소우씨는 臣從을 서약하고, 1590년에 쓰시마노카미(對馬守)를 임명받아 계승했다.

임진왜란 때는 소우 요시토시(宗義智)가 5000인을 동원하여 코니시 유키나가(小西行長)의 1번대로, 일본군의 선진을 맡아 부산·한성·평양을 공략했다. 1600년의 세키가하라전투(關原戰鬪)에서는 서군에 참가했으나, 서군이 패배한 후에는 토쿠가와 이에야스(德川家康)의 용서를 받고 조선외교의 창구를 맡았다. 이후 소우씨가 쓰시마를 지배했다. 이것을 對馬府中藩(통칭 對馬藩)이라 하고, 參勤交代制에 따라 3년에 한 번씩 에도의 征夷大將軍을 알현했다. 쇄국체제에서 부산에 왜관을 설치하고 조선통신사의 영송을 책임지는 등 조선외교의 중개자의 역할을 수행했다.

[해설3]

【己酉約條】

케이쵸우 14(1609)년 기유년에 쓰시마의 소우 요시토시(宗義智)가 조선과 맺은 통교무역에 관한 약조. 일본의 사자는 소우씨로 한하고 세견선은 연 20척으로 할 것을 정했다. 慶長條約이라고도 한다. 임진·정유재란 이래 단절되었던 무역이 재개된 것으로 메이지(明治) 초기까지 유지되었다. 전문 12조였으나 주요내용을 들면 다음과 같다.

제1조, 館待에 3례가 있다. 국왕의 사신은 1례로 하고, 對馬島主의 特送을 1례로 하고, 對馬島受職人을 1례로 한다.

제3조, 쓰시마의 歲遣船은 20隻, 內特送船 3척, 합하여 20척으로 한다. 大船 6척, 中小船 각 7척

제6조, 평시의 受職人은 죄를 면받는 것을 다행으로 알고 거론하지 않는다.

제8조, 사용되는 모든 배는 對馬島主의 文印을 받은 후에 온다.

제9조, 쓰시마 도주는 전례에 따라 圖書로 한다. 견본을 만들어 禮曹 및 校書館에 보관하고, 부산포에도 두고 書契가 올 때마다 진위를 考驗하고 違格의 배는 돌려보낸다.

제10조, 文印이 없는 자나 부산포에 들리지 않는 자는 賊으로 본다.

제12조, 여타의 일은 前規에 따른다.

세견선은 1년에 파견할 수 있는 定期使船을, 특송선은 국내의 동향 등을 전하는 특별한 使船을, 쥬쇼쿠진(受職人)은 조선의 관직을 받은 도항자를, 도쇼(圖書)는 실명을 새긴 銅製의 인감을 가진 자를, 서계는 공문서를, 문인은 도항증을 의미하는 용어로 모두 중세 이래의 용어

이다.

소우 요시토시(宗義智)

1587년에 토요토미 히데요시(豊臣秀吉)가 九州 정벌을 시작하자 도주 요시시게(儀調)와 같이 항복하여, 히데요시의 조선침략의 계획에, 코니시 유키나가(小西行長), 시마이 소우시쓰(島井宗室) 등과 같이 참여하여 진력을 다했다. 1590년에 조선에서 사자가 오자 이를 服屬使라고 속여 히데요시에게 소개했다. 그러자 히데요시는 조선이 복속한 것으로 받아들이고, 조선에 明을 정복하는 선도역을 명하려 했다. 조선사절은 히데요시의 전국 통일과 관련된 사절이었으므로, 그 의견을 따를 리 없었다. 곤란해진 쓰시마 도주는 조선에게 明에 가는 길을 빌리는 것(假道入明)뿐이라는 거짓을 말했다.

조선과의 교섭에 실패한 요시토시는 1592년에 발발한 임진왜란에 장인 유키나가의 1번대에 들어가, 5,000군을 이끌고 4월 12일에 부산에 상륙하여 13일에 부산을 공략하고, 14일에 동래, 15일에 機張 左水營, 16일에 양산, 17일에 밀양을 공략했다. 그 후에 대구 仁同 善山을 차례차례 공략하고 26일에는 경상도 순변사 李鎰을 尙州에서 격파했다. 27일에 경상도를 지나 충청도에 진군하여 彈琴臺에서 영격하는 申砬을 격파하고 충주를 공략했다. 경기도에 들어선 5월 1일에 여주를 공략하고, 2일에 한성의 동대문에 도착하고, 3일에 수도 한성에 입성했다. 11일에 다시 북상하여 18일에 임진강에서 조선군을 격파하고, 27일에 개성을 공략한 다음, 황해도의 端興, 鳳山, 黃州, 中和를 차례로 공략했다. 평안도로 진격한 6월 8일에 대동강변에 이르러 16일에 평양을 공략하고 진격을 멈추었다.

1593년에 명의 李如松과 조선군이 반격하자 퇴각했다. 이때 이여송이 퇴로를 열어주었다. 퇴각하던 왜군은 碧蹄館에서 반격하여 명군을 격파했다. 이때부터 명군은 강화를 생각했고, 왜군은 兵糧이 부족하여 강화의 개시를 약속하고 부산 주변까지 퇴각했다. 1597년에 정유재란이 시작되자, 요시토시는 8월 13일에 남원의 공략전을 개시하여 4일 만에 공략했다. 다음에 전주를 공략하였으나 겨울이 되기 전에 후퇴하여 南海의 왜성에 머물렀다. 1598년 8월 18일에 히데요시가 죽자, 10월 15일에 왜군 귀국령이 내렸다. 요시토시는 고니시와 같이 귀국할 예정이었다. 그러나 順天 왜성에 있던 小西는 퇴로가 막혀 움직일 수가 없었다. 그러자 요시토시는 수군을 편성하여 구원하려다 노량해협에서 조선군과 교전하여 대패했으나, 그 틈을 이용하여 小西와 같이 7년 만에 귀국했다.

임진·정유란을 통해 단절된 관계를 수복하라는 德川家康의 명을 받은 것은 다름 아닌 요시토시였다. 조선의 침략에 적극적으로 참여하여 많은 조선인을 살상하고 국토를 초토화하는 일에 앞장섰던 그가, 이번에는, 강화의 사자로 나선 것이다. 조선과의 무역은 對馬藩의 사활이 걸린 문제였기 때문에 그가 전력을 경주하는 것은 당연한 일이었다. 그를 교섭의 상대로 하는 조선은 1609년에 己酉約條를 맺는다. 화전의 앞장에 섰던 그는 1615년 1월 31일에 48세로 생을 마감했다.

쓰시마 후 츄우 한   소우 케
対馬府中藩、宗家 계도

초대 宗義智 — 제2대 宗義成 — 제3대 宗義眞 ┬ 제4대 宗義倫(靈光院)
(万松院)   (光雲院)   (天龍院) ├ 제5대 宗義方(大桁院)
                                        ├ 제6대 宗義誠(大雲院)
                                        └ 제7대 宗方熙(清浄院)

法名(淨土眞宗)

법명(죠우도신슈우)의 法名은 석존의 제자(불제자)가 된 이름을 말
한다. 고인에게 주는 이름이라고 알기 쉬우나 본래는 살아있을 때 삼
보(佛·法·僧)에 귀의한 불제자로 살아갈 것을 서약하고 받는 이름
이다. 죠우도신슈우는 재가불교로 受戒의 의례를 받지 않고 법명을
받아도 출가하지 않았다.

[해설5]

쿠라마이(藏米) 치교우(知行)

쿠라마이 큐우요(給与)라고도 하며 에도 막부나 번이 가신에게 봉
록으로 知行地(녹으로 주는 토지와 백성) 대신에 藏米(창고의 쌀)을 지
급하는 일. 이것을 받은 가신을 쿠라미이토리(藏米取)라 한다. 본래 무
사에게는, 주군이 가신에게 영지의 일부를 지행지로 해서 주는 地方
知行이 기본이었다. 그러나 에도시대가 되자 주군인 장군 혹은 다이

묘우우(大名)에게 토지지배권력이 집중되거나 번중앙과 가신의 年貢
米賣却의 경합이 이루어져 米價가 하락하고 더불어 換金收入이 감소
하여, 재정상 형편으로 地方知行을 그만두고 藏米知行으로 바꾸는 경
우가 증가했다.

[해설6]

오오후나고에미나토(大船越港)

對馬島를 南北으로 관통하는 國道382号를 對馬空港에서 車를 타고
北으로 향하면 수분 후에 鐵製의 빨간 다리가 있다. 다리 아래는 강이
아니라 바다이다. 에도시대(1672)에 판 오후나고에 항이다.

對馬는 南北으로 긴 地形으로 중앙에 험한 산이 겹쳐있다. 옛날부
터 주요 교통수단은 배로, 동안과 서안의 교통은 단절되어 있었다. 그
러나 두 곳에 동서의 폭이 아주 좁아지는 지협이 있다. 배를 끌고 넘
을 수가 있었기 때문에 각각 오오후나고에라고 불렀다.

大船越港은 交通의 要衝으로 번영하여 지나는 배가 늘어 감에 따라
瀨戶開削 필요성이 높아졌다. 對馬藩은 당시 총 35,000인으로 4期에
걸쳐 길이 약 250m, 폭 50m의 도랑을 파는 공사를 완성했다. 이래로
同港은 동서 항으로 출어할 수 있는 이점을 살린 어항으로 발전했다.

현재 東西兩岸을 잇는 바다의 交通路로서는 日露戰爭時에 開削하
여 觀光명소가 된 万關(約3km北)가 중심이다. 大船越瀨戶는 水深이
얕아 大型船의 通行이 不便하기 때문에 渡船은 20t 이하의 漁船 中心
이다. 大事業이었던 瀨戶도 平凡한 漁港의 風景 속에 섞여 있다.

人口700여 인의 항. 大船越漁協의 組合員은 105人으로 오징어 낚시
이외에, 잉어, 진주 등의 양식을 하고 있다. 瀬戸에 걸린 현재의 大船
越橋는 昭和45年에 完成했다. 길이 45m, 폭 7.5m이다. 瀬戸南側에
는、幕末期에 瀬戸의 通行을 원했던 러시아병을 저지하려다 사망한
松村安五郎와 吉野數之助를 記念하는 碑가 있다.

[해설7]

안용복의 납치

1693년에 安龍福과 朴於屯을 납치한 톳토리(鳥取)번은, 두 사람의
처벌을 요구했다. 그래야 죽도에서 잡는 전복도 헌상할 수 있다는 것
이었다. 그 요구를 받은 막부는 두 조선인을 나가사키와 쓰시마를 거
쳐 조선으로 송환할 것을 명했다. 그러자 톳토리번은 그때까지의 태
도를 바꾸어 귀빈대접을 한다. 요나고(米子)에 유폐된 것으로 알려진

두 사람을 갑자기 돗토리로 소환하여, 가신의 저택과 정회소에 숙박시키고 가신들이 그곳을 방문했다. 그것은 죄인에 대한 대우가 아니라 자번에 온 이국인에 대한 예의로 볼 수 있는 방문이었다. 그리고 나가사키로 이송할 때는 의사와 요리사를 포함하는 90인의 호송단을 구성하고, 두 사람의 사신이 인솔했다. 또 두 조선인에게 내는 식사는 1汁7, 8菜의 성찬이었다. 왜관에 조선인이 방문하면 특별히 1즙3채를 내던 것을 생각하면 극진한 대접이라 할 수 있다.

일본의 죽도를 침범했다는 죄목으로 납치하여 처벌을 요구했던 돗토리번이, 그때까지 범법자라고 주장했던 두 사람에게 그러한 대접을 하는 데는 그럴 만한 이유가 있었기 마련이나 그 이유를 밝힌 사람은 물론 밝히려는 사람도 없었다. 이런 상황에서 오오니시가 제시한 의견은 참조할 만하다.

돗토리번은 국법인 쇄국정책에 저촉되는 번단위의 밀무역이라고 판단되는 것을 무엇보다 두려워했다. 그것은 일본이 말하는 죽도가 실제는 조선령 울릉도라는 것을, 비로소 알았기 때문이다.

조선령에 가서, 그곳에서 조선의 물품을 얻어 귀국하면, 즉 밀무역이다. 일본령의 죽도, 돗토리번의 영지 죽도의 도해라면 아무런 문제가 없다. 그렇지만 그것이 조선의 울릉도와 동일한 섬이라는 것을 알았기 때문에 돗토리번의 중신들은 당황한 것이다. 실제로 울릉도에서 반도연안에 바다상인들이 가고 있었을 것이다. 울릉도 경유의 조선 교역(밀무역)의 횡행이 있었던 것으로 생각된다. 그것을 안용복의 취재를 통하여 비로소 알았다. 안용복이 來着할 때까지는 그러한 인식이 없었다. 그러나 사실의 진실을 안 이상 파멸이나 改易의 상황이 중신들 눈앞에 떠올랐다.

막부로 보내는 답변서에서 톳토리번은 공포에 떨며, 죽도(울릉도)를 藩地가 아니라고 제1항에서 진술했다. 그러자 막부의 죽도도해 금지령이 내렸다. 죽도에 건너가지 말라고 톳토리번이 요나고(米子) 상인들에게 내리는 통달은 죽도가 번의 영지가 아니라 조선의 영지이기 때문에 도해해서는 안 된다고 말을 하는 것과 같았다(大西俊輝著, 權五曄·權靜譯『獨島』, 229頁).

[해설8]

安龍福이 제공한 정보

일본 어민들에게 납치되었다 송환된 안용복은 그동안의 사정을 호소하려 했으나 동래부사나 접위관은 안용복을 만나주지 않았다(龍福言于府使不以聞明年接慰官至東萊龍福又 訴前事朝 廷亦不之信也『疆界考』安龍福事). 안용복이 뜻을 이루게 되는 것은, 교체된 접위관 兪集一이 동래부에 도착한 이후였다. 안용복이 유집일은 만난 것은, 유집일이 1694년 8월 3일에 도착하여 10월 3일에 귀경하는 사이의 기간으로 보아야 한다. 안용복을 만나 정보를 얻은 유집일은 쓰시마번의 사자를 만난 자리에서

集一問龍福始得其實乃喝倭差曰我國將移書于日本備言侵責龍福等之狀諸島安得無事倭差相顧失色邑始自折服『肅宗實錄』20年).
우리나라가 장차 일본에 글을 보내어 안용복 등을 침책한 사실을 갖추어 말하면 여러 섬들이 어찌 무사하겠는가라고 말하였다. 왜

차는 서로 얼굴을 돌아보며 실색하여 비로소 스스로 꺾이기 시작
했다.

라고 안용복을 통해 얻은 정보를 바탕으로 담판하여 뜻을 이루었다는
것을 알 수 있다. 유집일은 후일에도 안용복을 통해 얻은 정보의 내용
을 언급했다.

안용복과 박어둔이 처음 일본에 이르렀을 때는 대우를 매우 잘해
서 의복 및 후추, 초 등을 주어서 보내고 또 여러 섬에 공문을 띄
워 심문하지 말도록 했는데 나가사키시마부터는 간섭하여 책망
하기 시작했다. 쓰시마 도주가 서계로 말하는 죽도설은 다른 날
에도에 공을 세워보려는 생각에서였다.

安龍福朴於屯初至日本甚善遇之賜依服及椒燭以遣之又移文諸島
俾勿問而自長崎島始侵責(『肅宗實錄』20年8月13日).

라고 납치해 간 톳토리번이 후대한 것에 반해 쓰시마번이 냉대했다는
사실, 쓰시마 도주가 막부의 지령과 다른 요구를 조선에 하고 있다는
사실의 정보를, 안용복이 유집일에게 제공했다는 사실을 전하고 있다.
　그런데 안용복과 박어둔을 납치했던 톳토리번이 둘을 후대하고, 두
사람의 송환을 명받은 쓰시마번이 냉대했다는 내용은 언뜻 이해하기
어렵다. 보통이라면 톳토리번이 냉대하고 쓰시마번이 보다 나은 대접
을 했기 마련이다. 이것은 앞에서 잠깐 언급했으나, 독도를 죽도라 칭
하며 그 영유를 주장하는 일본의 관념적 정통성의 정체를 파악하기

위해서는 피해갈 수 없는 문제이다. 그것은 쓰시마번이 막부가 지시한 어렵의 문제를 영토의 문제로 발전시킨 원인과 목적을 확인하는 일에서부터 시작할 문제라고 생각한다.

조선어민의 납치를 계기로 조선과 일본 간에는 죽도(당시는 울릉도를 竹島・磯竹島라고도 칭했다)의 영유를 둘러싼 분쟁이 발생했는데, 그것은 쓰시마번이 그것을 기화로 해서 죽도의 탈취를 기도했기 때문이다. 쓰시마번이 어떤 이유에서 그런 기도를 했는지 심각하게 생각해 보아야 하는 문제라고 생각한다. 쓰시마번이 막부의 뜻을 빙자하여 울릉도를 죽도라 칭하며 탈취를 기도했으나 조선의 관리들은 그 의도조차 파악하지 못하여 탈취당할 위기에 처하기도 했었다. 조선의 관리들이 '죽도는 일본령, 울릉도는 조선령'이라는 식의 사기적인 방법으로 대응하는 우를 범했던 것이다. 그런 관리들에게 對馬藩이 서계로 요구하는 내용이 막부의 뜻이 아니라는 정보를 안용복이 제공한 것이다. 안용복의 그러한 활동이 없었으면 어찌되었을 것인지 생각해 볼 일이다.

[해설9]

칸죠우부교우(勘定奉行)

에도시대의 직명. 회계의 최고 책임자로 재정이나 막부 직할의 天領(막부의 직할령)을 지배한다. 지샤부교우(寺社奉行, 무가 정권의 직제로, 종교 행정기관)・마치부교우(町奉行: 영내 도시부의 행정 사법을 담당하는 직역)와 함께 三奉行의 하나였다. 三奉行으로 소송을 취급하는 효우죠우쇼(評定所)가 구성되었다. 元禄 연간까지는 칸죠우카시라(勘定頭)라 했다. 노중 아래에 있으며 郡代(군다이, 고오리부교우. 막부나 제번에 두는 직명)・다이칸(代官: 군주 대신에 임지의 행정 作事 등을 집행하는 자나 지위)・쿠라부교우(藏: 에도의 淺草 등의 주요지에 있었던 막부의 쌀을 관리하는 직명) 등을 지배했다. 1698년 이후에는 한 사람이 오오메쓰케(大目付: 감시 감찰의 역직)와 도츄우부교우(道中奉行: 五街道와 그 부속 가도에 있는 숙소의 관리, 公事訴訟, 도로, 교량 등을 담당하는 역직)를 겸직했다. 1721년에 재정・민정을 주로 취급하는 캇테카타 칸죠우부교우(勝手方勘定奉行)와 소송관련을 취급하는 코우지카타 칸죠우부교우(公事方勘定奉行)로 나뉘었다. 캇테카타와 코우지카타의 직무는 판연히 다른 것으로, 명칭만 공통적이다.

[해설10]

타케시마잇켄(竹島一件)

1692년부터 1696년 1월까지 일본과 조선이 죽도/울릉도의 영유를 둘러싸고 전개한 외교분쟁. 톳토리번(鳥取藩) 요나고(米子)의 어민들이 울릉도에서 조선인 안용복과 박어둔을 납치하여 처벌을 원하자, 막부는 쓰시번에게 조선어민을 송환하며, 조선인의 죽도도해를 금해줄 것을 요구하라는 명을 내렸다. 그러자 쓰시마번은 어렵의 문제를 영유의 문제로 왜곡하여 죽도/울릉도를 침탈하려 했다. 이때 납치되었던 안용복이 쓰시마번의 음모를 간파하고, 정보를 제공하여 쓰시마번의 의도를 좌절시킬 수 있었다.

일본의 막부는 안용복의 납치를 계기로 죽도에 관한 정보를 수집하고 분석한 끝에, 처음의 명령과는 정반대로 1696년 1월 28일에 일본인의 죽도도해를 금하였다. 일본인의 도해를 금하는 방법으로 죽도가 조선령임을 밝힌 것이다. 이때 톳토리번은 "죽도가 언제부터 톳토리번의 영토였느냐."라는 막부의 질문에, "죽도와 송도는 톳토리번의 영유가 아닙니다."라는 답을 했다. 이후에 막부는 일본인의 송도/독도를 포함하는 죽도도해는 금지시켰다.

여기서 오오니시는 죽도도해금지를 쓰시마의 공으로 보았으나, 그것은 앞에서 언급한 것처럼 쓰시마번의 의사와는 다른 결과였다. 쓰시마번은 죽도도해금지령을 끝까지 받아들이지 않으려 했다. 그래서 조선에 그 사실을 전하지도 않다가, 안용복이 다시 톳토리번으로 건너가 소송을 제기하자, 어쩔 수 없이 구두로 전달하려 했었다. 그럼에도 동래부사 李世載는 쓰시마번에 감사를 표할 것을 주장했다.

다케시마지켄(竹島事件)

1830(天保元)년경부터 1836년까지 이와미 하마다번 마쓰타이라가(松平家)를 무대로 하는 밀무역사건을 말한다. 에도시대, 각번이 사적으로 외국과 무역하는 일은 국법으로 금지되어 있었으나, 하마다번 御用商人 카이센톤야(回船問屋) 아이즈야(會津屋) 하치에몬(八右衛門)은 부채가 많은 재정을 재건할 목적으로 밀무역을 제안했고, 번은 지역의 이익을 살리기 위해 죽도(울릉도)에 건너가 밀무역을 했다. 그 밀무역은 조선에 한하는 것이 아니라 스마트라·쟈와(인도네시아) 등 멀리 동남아시아까지 넓혀 나갔다. 이 밀무역은 하마다번의 재국 家老 오카다 요리오야(岡田賴母)와 在國 年寄 마쓰이 즈쇼(松井圖書)도

관여하고 번주이며 노중인 마쓰타이라 야스토우(松平康任)도 묵인하여, 목적한 대로 거대한 이익을 얻어 번재정에 성공하는 듯했으나 막부의 정보원(隱密) 마미야 린조우(間宮林藏)에 의해 밀무역이 발각되었다. 미미야는 오오사카 봉행에게 그 사실을 알렸다.

1836년 6월에 오오사카 봉행이 요리오야(賴母)의 가신이며 회계담당(藩勘定方)인 하시모토 산베에(橋本三兵衛)와 아이즈야가 체포되어, 12월 23일에 막부의 처분령이 내렸다. 요리오야 즈쇼는 切腹, 橋本三兵衛와 아이즈야는 참죄, 번주 야스토우는 死罪는 면했으나 영구칩거를 명받았다. 차자가 가독을 이어받았으나 곧 징벌적 전봉을 명아. 마쓰이마쓰타이라케(松井松平家)의 하마다 통치는 종언을 고했다. 이 사건의 판결문 중에는 하시모토 산베에가 아이즈야 하치에몬에게

右最寄松島へ渡海之名目を以て竹島え渡り稼方見極上弥弥益筋に有之ならば取計方も有之

위와 같이 가까운 송도에 건너간다는 명목으로 먼 죽도에 건너 그 이윤의 결과를 예측하고 '죽도도해의 이윤을' 한층 증가시키는 것과 같은 행동을 '그들이' 취한다면 '그들에 대한' 대우로써 '엄히 조사하고 취조하는 일도' 있을 수 있다.

이곳의 마쓰시마(松島)에 건너간다는 표현을 근거로 해서, 일본인의 죽도도해를 금지한 후에도 송도도해는 금지하지 않은 증거로 보는 사람도 있다. 죽도의 도해를 금했을 뿐 송도도해는 금하지 않았으므로, 지금의 독도/죽도는 일본령이었다는 주장이다.

그러나 마쓰시마(독도)만을 목적으로 하는 도해는 없었고, 죽도도

해금지령이 내린 이후 오오야 · 무라카와 양가도 그곳에 도해한 일이 없다. 따라서 죽도도해금제령에는 마쓰시마도 포함된 것으로 보아야 한다.

[해설11]

闌出사건

일본인이 왜관에서 외출하려면 허가를 받아야 했다. 허가 없는 외출은 금지되었다. 그럼에도 허가 없이 외출하는 것은 조선정부(東萊府使, 釜山僉使)에 시위하여 목적한 것을 달성하는 것을 목적으로 한다. 이미 쓰시마번은 그런 방법으로 목적을 달성하는 일에 익숙했다. 왜관의 이전을 요구하기 위해 1671년에 교섭사로 파견된 쓰노에 효우고노스케(津江兵庫助)는 본인이 직접 상경하여 국왕이나 대신과 담판하겠다며 왜관을 뛰쳐나가 동래부에 갔다. 그리고 뜻이 이루어지지 않으면 한 발도 움직이지 않겠다고 실력행사를 하다 중풍으로 죽었고, 결국 초량왜관의 이전이 허가되었다. 쓰시마는 타케시미잇켄도 그런 방법으로 결론을 내고 싶었던 것이다.

교섭이 뜻대로 이루어지지 않자, 동래부에 자극을 줄 필요가 있다고 판단한 관수는 1697년 8월 17일에 일본인을 왜관에서 외출시켰다. 말을 탄 36인이 거리를 돌아다녔고, 20일에는 더 많은 일본인이 말을 타고 돌아다녔으나 아무런 문제가 없었다. 그러다 21일에는 30인 정도가 승마하고 외출했다, 조선인이 길을 막자 일본인은 칼로 위협했고, 조선인들은 돌을 던져 한 사람을 죽였다. 일본인들은 조선인 셋을 왜관으로 끌고 가 인질로 삼았다.

동래부는 그 闌出을 재판 타카세 하치에몬(高勢八右衛門)의 지시에 따른 것으로 판단하고 재판의 교대를 요구하며 교섭을 중단했다. 재판이 교체되자 타케시마잇켄의 교섭이 재개되었다. 원래 조선령이었던 울릉도(죽도)를 일본이 인정한 것을 감사하라는 것이 쓰시마번의 종반의 요구였으나, 조선이 그것에 응하는 것은 이상한 일이다. 그래서 조선이 철저히 관리하지 못하여 영토문제가 발생한 것은 실수였다는 내용의 서장을 보냈다. 1698년 7월의 일이었다.

[해설12]

동래부사의 정보능력

쓰시마번은 막부의 뜻과 다른 내용의 교섭을 전개하거나 사실을 왜곡하고 있었다. 원래 오오야(大谷)·무라카와(村川) 양가와 돗토리번이 요구한 것은 조선어민의 죽도 출어의 금지로, 어업권을 중심으로 하는 죽도와 그 주변해역의 이권을 보장받는 일이었다. 그것을 쓰시마번은 영토문제로 왜곡시켰다. 쓰시마번은 안용복을 송환하는 기회를 울릉도를 침탈하려는, 이전부터 가지고 있었던 숙원을 이룰 수 있는 기회로 삼은 것이다. 그러나 조선이 반론을 제기했고, 일본인의 도해를 금하려는 막부에게는

日本より年久敷致渡海來候事彼國ニも能乍存其届も無之、唯今
何角被申候段、朝鮮國之不念ニ候故、

일본에서 옛날부터 도해하는 것을 조선이 알면서도 아무런 이의를 제기하지 않았다. 그러다 지금에서야 이의를 제기한다. 그것은 조선국의 잘못이다.

라는 의견을 제기하며 죽도탈취의 정통성을 강변하려 했다. 1666년에 톳토리번의 어민들이 죽도에 어렵을 하고 돌아가다 부산포에 표착하자, 조선이 표류민들을 구원하여 일본에 송환한 일이 있었다. 그것을 쓰시마번은, 처벌하지 않고 송환한 것이, 죽도를 조선령으로 보지 않았다는 증거로 삼고 있었다. 그러나 막부는 많은 정보를 수집하여 분석한 결과 죽도가 톳토리번의 속지가 아니라고 판단을 하고, 처음의 지령을 수정하려는 뜻으로

唯今迄日本より數年渡り來候事ニ候間日本より者弥可相渡候間、彼方より罷渡候ハ、其通ニ与何となく
단 지금까지 일본에서 수년간 도해했기 때문에 그들의 도해는 그대로 한다. 또 조선인의 도해도 인정한다.

라고 쓰시마번에 절충안을 제시했다. 그러자 쓰시마번은

唯今迄之通双方より罷渡候而者入交候而以來災も出來、殊ニ者御法度之商賣等も可仕候哉与奉存候 (『竹島紀事』8年12月11日).
지금과 마찬가지로 쌍방에서도 도해하면, 같이 뒤섞여 문제가 발생하여, 경우에 따라서는 법도를 어기고 상매를 하는 자도 나타날 것이라고 생각합니다.

라고 반발하며 받아들이려 하지 않으며

本邦竹嶋 (중략) 日本人毎年致渡海候得共、終貴國之者罷渡候儀
見及不申候處、近年度々 罷 渡候段不 誠信之至候 、
우리나라의 죽도(중략) 일본인이 매년 도해해도 귀국사람들이 도
해하는 것을 보지 못했는데, 근년에 자주 도해하는 것은 성신의
일이 아니다.

라고, 일본의 죽도에 조선인이 도해하지 말 것을 타일렀음에도 조선
어민들이 계속해서 죽도에 도해하는 것은 성신에 어긋나는 일이니,
조선어민의 도해가 없도록 이야기해야 한다는 의견을 주진했다. 이것
을 죽도가 일본의 영유라는 것을 기정사실로 하는 이야기였으나, 죽
도가 일본의 영유라는 근거는 어디에도 없다. 이는 쓰시마번이 왜관
을 이전하며 증축할 때, 끈질긴 교섭을 통해 뜻을 이룬 경험을 살려,
모든 일을 기정사실로 정한 후에, 조선의 양보를 이끌어 내는 방법이
었다. 그 방법으로 조선을 압박하여 뜻을 이루려 했다.

　그러나 역사지리적 사실을 조사한 막부는 1696년 1월 9일에

夫共ニ日本人居住仕候か此方江取候嶋ニ候ハ、今更遣しかたき
事ニ候得共、左様之証據等も無之候間此方より構不申候様ニ被
成如何可有之候哉 (중략) 御威光或武威を以申勝ニいたし候而も
筋もなき事申募候儀者不入事ニ候、
그러나 일본인이 거주한다거나 우리가 취한 일이 있는 섬이라면
지금 돌려주기 어려우나 그러한 증거도 없어, 이쪽에서 관여하지

않으면 어떻겠는가. (중략) 위광이나 무위로 뜻을 이루자는 등 이치에 맞지 않은 이야기를 하는 것은 받아들일 수 없다.

라고 취한 일이 없으니 돌려줄 것도 없고 일본인이 도해하지 않으면 된다는 논리로 이야기했다. 그리고 1월 28일에

先年より伯州米子之町人兩人竹嶋江渡海、至于今雖致漁候、朝鮮人も彼嶋江參致獵候由、然者日本人入交無益之事二候間、向後米子之町人渡海之儀可差止旨被仰出之、松平伯耆守方二以奉書相達候、爲心得申達候 以上

선년부터 하쿠슈우 요나고의 정인 두 사람이 죽도에 도해하여 지금에 이르기까지 어렵을 했으나 조선인도 그 섬에 와서 어렵을 하니, 일본인이 들어가 섞여 이익이 없으니, 향후 요나고 정인이 도해하는 것을 금지하라는 뜻을 말씀하셨습니다. 마쓰타이라 호우키노카미를 통해 봉서를 전달합니다. 이해하고 전하도록 하시오. 이상.

이라고 조선인의 도해금지를 요구하라고 요구했던 처음의 명령을 거두고, 일본인의 도해금지를 지시했다. 막부의 뜻을 왜곡하여 죽도를 침탈하려 했던 쓰시마번의 그릇된 교섭을 근본적으로 부정하는 금지령이었다. 안용복이 '쓰시마번주가 서계로 말하는 죽도설은 다른 날에도에 공을 세워보려는 계략이'라고 간파했던 사실과 일치하는 금지령이었다.

쓰시마번의 기도가 사실을 조사한 막부에 의해 죄절되었음에도 쓰

시마번은, 일본인의 도해를 금지시켰다는 사실을 조선에 알리지 않았다. 그러는 사이에 안용복이 쓰시마번의 비리를 소송하겠다며 톳토리번을 방문하는 일이 생겼다. 안용복의 일행 11인이 톳토리번의 아카사키(赤崎)로 도해했고, 그 사실이 톳토리번을 통해 막부는 물론 쓰시마번에도 알려져, 쓰시마번은 일본인의 죽도도해가 금지된 사실을 조선에 알리지 않을 수 없게 되었다.

조선정부는 그 사실을 연락받자, 그 연락 방법이 형식을 벗어났음에도, 그것을 탓하기보다는 감사를 표하자는 의견을 표했다. 동래부사 이세재는 장계로,

倭館言前島主以竹島事再送大差及其死後時島主入去江戶言于關白以竹島近朝鮮不可相爭仍禁倭人之往來周旋之力多矣以此啓聞成送書契如何(『肅宗實錄』肅宗23년2월)

관왜가 말하기를, 전도주가 죽도의 일로써 사자를 재송했었는데 그의 사후에 이르러 그때 도주가 에도에 들어가 관백에게 죽도가 조선에 가까우므로 서로 다투는 것이 불가하다고 말함으로써 마침내 왜인의 왕래를 금하게 되었습니다. 도주가 주선한 공이 크다 합니다. 이 장계를 듣고 서계를 만들어 보내주는 것이 어떠하온지요.

라고 사실과 다른 내용을 보고했다. 일본과의 접촉을 담당하는 동래부사의 정보부재를 엿볼 수 있는 보고였다.

[해설13]

우마마와리(馬廻)

전국시대에 생긴 무가의 직제. 기마무사로 대장의 말 주변에서 호위하며, 전령이나 결전병력이 되었다. 평상시에는 주인을 호위하며 사무를 보조하는 등 측근으로서의 임무를 수행했다. 에도시대 제번의 직제로 다이묘우우(大名)의 경호를 맡았다. 료우한(兩番)으로 불리는 쇼인반(書院番) 코쇼우쿠미반(小姓組番)이 제번에 설치된 우마마와리였다. 하타모토(旗本)의 자제들은 양번에 임명되어, 장군의 측근으로 인정받아 막부의 관료로 출세하는 것이 통례였다.

코쇼우쿠미(小姓組)는 군사를 다스린다. 비슷한 조직으로는 고반카타(五番方)의 小姓組、書院番 新番, 小十人組가 있다. 주군을 가까이서 모시며 잡무나 일상생활에 필요한 일을 맡은 코쇼우(小姓)와는 달리 순전한 전투부대였다.

[해설14]

토비치(飛地)

국가 도도부현, 시정촌 중의 마치(町)나 오오아자(大字) 등의 행정구획의 일부가 다른 국가나 행정구역내에 분리되어 존재하는 것.

[해설15]

소우 요시나리(宗義成)

對馬府中番의 2대 번주. 1604년에 태어나 1615년에 부가 사거하자 상경하여 오오고쇼(大御所)의 토쿠가와 이에야스(德川家康), 2대 장군 토쿠가와 히데타다(德川秀忠)를 알현하고 가독의 계승을 허가받아 제2대 번주가 되었다. 조선통신사의 대우를 간소화하여 재정을 절감하고 은산개발에 적극적이었다. 1635년에 기유조약을 맺을 때는 국서를 위조하기도 했다. 후에 국서를 위조한 사실이 발각되어 改易(大名, 旗本, 무사들에게 과하는 형벌로, 무사의 신분을 박탈하고 所領과 성, 저택 등을 몰수한다. 除封, 減封이라 하기도 한다)의 위기에 몰리기도 했다. 그러나 조선과의 외교에 宗씨를 부리는 것이 득책이라고 판단하고 개역은 면하게 해주었다. 그대신 국서의 위조사실을 밝힌 야나가와 시게오키(柳川調興)를 처벌했다. 1657년에 향년 54세로 사거하자 장남 소우 요시자네(宗義眞)가 뒤를 이었다.

야나가와잇켄(柳川一件)

에도시대 초기에 쓰시마 번주 소우 요시나리와 가로 야나가와 시게오키(柳川調興)가 일본과 조선 간에 교환하는 국서를 위조한 사실을 둘러싼 사건. 16세기 말에 토요토미 히데요시(豊臣秀吉)가 조선을 침략하여 교류가 단절되었다. 세키가하라 전투에서 승리를 거두고 정권을 잡은 토쿠가와 이에야스는 조선과의 국교를 정상화하기 위한 교섭을 시작했다. 양국의 중간에 위치하는 쓰시마번은 지리적 조건 때문에 경제 전반을 조선교역에 의존하고 있었기 때문에, 국교정상화를 위한 교섭은 쓰시마 도주 소우 요시토시를 중심으로 해서 시작되었다. 조선과 교류가 단절되는 것은, 그 교역을 생명선으로 하는 쓰시마의 사활문제였고, 양국의 안정된 교류가 도민의 이익이었기 때문이다.

그러나 일본의 침략으로 조선이 입은 상처가 심각하여 교섭의 개시 자체가 어려운 일이었다. 교섭사로 1599년에 보낸 가신 카케하시 시치타유(梯七太夫), 요시조에 사곤(吉副左近), 1600년의 유타니 야스케(油谷弥助)는 불귀의 객이 되었다. 후에 침략 시 붙잡은 포로를 송환하는 노력을 경주하여 겨우 교섭이 시작되었다.

조선이 침략의 전범을 요구하자, 쓰시마번은 조선침략과 아무런 관계도 없는 죄인의 목을 수은처리하여 소리를 내지 못하게 하여 '朝鮮出兵의 전범'이라며 양도했다.

1605년에 조선은 토쿠가와 정권이 먼저 국서를 보낼 것을 요구했다. 그러자 쓰시마번은 위조한 국서를 조선에 제출했다. 조선은 서식 등을 보고 위조의 가능성을 의심했으나 '回答使'를 보냈고, 쓰시마번은 그것을 막부에 '通信使'라고 거짓으로 보고했다. 사절은 에도성에서 2대 장군 토쿠가와 히데타다(德川秀忠)를, 슨푸(駿府)의 오오고쇼(大御所)에서 이에야스(家康)를 만났다. 쓰시마번은 그 이전의 1617년, 1624에도 국서를 개찬했었다. 1609년에 맺은 기유각서도 이러한 위조를 통한 약조였다.

쓰시마번의 가로였던 야나가와 시게오키(柳川調興)는 독립하여 旗本으로 승격하려고, 번주 소우 요시나리와 대립각을 세우고, 쓰시마번이 자행한 국서개찬을 막부에 소송했다. 당시는 전국시대의 하극상 풍조가 잔존하는 시기였다. 야나가와는 이에야스의 신임을 받고 유력한 막각들과의 교류가 있었고, 막부도 조선무역의 실권을 직접 관장하고 싶어 하기 때문에 승산이 있다고 판단한 소송이었다.

1635년 3월 11일에 3대 장군 이에미쓰(家光)의 앞에서 소우 요시나리와 야나가와 시게오키의 구두변론이 있었다. 에도에 있는 모든 다이묘우(大名)가 등성하여 관람하는 가운데 두 사람의 변론이 이루어졌다. 그리고 막부는 종전대로 일조무역을 쓰시마번에 맡기는 것이 득책이라고 판단하고, 소우 요시나리에게는 무죄를, 야나가와 시게오키에게는 쓰가루(津輕) 귀양을 명했다. 이 사건 이후, 막부는 국서에 기록하는 장군의 칭호를 日本國王에서 日本國大君으로 고치고, 쿄우토(京都) 五山의 스님에게 외교문서의 작성, 사절의 응대, 무역의 감시 등을 명하였다. 무역을 이전처럼 쓰시마번에 맡기면서도 막부가 엄하게 관리하게 된 것이다.

[해설16]

扶持(후치)

주인이 부하에게 주는 급여의 일종. 1인이 1일 玄米 5合을 표준으로 1개월 분(30일에 1斗5升)을 지급하는 것을 1인 후치라 하며 신분이나 역직에 따라 몇 인 후치라고 센다. 다이묘우(大名)가 家臣에게 土地를 주는 지카타치교우(地方知行) 대신 구라미이(藏米)를 지급하는 것은 戰國時代에 생겨 近世에 들어 武士의 죠우카마치(城下町) 在住가 일반화되어 兵農分離가 이루어지는 것에 따라, 藏米知行의 一部로서 행해지게 되었다. 三季에 지급되는 통상의 藏米取보다 하급의 고케닌(御家人)이나 藩士, 고요우타쓰(御用達) 정인들에게 주어, 月俸으로 부

르는 일도 있다. 20인 후치가 1年(350日)분으로 35코쿠(石)이 되어, 3두
5승 들이의 藏米의 百俵取의 實質收入과 같다고 보았다.

[해설17]

타시로(田代)

佐賀縣의 東端 토스시(鳥栖市) 북부를 점하는 지구. 구 다시로쵸우
(田代町). 근세에는 쓰시마번의 토비치(飛び地) 타시로령으로 代官所
가 있었다. '田代町'는 또 나가사키가도(長崎街道)의 한 슈쿠바(宿場)
로, 타시로슈쿠(田代宿)라고도 했다. 전통산업의 타시로바이야쿠(田代
賣藥:肥前賣藥)로 알려졌다. 히사미쓰제약(久光製藥) 등이 있다.

슈쿠바(宿場)

여행자를 위한 숙박시설이나 인마의 수송기관이 있는 집락을 말한
다. 에도시대의 토우카이도(東海道), 나카센도우(中山道), 미노지(美濃
路)의 슈쿠바는 전국시대에 성립했다. 상인의 활약으로 교통의 요지
에 토이(問) 또는 토이마루(問丸)로 불리는 운송업자 겸 창고업자가 나
타나고, 이세(伊勢) 참배자나 순례 등이 증가함에 따라, 寺社의 몬젠마
치(門前町)도 발달했다. 1659년에는 도로의 건설과 관리를 책임지는
도츄우부교우(道中奉行)를 두었다.

여행자나 그 화물을 운반하거나 막부 공용의 서장을 전달하기 위해
일정한 人馬를 준비하고, 숙박이나 휴식을 위해 하타고야(旅籠屋)나
茶店 등을 설치했다. 텐마야시키(傳馬屋敷)라고도 했다. 대부분의 슈

쿠바가 가도에 있으며, 그곳의 주민들이 인마를 제공하는 의무를 지고 있었다. 말을 내는 야시키(屋敷)와 작업원을 내는 야시키가 1년씩 교대하는데, 인마를 낼 수 없게 되면 代金을 내게 되었다. 그 대금으로 인마를 산다.

[해설18]

倭館

1392년에 건국된 조선은 1368년에 성립한 명과는 달리, 조공선 이외의 상선입항을 금지하는 일이 없었고 입항지의 제한도 없었다. 그래서 조선과 통교하는 일본인이 증가했으나 그중에는 왜구로 변모하는 자도 있어, 조선정부는 1407년경에 국방상의 이유로 興利倭船(교역을 목적으로 하는 상선: 興利倭)의 입항을 동래현의 부산포와 김해부의 내이포로 제한하다가 후에 울산의 鹽浦를 추가했다. 三浦倭館이라 한다. 처음에는 일본선의 입항지정지였으나 다수의 일본인이 정착하게 되어 조선정부가 제지할 수 없게 되었다.

조선에 거주하며 귀화하지 않는 왜인을 항거왜(恒居倭)라 하는데 그들은 어업이나 농업에 종사하나 밀무역을 하거나 왜구로 변하는 경우도 있었다. 그러다 1510년에는 삼포왜란을 일으켰다. 폭도화된 항거왜와 이해를 같이하는 쓰시마도주 소우 모리요리(宗盛順)의 원병이 합세하여 복잡해졌으나 항거왜를 일소하고 싶어 했던 조선이 그들을 진압하고 삼포왜관을 폐쇄했다.

1512년에 쓰시마번의 필사적인 복구공작으로 壬申約條를 맺어 통교가 회복되었으나 개항소를 제포로 제한하고, 왜관 주변의 거주도 금했다. 이로 인해 왜관은 과거처럼 주변에 恒居倭의 거주지를 허가하지 않는, 사절의 응접을 위한 객관의 역할을 하게 되었다. 소우씨의 집요한 노력으로 1521년에 부산포왜관을 재개하여 2개소로 늘어났으나 1544년에 蛇梁倭變이 있어, 薺浦倭館이 폐쇄되어, 부산포왜관만 남게 되었다. 그 후에 히데요시의 침략으로 부산포왜관은 왜군이 쌓은 왜성에 포함되었다.

왜란이 끝나고 1607년에 조선통신사가 일본을 방문하여 1609년에 己酉條約을 맺자, 조선은 쓰시마도주 등에게 관직을 주어, 일본국왕사로서의 특권을 인정했다.

豆毛浦倭館

1607년에 부산 모두포의 1만 평 면적에 왜관을 신설했다. 古倭館이라 한다. 내부에는 宴享廳(사자의 응접소)를 중심으로 館主家, 客館, 東向寺, 日本側의 번소, 술도가(酒屋), 기타 일본 가옥을 쓰시마번이 건축했다. 1647년에 쓰시마번이 임명한 관주가 상주하게 되었으나 교역이 발전함에 따라 모두포가 협소하여 이전을 요구하여 1678년에 草梁倭館으로 이전했다. 1640년에 왜관의 이전을 요구하기 시작했으나 쉽게 받아들여지지 않자 쓰시마번은 갖은 방법을 동원하기도 했다. 방화로 의심되는 화재도 발생했다.

1671년에 교섭사로 왜관에 도착한 정사 쓰노에 효우고노스케(津江 兵庫助)와 부사 사이산지(西山寺: 對馬 臨濟宗의 절)의 승려 겐조(玄常)는 강경하고 집요하게 조선 측에 요구했다. 그래도 효과가 없자 접대연석에도 출석하지 않고 규정의 식사나 예물 등의 제공도 거절하다 결국에는 왜관을 탈출하는(闌出) 위법행위를 저질렀다. 이와 때를 맞추어 왜관에 화재가 발생하여 왜관을 전소했다. 난출한 쓰노에 효우고노스케는 동래부의 객사에서 병사했다. 조선의사가 치료했음에도 사거했다. 이런 과정을 거쳐 초량왜관의 이전이 가능했다.

草梁倭館

1678년에 용두산 일대의 10만 평에 신축하고 신왜관이라 칭했다. 동시대에 오란다 상인의 무역지구였던 나가사키의 데지마(出島)의 4천 평보다 25배나 넓었다. 그 부지에는 館主屋, 開市大廳(교역장), 裁判廳, 浜番所, 弁天神社나 東向寺, 日本人(對馬人)의 住居가 있었다.

신관에 거주를 허가받은 일본인은 쓰시마번에서 파견된 관주 이하, 대관(무역담당), 요코메(橫目), 서기관, 통사 등의 역직자나 그 사용인만이 아니라, 小間物屋, 仕立屋, 酒屋 등의 상인도 있었다. 의학 및 조선어 학습의 유학생도 체재했다. 당시 조선은 의학의 선진국으로 내과, 외과, 침(鍼), 구(灸) 등을 학습하기 위해 왜관에 오는 藩医, 町医 등이 많았다. 또 1727년에 雨森芳洲가 쓰시마부중에 조선어학교를 설치했다. 주민은 400인에서 500인이 체재했다.

1876년(高宗 13)의 강화도조약에 따라 초량왜관을 거점으로 일본 공사관이 설치되고 거류지가 설치되어, 대소 일본상인들이 지역에 제한받지 않고 상업활동을 전개하면서 거류민과의 상업활동이 수적·양적으로 폭주하여 왜관의 기능이 유명무실해졌다. 그 소멸된 시기는 명확하지 않으나 1881년까지는 존치가 확인되고, 개항 이후 일본인과 일본경제의 진출, 세관제도의 운영과 정착, 일본인의 민사를 담당하는 영사관 설치 등으로 미루어 보아 1881년에서 그리 멀지 않은 시기에 소멸된 것으로 보인다.

　조선에 입국한 각급 왜인의 1차 목적이 교역에 있었던 만큼 왜관의 중심적인 일은 교역의 도모였다. 교역을 통해 소목(蘇木: 丹木), 후추, 약재, 금, 은, 동, 유황 등을 수입하고, 쌀, 콩, 면포, 서적 불경 등을 수출했다. 교역사무는 왜인의 입국과 함께 시작되었고 귀국으로 종료되었다. 개항장을 관할하는 변장(邊將: 부산왜관은 부산첨사)은 각급 왜인이 도착하면 왜인이 제시한 서계(書契), 圖書 등의 증명서에 따라 입국목적을 심사하고 상경과 留浦를 결정했다. 이에 따라 상경자의 무역은 상경한 뒤에 행해졌고, 留浦者, 즉 상경이 거부된 왜사, 상왜는 왜관에서 외교적 의례와 교역을 행했다. 유포자는 물건을 왜관 내로 운반했다가 개시일에 동래부사 등의 허가를 받아 왜관에 온 조선상인(대개 송상과 동래상)과 물물교환했다.

　부산왜관의 경우를 보면, 개시일이 되면 조선상인이 수문에서 동래부사가 발행한 감찰을 訓導, 別差 開市監官, 수세관에게 제시하고, 교역물품을 관내로 반입한 뒤 대청에 입장했다. 그 후에 훈도, 별차가 小通事를 데리고 관내로 들어가 일본 측의 쓰시마대관과 대청에 앉았고 이들의 감독하에 교역이 행해졌다. 교역은 낮 동안 대청에서 이루어졌다. 진상품은 서울에서 파견된 예조낭청이 자세히 살펴보고 수납했다.

[해설19]

安龍福의 진술과 쓰시마

　왜관에 근무하는 관리들이 능력에 의해 임명되기 보다는 쓰시마번
의 노신들의 이익에 따라 임명된다는 것이나, 왜관에 근무하는 대관
들의 탐욕이 심하여, 카시마 효우스케가 언상서에서 언급할 정도였다.
카시마가 위험을 무릅쓰고 상주하는 언상서에 대관들의 탐욕을 지적
하는 내용이 들어 있다는 것은, 그것이 조선과의 교류에 지장을 주기
때문이었다. 이 사실을 근거로 안용복이 진술한 내용을 생각해볼 필
요가 있다.

　1693년 4월 18일에 울릉도에서 납치되어, 12월 10일에 동래부사에
양도된 안용복은 쓰시마 도주의 허위를 알리며, 자신의 경험을 이야
기했다. 안용복은 양도된 직후부터 호소하려 했으나 동래부사를 비롯
한 관리들이 만나주지 않아, 해가 바뀌고, 쓰시마의 사신을 만나 현안
을 논의하기 위해 조정에서 내려오는 접위관 유집일이 동래에 온
1694년 8월부터 9월 사이의 일이었다.

　유집일이 후일에 언급한 내용에

　　臣頃年奉使東萊也 推問安龍福 以爲伯耆州所給銀貨及文書 馬島
　　人劫奪(『肅宗實錄 22년 10월』).
　　신이 근년 동래에 봉사하였을 때에 안용복을 추문하였더니, 말하
　　기를 호키슈에서 준 은화와 문서를 쓰시마 사람이 겁탈하였다.

라고 쓰시마에서 안용복의 물품을 겁탈했다는 내용이 있다. 또 안용

복도 비변사에서

前日以兩島事受出書契不啻明白而對馬島主奪取書契(『肅宗實錄 22년9월』).
전날에 양도(울릉도와 자산도)의 일로 서계를 받아내었음은 명백할 뿐인데 쓰시마도주는 서계를 탈취하고

라고 서계를 탈취당한 사실을 진술했다. 이것은 납치당했던 안용복이 진술한 것이므로 사실로 보아야 함에도 일본의 연구자 중에는 안용복의 신분을 강조하며 그 내용을 허구로 단정하는 자도 있다. 그러나 카시마가 언상서에 관리들의 비리로 지적했을 정도로, 관리들의 비리가 만연되었다는 사실을 생각하면, 소지품을 탈취당했다는 안용복의 진술은 사실로 보아야 할 것이다.

일본은 조선인들이 독도가 존재하는 사실조차도 인식하지 못했다는 주장을 한다. 조선인이 독도의 존재를 안 것은 일본인이 조선인을 고용하여 오징어잡이를 시작한 1900년 이후의 일로, 그때까지 독도는 조선인이 인식하지 못한 無主地였고, 그것을 일본이 선점했으므로 일본영토라는 것이다.

그런데 숙종실록을 보면 안용복이 울릉도와 독도/子山島에서 일본인에게 울릉도와 독도가 조선의 영지라는 사실을 설명하고 추방한 사실을 전하고 있다. 그러나 일본은 안용복이 1693년에 납치되었을 때비로소 독도의 존재를 알았다며, 조선의 독도 인식을 인정하지 않으려 한다. 납치당했다 송환된 안용복은, 쓰시마번이 조선에 사신을 보내 요구하는 것이, 막부의 뜻이 아니라는 정보를 제공하며, 쓰시마번

이 저지르고 있는 기만행위의 일부를 소개했다. 안용복은 쓰시마번의 비리를 소송하기 위해 톳토리번을 방문하여

　　쓰시마도주는 서계를 탈취하고 중간에 위조하여 여러 번 사절을 보내서 불법으로 횡침하니 내가 관백에게 상소하여 죄상을 낱낱이 진술하겠다.
　　對馬島主奪取書契中間僞造數遣差倭非法橫侵吾將上疎關白歷陳罪狀

라고 말한 사실이 있다고 비변사에서 진술한 일이 있다. 『疆界考』, 『增補文獻備考』, 『萬 機要覽』 등은 그 내용을 좀 더 자세하게 전하고 있다.

　　쓰시마가 사이에 끼어 꾸며서 속이는 것이 어찌 울릉도의 일 하나만이겠는가. 우리나라에서 보내는 폐백과 화물을 마도에서 일본에 전매하면서 많은 속임수를 쓴다. 쌀 15두가 한 섬인 것을 쓰시마는 7두를 한 섬이라 하고 베 30척이 한 필인 것을 쓰시마는 20척을 한 필이라 하며, 종이 한 다발이 매우 긴 것을 쓰시마에서는 끊어서 세 다발로 하는데 관백이 어찌 이 내용을 알겠는가. 그대는 나를 위하여 한 통의 글을 관백에게 전달할 수 없겠는가.
　　馬島之居間矯誣 俄國所送幣貨 馬島轉賣日本 多設機詐 米十五斗 爲一斛 馬島以七斗爲 一斛 布三十尺爲一匹 馬島以二十尺爲一匹 紙一束甚長 馬島載爲三束 關白何從而 知之不能 爲我達一書於關 白乎 太守許之

이러한 진술이 사실에 근거한다고 추정할 수 있는 것은, 쓰시마번이 중간에서 허위보고를 하거나 인장을 위조하여 공문을 작성하는 등의 범죄를 거리낌 없이 행한 사실이 있기 때문이다. 따라서 안용복이 진술한 내용은 사실에 근거하는 것으로 보고 접근할 필요가 있다. 진술의 구체적인 면에 오류가 있는 것은 사실이나, 그것을 근거로 전부를 부정해서는 안 될 것이다.

[해설20]

침략

우리나라는 유사 이래 일본을 침략하기보다 일방적으로 침략을 당한 나라였다. 침략하여 살상과 방화약탈을 자행한 후 강화의 명목으로 또 다른 물품을 요구하는 것이 일본(왜구도 포함)의 관례였다.

[해설21]

쓰시마 사절의 무역

왜관에 도착한 사절은 진상·공무역·사무역 형태의 무역을 한다. 왜관에 도착한 정관 이하의 사자들은 宴大廳(향연장)에서 조선 측의 담당역인 동래부사와 부산첨사에게 도해 인사를 한다. 그 의식을 '茶禮儀'라 하고, 여기서 圖書(銅印)를 찍은 서계를 제출한다. 사절은 국왕을 상징하는 '숙패(肅牌)'를 향해 '肅拜儀'라는 예를 취한다. 사절이 진상하면 조선 측은 서계와 같이 '回賜(返禮品)'를 내리는데, 쓰시마번이 그 내용을 지정하는 경우가 있는데 그것을 '求請'이라 했다.

館守

왜관 전체를 통괄·관리하는 역직으로 1639년의 차왜 시마오 콘노스케(島雄權之介: 平智連)부터 시작했다. 이전에는 비교적 장기간 체재하는 代官(무역담당), 裁判(특별외교관), 東向寺僧(공문서 담당), 등이 있었으나 관수는 질적으로 달랐다. 조선이나 중국의 정보수집, 범죄자의 단속, 왜관시설의 교섭 등 광범위한 일에 관여했다. 그야말로 재외공관의 역할이었다.

倭館의 구조

西館

용두산을 끼고 좌우로 동관과 서관이 있다. 서관은 왜관 본래의 목적이라 할 수 있는 객관으로서의 건물로, 통칭 삼대청으로 불리는 東大廳, 中大廳, 西大廳이 있다. 서대청은 一特送屋, 중대청은 參判屋, 동대청은 副特送屋이라고 칭하기도 했다. 이곳의 參判은 특별한 일이 발생했을 경우에 임시로 보내는 차왜(臨時使節差倭)의 일본칭이고, 副特送은 과거의 受圖書船 柳川送使를 개명한 것으로, 一特送使와 사절의 인수가 같다. 서관을 총칭하여 '僉官屋'이라고도 했다.

一特送屋----- 第一船正官家·一特送使正官家·西大廳

參判屋------- 正官家·都船家·中大廳

副特送屋----- 副官家正官家·東大廳

東館

동관은 장기 체재자(留館者)를 위한 주거로 대소의 많은 건물이 있다. 왜관에 유관자 전용의 주거공간이 공인된 것은 객관 이상의 의미를 갖는다. 그곳에는 '東三大廳'으로 불리는 館守屋, 開市大廳, 裁判屋이 있다.

館守屋(家)는 동관 최대의 가옥으로 용두산의 중복을 다진 고지에 세운 곳으로 동관 제일의 경관이다. 그 아래에 있는 開市大廳은 私貿易會所였고, 裁判屋은 外交 交涉館이었다. 開市大廳의 좌측에는 무역 관계의 사무를 담당하는 代官의 저택이 늘어서 있다. 후에 이 일대를 代官町이라 했다.

門

守門(東面)

왜관의 일본인은 정해진 지역의 외출이 허가되나, 폐문하는 오후 6시까지는 돌아가야 했다. 일출시 문을 열면 사람들이 야채나 생선을 거래하는 아침장(朝市)이 열린다. 수문은 왜관주민의 생활은 물론 업무와 관련된 조선 측 역인들의 일상과 직결되는 문으로, 쌍방이 관리하고 있었다.

宴席門(北面)

사절이 정례의식에 출석하기 위한 문. 고왜관의 시대에는 사자의 응접소(宴享廳)를 왜관의 중앙에 두었었다. 신왜관은 지형상의 문제로 북면의 외측에 응접소 宴大廳을 세웠다. 사절이 도착하여 국왕의 肅牌에 예를 차리는 肅拜의 儀를 거행하려면 이 문으로 외출해야 했다.

이 문을 나서 언덕을 지나면 '사카노시타(坂ノ下)'로 그곳에는 의식을 거행하는 東大廳이나 草梁客舍(宴大廳) 통역관들의 숙사가 있다.

不淨門(水門·無常門)
왜관에서 사거한 자를 쓰시마로 보내기 위해 나가는 문.

[해설22]

겟판(血判)
자기의 성의를 강조하고 서약의 굳음을 표명하기 위해 署判 위에 자신의 피를 부착하는 것. 起請文(키쇼우몬)에 예가 많다. 願文(간몬)에도 예가 있다. 유사한 것에는 혈액을 墨·朱에 섞은 것으로 花押(카오우: 싸인)을 쓰거나 문장 그 자체를 쓰는 혈서라는 방법도 있다. 겟판의 빠른 예는 南北朝時代에 보이나, 그 이후에 많이 이용되어, 에도시대에는 가신이 주군에게 내는 起請文이나 遊里의 男女 간에 교환하는 起請文에도 있었다. 近世에는 남자는 왼손, 여자는 오른손 손가락의 피를 떨어뜨리는 것이 방법이었다.

[해설23]

소우케(宗家)문서
에도시대에 조선과의 외교무역 실무를 담당했던 쓰시마번 소우케

(宗家)의 기록 1593점을 소우케문서라 한다. 동자료는 헤이세이(平成) 19년 6월에 중요문화재로 지정되었다(對馬宗家倭館關係資料). 전체 십 수만 점이라는 이 자료는 주로 쓰시마번청(부중＝현재 長崎縣對馬市 嚴原), 왜관(한국부산시), 에도번저 세 곳에 보관되어 있었다. 그 외에도 나가사키縣立對馬歷史民俗資料館, 九州國立博物館, 東京大學史料編纂所, 慶應義塾図書館, 東京國立博物館, 大韓民國國史編纂委員會에도 소장되어 있다.

『館守日記』

표제를 『每日記』로 하는 것도 있다. 왜관의 책임자인 관수가 집필한 기록으로 1687(貞享4)년부터 1870(明治治3)까지 거의 연속적으로 남아 있다. 일기 선박의 출입, 人·書簡의 왕래 등 나날이 생긴 일들이 면밀하게 기록되어 있다.

『裁判記錄』

별개의 외교문제가 발생했을 때 왜관에 파견된 외교관 사이한(裁判)의 집무기록. 재판은 사절의 응대도 하기 때문에, 내용은 교섭의 과정만이 아니라 연석의 음식내용이나 증답품까지 상세히 기록하고 있다.

『兩國往復書謄』

왜관을 통과하는 모든 외교문서는 왜관 東向寺의 승려가 기록하여 『兩國往復書謄』의 형태로 정리되어 있다. 다른 자료는 흘림체로 기록되어 있으나, 이것은 공문서의 사본이기 때문에 楷書로 기록하여, 문자의 高下나 점획의 제재에 이르기까지 재현되어 있다.

[해설24]

國書復号問題, 殊号事件

　슈고우(殊号)란 특별한 칭호라는 의미로, 여기서는 장군의 호칭을 말한다. 이 사건의 중심에는 3대 장군 토쿠가와 이에미쓰(재위 1623～51)의 시대에, 일본외교문서에 '日本國大君'의 칭호를 사용하게 되어, 그것이 관례가 되어 있는 것을 6대 이에노부(家宣)의 시대에 변경하여 '일본국왕'으로 고친 것에 있다. '일본국대군'의 통용은 1636(寬永13)년에 시작하나, 그것은 1616(元和2)년에 장군의 국서에 '日本國源秀忠'라고 되어 있는 것을 쓰시마번이 몰래 왕자를 더하여 조선에 보낸 사실이 발각되어, 쓰시마의 가로들이 처벌받은 일이 있어, 두 번 다시 그 같은 불상사가 일어나지 않도록 신칭호를 채용하게 되었던 것이다. 그러나 이에노부의 대에 아라이 하쿠세키(新井白石)가 이것을 부당하다며, 이에야스의 예로 복귀해야 한다는 것을, 많은 반대가 있음에도 진언하여 인정받아 1711(正德1)년에 조선사가 내일했을 때는 '日本國王'호로 되었다.

　그 이유는 오오키미(大君)라는 칭호가 일본에서는 천황의 칭호를 침범하는 것이 되고, 조선에서는 왕자의 적자를 의미하므로, 이 칭호를 사용하는 것은 조선 측이 경멸하는 결과를 초래한다. 이것에 비해 국왕호는 무로마치(室町)의 장군은 물론, 이에야스대에 이미 선례가 있어(사실이 아니다 하쿠세키의 오해였다) 조선 측도 원하고 있다는 것이었다.

[해설25]

武威

16, 17세기의 동아시아는 명·청 왕조의 교체기로, 이 세계의 근본을 뒤흔드는 변혁기였다. 중화문명이 북적 여진족에게 주도권을 넘겨주어 청으로 국호를 정한 만족의 황제가 그곳을 지배하게 되었다. 동이 일본은 히데요시(秀吉)에 의해 통합되어 가고 있었고, 그러한 중국과 일본의 변화에 의해 조선은 큰 피해를 입는데, 국권을 침탈당하는 위기에 처하기도 했다.

일본은 히데요시의 침략에서 일본 중심의 천하관, 즉 소중화관을 추출하려 하는데, 그 같은 관념의 세계를 가상하는 것은 모든 나라의 일반적인 사고였다. 朝尾直弘는 히데요시가 명 제국을 '대명지장수국(大明之長袖國)'으로 부른 것을 근거로 일본의 '소중화'를 확인하려 했다. '大明之長袖國'은 대단한 것이 없다는 히데요시의 중국관을 근거로 하는 천하관이다. 명에 대응하는 일본이 '궁전엄국(弓箭きびしき國)'이라는 것은, 나약한 중국을 강한 일본이 쉽게 처리할 수 있다는 의미다. 명을 표현한 '長袖'란 공가(公家), 사가(寺家), 문관의 나라라는 의미로, 武家의 나라를 자칭하는 일본에 비유하는 말이다.

난세를 음모와 무위로 통일한 히데요시가 생각할 수 있는 세계관이다. 자신이 휘두르는 잔인한 창검 앞에 선 비무장의 인민들을 보며 무위를 근거로 하는 자신감을 확인한 것이다. 그것이 인륜에 반하는 죄악이라는 것에 대한 인식은 없었다. 왜구와 다를 것 없는 국가 권력에 근거하는 자신감이었다.

폭력적인 침략을 무위로 미화하고, 무위에 근거하는 세계관을 확인하는 주장은, 곧 남의 희생을 정당화하는 주장이다. 국가로 존재하는 나라라면 자국을 중심으로 하는 독자적 세계관을 구축하고 그것을 확인하는 것은 당연한 일이라 할 수 있다. 그러나 그것은 인국의 독자적 세계관과 충돌할 수밖에 없는 한계성을 가지므로, 양국의 가치관이 충돌할 경우에는 그것을 근거로 정당성을 논하는 일은 피해야 할 것이다.

그런 의미에서 "중화의 나라, 盛代에는 무위가 강하고, 末代에는 약해졌다고 말하는 것은 어찌된 일인가."라고 北狄에게 명나라가 망한 것을 예로 들어 문무겸비가 이상이라며 '일본은 무국이다', '仁國이기 때문에 武이다', '무위'의 토대는 '仁'이라는 식으로 침탈의 일본을 무위의 일본으로 미화시키는 것은 자국의 이익만을 추구하는 가치일 뿐이다.

안용복의 납치를 계기로 죽도의 영유권 문제를 논하며, 일본의 노중이 '御威光'이나 '무위'를 배경으로 이치에 어긋나는 주장을 펴지 말 것을 강조한 경우의 '어위광'이나 '무위'가 폭력에 의한 침략을 의미한다는 것을 알 수 있다.

쓰시마번의 사신으로 부산에 온 타다 요자에몬이 죽도가 히데요시의 침략 이후 일본령이 되었다는 주장을 했으나, 회담이 뜻대로 이루어지지 않자 재침의 가능성을 시사하고 돌아가서, 많은 사람들이 임란과 같은 변란이 곧 일어날 것이라며 불안에 떨었다. 타다가 회담에서 침략을 상기시키는 언동을 즐겨 사용하며 재침의 가능성을 암시한 결과의 반응이었다. 이런 형태로 나타나는 것이 일본의 '무위'였다면, 일본 중심의 중화사상은 침략을 수단으로 하는 세계관이라 할 수 있다(권오엽, 『독도와 안용복』, 충남대학교출판부).

第二章、竹島文談(現代語譯)

【序文】

竹島一件に付、加島陶山兩氏往復書狀寫

爲心殿事、貞享二年乙丑正月二十四日配所へ被遣候事、七拾石之
知行豊田藤兵衛と云人にて、大浦權太夫時代御賄役之由に候處、如
何之譯に候哉、於江戸表出走有之、二十三年振に御屋敷へ被立歸候
處、江戸より直に御國へ被差送、船揚伊奈鄕越高村へ流罪被仰付候
人にて、加島陶山別懇之人之由也、但出走之内剃髪して爲心と改名
にて、御屋舗へ立歸り、田舎へ流人之節も爲心と有之也、娘兩人有
之由にて、壹人は小磯何某、壹人は藤松方へ嫁し有之候由也、且つ
落合與兵衛實母より聞伝へ、尤も右之人者與兵衛母緣類之人と相聞

　ここに記したものは、竹島一件1)に付いての記録である。加島氏と
陶山氏との間で交わされた兩氏往復の書狀2)で、その寫しである。
　[ここに登場する]爲心殿3)とは、貞享二年(一六八五)乙丑の年、その
正月二十四日に配所へ流罪として遣わされた人の事である。七拾石の
知行を受けていた豊田藤兵衛という人で、大浦權太夫4) [が藩政を取り
仕切っていた]　時代の御賄役をなさっておられたようである。どのよ
うな譯なのか、江戸表 [の御屋敷から] 出奔することがあり、その後、
二十三年ぶりに御屋敷へ立ち歸られたとのことであった。　[そのよう
なことであるから]　江戸から直ちに御國(對馬國)へと差し送られ、
[北の] 船揚場である伊奈鄕5)の越高村へ、流罪を仰せ付けられた。こ
の方は加島氏や陶山氏と、とりわけ御昵懇の間柄のようであった。但
し出奔の間に剃髪し [すでに] 爲心として [出家] 改名しておられた。

[對馬藩の江戶]　御屋敷へ立ち歸り、さらに田舍へ流人として下る折も、そのまま爲心という名で通しておられた。この方には娘御が二人有り、一人は小磯なにがしという方へ嫁ぎ、もう一人は藤松という方へ嫁いでおられるということであった。　[これらの事情は]・落合與兵衛[6)]の實母からの聞き伝えである。もっとも右に記した人 [つまり爲心殿] は、與兵衛の母の緣續きの人だと [私は] 聞いている[7)]。

　여기에 적은 것은 타케시마잇켄에 대한 기록이다. 카시마 씨와 스야마씨 사이에 주고받은 왕복 서신의 사본이다.

　[여기에 등장하는] 이신덴이란 죠우쿄우 2(1685)년 을축년 정월 24일에 유배지로 귀양 간 사람을 말한다. 70석의 지행을 받고 있던 토요다 토우베에라고 하는 사람으로, 오오우라 곤다유우가 [번정을 관리하던] 시대의 접대를 맡고 있었던 것 같다. 어떤 이유에서인지, 에도 [의 저택을] 도망쳐 숨은 일이 있었다. 그 후 23년 만에 저택으로 돌아왔다 한다. [그러한 일이 있었기 때문에] 에도에서 즉시 나라(쓰시마)로 보내 [북방에 있는] 선착장 이나고의 코에타카무라로 귀양을 보냈다. 이분은 카시마씨나 스야마씨와 아주 절친한 관계였던 것 같다. 단 도망쳐 숨은 사이에 삭발하고 출가하여 이신이라는 이름으로 개명했다. [쓰시마번의 에도] 저택으로 돌아와, 다시 촌으로 유배당할 때도 그대로 이신이라는 이름으로 부르고 있었다. 이자에게는 따님이 둘 있는데, 한 명은 오이소 아무개라고 하는 자에게 시집가고, 또 한 사람은 후지마쓰라는 자에게 시집갔다 한다. [이러한 사정은] 오치아이 요베에의 어머니한테 들은 사실입니다. 원래 앞에 적은 사람(즉 이신덴)은 요베에의 모친과 친척이 되는 사람이라고 [나는] 듣고 있다.

스야마 쇼우에몬의 서간

【陶山氏から賀島氏への書簡】

　爲心殿御下りに付呈一簡候、此程其許より之御左右御座候處、尊公御無異被成御座、小源治殿御樣子も少々御快御座候由承及致欣悦候、某儀昨七日江戸御供被仰付御請申上、罷登候筈に御座候、采女殿朝鮮の御渡海、江戸御參勤以後之御一左右御待被成候筈に御座候、某にも其節致歸郷、朝鮮へ罷渡候にて可有御座候、然共病體未得全癒、海陸之長途を経致往來儀に御座候故、病氣致再發儀も可有御座と存候得共、兎角は君命に任せ申身に御座候間、一言之辭退も不申上候

　爲心殿が [貴方樣の居られる伊奈村へ] 御下りになられるので、此の書簡一通を [爲心殿に持參して頂き] 差し上げます。このほど貴方樣からの御知らせがございました。 [その便りによれば] 貴方樣もお変わり無く御元氣のご樣子、また小源治殿8)のご樣子も少し御快方に在る由、悦ばしいことでございます。私は昨日 [つまり元祿八年七月の] 七日に [御隱居樣の] 江戸への御供9)を仰せ付かり、それを御請け致しました。だから、やがて [江戸へ] 罷り登ることになる予定でございます。采女殿10) [の竹島一件に對する御判斷は、先の] 朝鮮への御渡海11)、 [また今度の] 江戸への御參勤、それ以後の [幕閣からの] 御通知を待って [その上で] 成される筈でございます。私も、その節には歸郷いたし [いよいよ再度] 朝鮮へ罷り渡らねばなりません。しかし [私は] 病氣がちの身体で、未だ快癒に至っておりませんので、

海陸の長旅には [耐え難く、この一連の] 往來ともなれば、病氣の再發もあろうかと存じます。しかしながら主君12)に仕える身でございますので [命令を蒙れば] 一言の辭退も申し上げる立場にはございません。

【스야마씨가 카시마씨에게 보내는 서간】

이신덴이 [당신이 계시는 이나무라에] 내려가시므로, 이 서간 한 통을 [이신덴에게 지참시켜] 보내드립니다. 전에 귀하의 연락을 받았습니다. [그 소식에 의하면] 귀하도 별고 없이 건강하시다 하고, 또 오겐지토노의 상태도 약간 좋아지셨다 하니 기쁜 일입니다. 저는 어제 [즉 겐로쿠 8년 7월의] 7일에 [은거하신 분의] 에도행에 동행할 것을 명받아 그것을 받아들이기로 했습니다. 그러니까 결국 [에도에] 올라가게 될 것입니다. 우네메 토노[의 타케시마잇켄에 대한 판단은 앞에서 말한] 조선의 도해, [또 이번]의 에도 참근, 그것이 이루어진 이후에 [막부의] 통지를 기다려 [그것을 바탕으로 해서] 이루어질 수 있을 것입니다. 나도, 그때에는 귀향하여 [다시] 조선에 건너가야 합니다. 그러나 [저는] 자주 병치레를 하는 몸으로, 아직도 쾌유하지 않아, 해륙의 긴 여행은 [견디기 어려워, 이번처럼 계속해서] 왕래하게 되면 병이 재발될지도 모른다고 생각합니다. 그렇지만 주인을 받드는 몸으로 [명을 받으면] 한마디의 사퇴 말씀도 드릴 수 있는 입장이 아닙니다.

一　某を御供被仰付候主意は、此一件を公儀へ御伺被成候て後、御
改之御使者被差渡候儀、十全之策と被思召候により、某を被召連公
儀へ御伺之節被差出候、御年寄衆へ被差添候爲と承り候、然共江戸
にて之御様子は如何変じ可申も難量候、

一　私をお供にと、仰せ付けられる [御隠居様の] 御意志は、此の一
件を公儀へお伺いし [御相談] 成され、その後、改めて御使者を [今
一度、朝鮮へ]　差し渡されるおつもりのようです。それが十全の策
と、お考えのようです。だから私を召し連れなさって、公儀へお伺
いの節には [私を] 皆様の前に差出し、御年寄衆へ [私からも] 説明を
差添えるよう [その心づもりでおられること] 承っております。し
かし江戸にての事情は、いかようの変化もあり [その展開は如何様に
なるか] 予想も付かないことでございます。

1. 나에게 수행하라고 지시하신 [은거하신 번주님의] 뜻은, 이 일건
을 장군을 뵙고 [상담]하시고, 그 후에 다시 사자를 [다시 한 번 더 조
선에] 건너가게 할 생각 같습니다. 그것이 만전의 책략이라고 생각하
시는 것 같습니다. 그래서 나를 거느리시고, 장군을 방문하실 때는
[나를] 여러 사람 앞에 불러, 토시요리들에게 [저에게] 설명하게 하려
는 [그런 생각이시라고] 듣고 있습니다. 그러나 에도의 사정은, 변화
가 심하여 [그 전개가 어떻게 될지] 예상을 할 수 없습니다.

四月九日某を初而被召出候節、與左衛門殿御誘引被成、御首尾之
御相談にて其後貳參度罷出候上、與左衛門殿御誘引御相談大概相濟
み、此一件之存寄無し憚申上候得と御意を蒙り候故、

去る [元禄七年の] 四月九日、私は始めて [御隠居様の前へ] 召し出されました。その折 [倭館から戻られていた] 與左衛門殿13) も御誘いに成られ [同座して竹島一件について] 首尾 [よろしく處理するため] の御相談がございました。その後、二、三度 [御前に] 罷り出ることがございました。與左衛門殿へも御誘いがあり、御前での [同座の] 相談が [繰り返され] 大概 [の狀況把握も] 濟んでまいりました。 [御隱居様から私へ] 此の一件について思う所を遠慮なく申し述べるようにと [ありがたき] 御意を蒙りました。

　지난 [겐로쿠 7년] 4월 9일에 저는 처음으로 [은거하신 번주님 앞에] 불려갔습니다. 그때 [왜관에서 돌아와 있던] 요자에몬님도 초대하여 [동석하여 타케시마잇켄을] 잘 처리하기 위한 논의가 있었습니다. 그 후에 두세 번 [어전에] 나간 일이 있습니다. 요자에몬님도 권유를 받아, 어전에 [동좌하는] 논의가 [반복되어] 대개[의 상황 파악도] 끝났습니다. [전 번주님이 저에게] 이 일건에 대해 생각하는 것을 사양하지 말고 이야기하라고 하는 [고마운] 배려를 받았습니다.

　四月十五日此一件之全体公儀へ被仰上候上にて、朝鮮之方を御極め被遊候段第一之策に御座候、全体を御窺被レ遊段御遠慮に被思召、前以御伺不被遊候て不叶時分　兩度迄缺居候を、御氣遣被レ遊儀に御座候得共、其段御誤に不被成様被仰分候、存寄段々御座候間致書載差上可申候、御覽被遊明候と被思召候はゝ、先公儀を御極め被遊候得かしと申上、

そこで [同年] 四月十五日、此の一件の全体を [ありのまま] 公儀へ御報告し [今後の] 朝鮮の出方を見極め遊ばされることが第一の策であると、そのように申し上げました。すなわち此の一件の全体を窺い [此方の意図的な対応策は] もうご遠慮下さいと申し上げました。[今や] 前もって [公儀へ] お伺いを立て [その方針通りに] 動かなければ、という段階に [立ち至っております]。

　これまで二度にわたり　[朝鮮から眞文の御返翰が到來いたしました。その折] そのような [公儀への御報告は] 欠けておりました。それを [怠慢あるいは咎として] お気遣いなさるでしょうが、これまでの [当藩の] 御処置に誤りはございません。そのことを [公儀へ] おっしゃって下さい。また知りたいと思う情報が段々と集まってきましたので、それを書き載せた [報告書を] 差し上げたいと存じます。それをご覧遊ばされ [事の次第が] 明快になったとご判断なさったならば、先にも述べたように公儀 [への御報告] を御決断下さい。このように [第一の策を] 申し上げました。

　그래서 [동년] 4월 15일에 이 일건 전체를 [있는 그대로] 장군에게 보고하고 [금후의] 조선이 나오는 것을 보시는 것이 제일책이라고 말씀드렸습니다. 즉 사건의 전체를 보고 [이쪽의 의도적인 대응책은] 이제 삼가 달라고 말씀드렸습니다. [지금은] 미리 [장군을] 찾아뵙고 [그 방침대로] 움직이지 않으면 안 되는 단계에 (이르렀습니다).

　지금까지 두 번이나 [조선에서 한문의 답장이 도래했습니다. 그때마다] 그러한 [장군에게 하는 보고가] 이루어지지 않았습니다. 그것을 [태만 혹은 과실로] 생각하시겠지만, 지금까지 [우리 번의] 처리에 잘

못은 없었습니다. 그것을 [장군에게] 말씀드려 주세요. 또 알고 싶다고 생각하는 정보가 착착 모아졌으니, 그것을 기재한 [보고서를] 바치고 싶다고 생각합니다. 그것을 보시고 [사건의 내용이] 명쾌하게 되었다고 판단하시면, 앞에서 말씀드린 대로 장군[에게 보고할 것을] 결단해 주세요. 이처럼 [제일의 책을] 말씀드렸습니다.

第二策は某を朝鮮へ被差渡、與左衛門殿を御引せ不被成、與左衛門殿を以て此一件御極め被遊候へかし、朝鮮國より日本との絶交を可被致とさへ不被存候はゝ、此方より申懸候仕懸を以て、公儀へ被仰上候程之御返簡には必定改り可申と被存候、万一彼方無分別候て改不被申候はゝ與左衛門殿は肅拝所の辺にて御切腹被成候にて可有御座、某儀も與左衛門殿之御相談之爲に被差渡候上は、與左衛門殿之御相伴可仕、左様に被成候上にて只今之御返翰を公儀へ被差上、御不首尾に罷成候儀有之間敷と奉存候由、其子細一々申上、

そして第二の策として、私を朝鮮へ差し渡されるようにと『申し上げました』。しかも [交渉の前面に立つ] 與左衛門殿を [手元に] 引き戻すようなことは成されずに、ということでございます。與左衛門殿を [前面に押し立て] 以て此の一件を處理なさって行かれるのが良いと存じます。朝鮮國の側が [わざわざ一方的に] 日本との交際を絶つようなことは [到底] なされないと考えます。こちらから申し掛けを行い、仕掛けを行い、公儀へ報告できるような返答を引き出すことは [今もって] 可能だと考えます。万一あちらが無分別に [御返翰の] 改定を拒むようであれば [交渉の責任者である] 與左衛門殿は [東

萊の] 蕭拜所[14)の辺りで御切腹なされることでございましょう。私も
與左衛門殿の相談役として差し渡された以上、與左衛門殿と共に [そ
の切腹に]　御相伴を致します。そのようになった上で [あらためて]
只今現在の [不満足な] 御返翰の書を公儀へ差し上げ、交渉が不首尾
に終わったことを報告すればよいでしょう。　[第一の策で示したよう
に、予め全体を報告しておりますから、藩としての責任を問われな
くて済みます。]　もしそうなれば [今度は公儀自体が動きだしますか
ら、朝鮮の側も困惑することでしょう。] そのような不首尾の事態は
[兩國のために決してなりませんから]　立ち至らないと存じます。こ
のように其の子細を一々申し上げました。

　そして第2の策で저를 조선에 도해시켜 달라고 [말씀드렸습니
다.] 그리고 [교섭의 전면에 서 있는] 요자에몬님을 [수하로] 불러들이
는 일을 하지 말아야 한다는 것입니다. 요자에몬님을 [전면에 세워]
이 일건을 처리하시는 것이 좋다고 생각합니다. 조선국 측이 [일부러
일방적으로] 일본과의 교제를 끊는 것과 같은 일은 [도저히] 있을 수
없다고 생각합니다. 이쪽에서 의견을 말하고, 행동을 하고, 장군에게
보고할 수 있는 답을 이끌어 내는 일은 [아직도] 가능하다고 생각합니
다. 만일 저쪽이 무분별하게 [답서의] 개정을 거부할 것 같으면 [교섭
의 책임자] 요자에몬님은 [동래의] 숙배소 근처에서 할복하여 자살하
실 것입니다. 저도 요자에몬님의 상담역으로 건너가는 이상 요자에몬
님과 함께 [그 할복자살에] 동참하겠습니다. 그렇게 된 다음에 [다시]
현재의 [불만족한] 답서를 장군에게 바쳐, 교섭이 좋지 않게 끝난 것
을 보고하면 될 것입니다. [제1책에서 말한 것처럼, 미리 전체를 보고

하고 있기 때문에, 번으로서의 책임추궁을 당하지 않아도 됩니다.] 만약 그렇게 되면 [이번은 장군 자신이 움직이기 시작하기 때문에, 조선 측도 곤혹스럽겠지요.] 그러한 좋지 않은 사태는 [양국을 위해 결코 도움이 되지 않기 때문에] 이르지 않으리라고 생각합니다. 이처럼 그 자세한 것을 하나하나 말씀드렸습니다.

翌十六日にも右之第一策之儀を何卒御決斷被遊候へかしと隨分申上候得共、御信用不被遊候、ヶ樣之段々筆頭に難申上、曲折數々に御座候、大概を申上候ては御心得被成間敷と奉存候得共、責て右之程成共可申上と存じ如斯御座候、先日朝鮮より罷歸り候以後にも第一策之儀申上、被仰上之趣書載仕差上候得と被仰付、河內益右衛門殿を書手之用に御附被成、數日私宅へ被來、右之下書昨日致出來候、采女殿渡海被差延一候事、某儀東行に極候事、皆段々曲折御座候

　翌十六日にも右の第一策の儀を、なにとぞ御決斷なさるようにと、私は隨分と申し上げました。しかし、なおも御信用なされませんでした。このような言說を筆頭に [この件に關し] 樣々な話を [私は] 申し上げました。だが御取り上げは難しく [その間に] 曲折が數々ございました。話を數多く申し上げても、その全てに對し御理解に到ることは難しかろうと思いました。だがせめて右の程度ぐらいはと思い、このように申し述べたのでございます。

　先日、朝鮮から罷り歸った以後にも、この [かつて申し述べた] 第一策の儀を、申し上げました。すると申し上げたき趣旨は [改めて文書にして] 書き載せ上申するようにとの仰せ付けがありました。書き

手の御役として河內益右衛門殿[15]を附けていただき、數日 [益右衛門殿に] 私の宅に來ていただきました。そこで右に申し述べた趣旨の下書を記し、つい昨日ですが、でき上がり [提出致し] ました。

采女殿の [再度の] 御渡海は [諸事情により] 延期となり、そして私の東行(江戶行き)が決まりました。樣々なことが今、曲折して動いております。

다음 16일에도 앞의 제일책을 부디 결단하시라고 저는 또 말씀드렸습니다. 그러나 아직도 신용하시지 않으셨습니다. 이러한 언설을 필두로 [이 사건에 관하여] 여러 가지 이야기를 [저는] 말씀드렸습니다. 하지만 채택하는 것은 어렵고 [그 사이에] 여러 곡절이 있었습니다. 이야기를 여러 차례 말씀드려도 그 모든 것을 이해하는 것은 어려울 것이라고 생각했습니다. 그러나 적어도 위의 것 정도는 아셔야 한다고 생각하고 이렇게 말씀드린 것입니다.

전날, 조선에서 돌아온 후에도, 이 [과거에 말씀드린] 제일책을 말씀드렸습니다. 그러자 말하고 싶은 취지를 [다시 문서로 해서] 기록하라는 지시가 있었습니다. 기록역할을 맡은 카와치 마스에몬님을 보내주셨기 때문에, 수일간 마스에몬님을 저의 집에 오게 하였습니다. 그리고 앞에서 말씀드린 취지의 초안을 작성하여 바로 어제 완성하여 제출했습니다.[해설 1]

우네메님의 [재]도해는 [여러 사정이 있어] 연기되고, 저의 동행(에 도행)이 결정되었습니다. 여러 가지 일이 지금 어지럽게 움직이고 있습니다.

一、今度某朝鮮へ罷渡、彼方と往復之書付眞文和文共に十三通致
進覽掛御目候、此十三通は某方に別に控無之候間、二三日御覽被成
候はゝ、慥成る飛脚便にて此方へ御送登せ可被下候、此程釆女殿へ
申入候は、西山寺加納幸之助殿、瀧六郎右衛門殿、平田茂左衛門殿
文才も有之、朝鮮之事をも被存たる儀に御座候間、右四人之存寄書
付させ御覽被レ成、御用に立ち可申儀に御座候はゝ、被仰聞被下候へ
かしと御賴被成候得

一、今度、私は朝鮮へ罷り渡り、彼の國との往復の書き付けを [草
梁倭館にて入手いたしました。] つまり眞文(漢文)や和文のもの、合
わせ十三通で、これを [御隱居樣や藩の年寄衆へ] 進覽のため [持ち
歸り] 手元に留め置くことに致しました。これを [貴方樣へ] お目に
掛けます。この十三通は私の方で別途 [寫し取った] 控えを保存して
おりません。だから二、三日、御覽をいただいた後は、確かな飛脚
便で、こちらへまた送り屆けて下さい。

このほど釆女殿へ申し入れを行いました。西山寺 [御住職殿] 16)、
加納幸之助殿17)、瀧六郎右衛門殿18)、平田茂左衛門殿19)、いずれの
方も文才があり、朝鮮の事情も充分に御存知の方々です。右四人の
方々に、その思う所を書き付けて頂き、その意見書を [御隱居樣や御
年寄衆の皆樣が] 御覽になれば、 [この竹島一件について] 御用の御
役に立つことと存じます。そのような [樣々な] 意見の聽取を、御依
賴なさってはいかがですか、すると [皆樣の御理解も進み] この竹島
の一件も [藩內の議論が進展し、以後] 容易に推移するのではありま
せんかと、そのように申し入れを行いました。

1. 이번, 나는 조선에 건너가, 그 나라와 왕복한 서한을 [초량 왜관에서 입수했습니다.] 즉 한문이나 일어문장의 것, 모두 합하여 13통으로, 이것을 [전 번주님과 번의 중신들에게] 보여드리기 위해 [가지고 돌아와] 곁에 두게 되었습니다. 이것을 [귀하에게] 보여드리겠습니다. 이 13통은 제가 별도로 [복사한] 여벌을 보존하고 있지 않습니다. 그러니까 2, 3일 보신 후에는 확실한 비각 편으로 이쪽으로 다시 보내주십시오.

이번에 우네메님에게 말씀드렸습니다. 사이산지의 [주지] 카노우 유키노스케님인 로쿠로우에몬님, 히라타 시게자에몬, 모든 분이 문재가 뛰어나고 조선의 사정도 충분히 아시는 분들입니다. 앞의 네 분들의 생각을 기록한 것을 받아, 그 의견서를 [전 번주님이나 중신 여러분이] 보시면, [이 타케시마잇켄에 대해] 도움이 될 것으로 생각합니다. 그러한 [여러 가지] 의견 청취를 의뢰하시면 어떻습니까. 그렇게 하면 [여러분의 이해에도 도움이 되어] 이 타케시마잇켄도 [번 내의 논의가 진전하여, 이후에] 용이하게 진행되지 않겠습니까라고 말씀드렸습니다.

此一件心易く相濟候存寄有之候由六郎右衛門殿茂左衛門殿と被申候由、方々にて承事に御座候、六郎右衛門殿は竹島今度日本之島に極申候樣成行被遊方可有之事に候、公事者日本十分之御勝公事と申儀を度々某にも被申、近來も彌左樣被申候と之儀方々にて承り申事に御座候得共、某見識にては尊公御使者に御渡被成候、而も竹島を日本之島に極たる返翰御座被ㇾ成候儀は、決て不相成儀にて、仮令成申勢にても、此方より左樣之不理成儀被仰掛間敷儀にて御座候、彼

國之理も立、日本之理も立候御返簡を御心を被盡御取歸被成候て
も、不宜返翰など申候沙汰御座候ては、某には少も構不申候得共、
尊公之御苦勞之功少き樣成行申候段如何と奉存候、

　[この竹島一件に關し] 思うところが [多々有ると] 六郎右衛門殿が
茂左衛門殿と話しておられることを [以前から] 方々で承っておりま
す。六郎右衛門殿は、竹島は今度 [の一件で] 日本の島として、もう
決定することに成ると見ておられます。この公事(紛爭)は日本に十分
の勝機があると、そのように度々私にもおっしゃっておられまし
た。つい最近も、いよいよ、そのようにおっしゃっておられること
を、方々でお聞きします。しかし私が思うには、たとえ [優れた交渉
者である] 貴方樣が御使者になり [朝鮮へ直接] 御渡りになられたと
しても、竹島を日本の島に決定できるような、そのような返答の御
書翰は、とうてい得ることはありますまい。たとえ成るような勢い
にあっても、こちらからそのような理不盡な要求を行ってはなりま
せん。彼の國の理も立ち、日本の理も立つよう、そのような [外交的
に良質な] 御返翰を、心を盡くし [誠意を以て] 受け取り、持ち歸る
こと [が重要なことです。] 良くない [理不盡な] 御返翰を要求するこ
となどは、私には全く關心はなく [同意もできません。御隱居樣や御
年寄衆の皆樣の政治手法を考えますと、これまでの] 貴方樣の御苦勞
の多さ [が偲ばれ、またそれに對する] 功の少なさ [を嘆きます。] そ
のような成り行きに [今更ながら憤り、理不盡さを感じます。この一
件が今後どのように推移するか] 私は危惧いたしております。

204　竹島文談

[이 타케시마잇켄에 관하여] 생각하는 것이 [많이 있다며] 로쿠로우우에몬님이 시게자에몬님과 이야기하고 계시다는 것을 [이전부터] 여러분들한테 듣고 있습니다. 로쿠로우에몬님은, 죽도는 이번[의 일건으로] 일본의 섬으로 이미 결정하게 될 것으로 보고 계십니다. 이 공사[분쟁]는 일본에 충분히 승산이 있다고, 그처럼 종종 저에게도 말씀하시고 계셨습니다. 바로 최근에도 또 그처럼 말씀하시고 계시다는 것을 여러분들한테 들었습니다. 그러나 제가 생각하기에는, 가령 [뛰어난 교섭자인] 귀하가 사자가 되어 [조선에 직접] 건너가신다 해도, 죽도를 일본의 섬으로 결정할 수 있는 그러한 대답의 서한은 도저히 받을 수 없을 것입니다. 비록 성공할 기세라 해도, 이쪽에서 그처럼 이치에 맞지 않는 요구를 해서는 안 됩니다. 그 나라의 도리도 세우고 일본의 도리도 설 수 있도록, 그러한 [외교적으로 양질의] 답서를, 마음을 다하여 [성의를 가지고] 받아서 돌아오는 일[이 중요한 일입니다.] 좋지 않는 [이치에 맞지 않는] 답서를 요구하는 것 등에는, 저는 전혀 관심이 없고 [동의도 할 수 없습니다. 전 번주님이나 중신 여러분의 정치수법을 생각하면, 지금까지] 귀하가 고생을 많이 했다는 것을 [알 수 있고, 또 그에 비해] 공이 적음[을 한탄합니다.] 그러한 흐름에 [새삼스럽게 이치에 어긋난다는 것을 느낍니다. 이 일건이 금후에 어떻게 될 것인가] 저는 걱정하고 있습니다.

　殊に國中之智を御盡され被成候段、御用之御爲にて御座候間、右四人之儀御賴被成候へ、竹島を丸取に仕る見識被申出候はゝ、其議論之相手には某可罷成候と申、采女殿御得心被成右之通被仰上、

殊に今、國中の智惠を結集し [老職の方たちは] 對策を盡くしてお
られます。そのような御用のお役に立つよう [私も微力を盡くします
が] 右の四人の方々に先ず御意見をお頼みなさるよう [伝えました。]
竹島を丸取りするような意見を [この四人の方々は、お持ちです。だ
がこの段階に至って、なおも同様な意見を] 申し出るようでは [先行
きが危惧されます。そのような場合] 議論の相手として、この私が
[直接に] 罷り出ることに致します。このように申し述べたところ、
釆女殿は得心なされ、右の通りに [四人の方たちに] 仰せられ [意見
を述べる場を用意なさい] ました。

　特히 지금, 나라 전체의 지혜를 결집하여 [노직들은] 대책을 세우고
계십니다. 그러한 일에 도움이 되도록 [저도 미력을 다합니다만] 앞의
네 분들의 의견을 먼저 부탁하시라고 [전했습니다.] 죽도를 독점하려
는 의견을 [이 네 분들은 가지고 있습니다. 그러나 이 단계에서, 아직
도 같은 의견을] 내놓는다는 것은 [앞날이 걱정됩니다. 그러한 경우]
논의의 상대로서, 이 제가 [직접] 나서려 합니다. 이처럼 말씀드렸더
니, 우네메님은 납득하시고, 앞에서 말한 대로 [네 분들에게] 분부하
여 [의견을 말하는 장소를 준비해]셨습니다.

　五六日以來四人之內幸之助殿は不罷出、外之三人被罷出、某今度
朝鮮にて調候書付之趣甚不宜由を被申、ヶ樣に仕成し候上は、存寄
御座候て申上候ても無益之ことゝ被ㇾ申候由、御近習衆御語にて承
り候、某申候は、其不宜次第一々書付させ御覽被ㇾ成候て、某へ返
答書を被仰付被下候得、何時にても其開きは某可申上と申置候、然

共いまだ書付も不仕、只三人毎日被罷出、某書付置候次第之不宜所を被申迄と相見申候、然共其趣上には御信用被成たる様子共相見へ不申候、

　五、六日が経ち、四人のうち幸之助殿は出て來られず、他の三人の方が [意見具申の場に] 出て來られました。 [三人の方は] 私が今度、朝鮮にて調べ、それを書付 [として提出した] 意見書を [問題解決のため採用するには] 甚だ不適切なものであると、申されておられました。そのような意見書を [採用し、藩の方針として] 成立させるようでは [今更、意見具申の場で我らが] 知っていることを申し上げても、何の益にもならないと、そのように申されておられることを、御近習衆の御語り合いの中から承りました。しかし私が申し上げましたのは、その不適切だという理由を一つ一つ書き付け、それを [年寄衆が] 御覧に成り、私へ [その一つ一つに對する] 返答書を、御命じ下さればよいのです。いつでも、それについての申し開き [すなわち反論] を行いますと、このように申し上げて置きました。しかし未だに、そのような [一つ一つの御指摘の] 書き付けを頂いておりません。只、三人の方が毎日 [藩廳に] 罷り出られ、私が書き付け置いた書類について、あれこれ不同意の部分を [つぶやき] 申されるだけでございます。しかしながら其の [御三人の申す不同意の] 趣旨について [当藩の] 上層部は、やはり御信用を置いてはおられない御様子です。

　5, 6일이 지나, 네 명 중에 코우노스케님은 나오시지 못하고, 다른

세 분이 [의견을 이야기하는 장소에] 나오셨습니다. [세 분은] 제가 이 번에 조선에서 조사하여 기록으로 해서 [제출한] 의견서를 [문제해결 을 위해 채용하기에는] 매우 부적절한 것이라고 말씀하시고 계셨습니 다. 그러한 의견서를 [채용하여, 번의 방침으로] 성립시키기 위해서는 [새삼스럽게 의견을 말하는 장소에서 우리들이] 알고 있는 것을 이야 기해도, 아무런 이익도 되지 않는다고, 그렇게 말씀하시고 계시는 것 을, 고킨슈우(측근)들이 이야기하는 것을 들었습니다. 그러나 제가 말 씀드린 것은, 그 부적절하다고 하는 이유를 하나하나 기록하여 그것 을 [중신들이] 보시고, 저에게 [그 하나하나에 대한] 답서를 명하여 주 시면 됩니다. 언제라도 그것에 대한 의견 [즉 반론]을 말씀드리겠다고, 이처럼 말씀드려 두었습니다. 그러나 아직까지, 그러한 [하나하나를 지적하는] 서류를 받지 못했습니다. 단지, 세 분이 매일 [번청에] 가서 제가 써둔 서류에 대해서, 이것저것 동의하지 않는 부분을 [중얼거리 며] 말씀하실 뿐입니다. 그러면서도 그 [세 명이 말하는 동의하지 않 는] 취지에 대해 [당번의] 상층부는 역시 신용하고 있지 않는 것 같습 니다.

某仕置候事之內にて不同意に被存候第一之ことは、御返翰之注文 を彼方に爲知たる事にて候と承り候、六郎右衛門殿見識は竹島丸取 に仕る見識にて御座候故、彼注文甚心に叶不申筈にて御座候、彼注 文に付某所存段々有之事に御座候、注文を彼方に遣わし候儀、後日 公儀に被遊御聞御咎を被蒙候時、天下之御執政諸執政を相手に仕候 而も可申開と存居申候故、六郎右衛門殿右之通被申候ても、左樣之 理も可有之哉とも存不申、

私が記し置いた要点のうち [御三人が] 不同意に思われる第一のことは [朝鮮からの] 御返翰 [に對する此方から] の注文を [予め] 彼方に知らせ置くことだと聞きました。 [それは相互理解の上に立って合意に到るための準備のものでございます。] だが六郎右衛門殿の御意見は [一方的に] 竹島を丸取りにするというものでございますから、そのような注文は、甚だ心に叶わぬものでございましょう。そのような注文 [の意義] に付いて、私の所存を申し上げますと、それは [互いの了解を得て合意に到るため] 段々に事を進めるというものでございます。 [もしも一方的な] 注文を彼方に遣わし、後日公儀が [このような注文を] お聞きになられれば [此方が] お咎めを蒙るようなことにもなろうかと存じます。そうなれば天下の御執政(老中)や諸執政(若年寄や各奉行)の方々を相手に [ことの事情を詳しく説明] 仕り、申し開きも出來なければなりません。そのように承知いたしております故に、六郎右衛門殿が右のように申されても [私は] そのような [一方的な注文が] 理に叶うとは思っておりません。

　내가 적어 둔 요점 중 [세 명이] 동의하지 않는 제일의 것은 [조선의] 답서[에 대한 이쪽]의 주문을 [미리] 저쪽에 알려주는 것이라고 들었습니다. [그것은 상호가 이해한 후에 합의에 도달하기 위한 준비입니다.] 하지만 로쿠로우에몬님의 의견은 [일방적으로] 죽도를 독점한다는 것이기 때문에, 그러한 주문은, 매우 마음에 들지 않을 것입니다. 그러한 주문(의 의의)에 대해서, 나의 생각을 말씀드리자면, 그것은 [서로의 양해를 얻고 합의에 도달하기 위해] 순서에 따라 일을 진행한다고 하는 것입니다. [만약 일방적인] 주문을 저쪽에 보내, 후일에 장군이 [이러한 주문을] 들으시면 [이쪽이] 벌을 받게 되는 일이 될 것이라고 생각합니다. 그렇게 되면 천하의 집정(노중)이나 여러 집정 [와카토시요리나 각 부교우]들을 상대로 (일의 사정을 자세하게 설명) 드리고 변명도 해야 합니다. 그렇게 알고 있기 때문에, 로쿠로우우에몬님이 위와 같이 말씀하시더라도 [저는] 그러한 [일방적인 주문이] 이치에 맞는다고는 생각하지 않습니다.

某心には天下執政之批判より尊公之御一言を重んじ恐れ申事に御座候間、右之注文仕たる儀不宜と思召候所は、其元より飛脚御立被成候便に御示教可被下候、六郎右衛門殿心に叶不申と被申候所は、皆某心に大節と存所にて御座候、竹島と蔚陵島二島に仕るこそ能く候に、一島に仕たる注文惡敷と被申、只今之返翰を不取歸館守に預け置申段惡敷と被申、彼島を古の朝鮮に屬したると此方より許し候所も惡敷と被申候由承り候、是皆此一件之大節にて御座候處、ヶ樣に被申候段、誠に某見識とは黑白之違にて御座候、尊公之御心にも右之段々某申所惡しくと被思召候はば必可被仰下候、

私の心には、天下の御執政が [この件に關し] 御批判なさることより、貴方樣の [發する] 御一言を重んじ、恐れます。右の注文を [互いの了解を得て合意に到るためのものと、私なりに理解し] 勤仕する次第です。だが、そこに宜しくないと御思いになる所がございましたら、貴方樣から飛脚を御立てに成られ、便りを以て [私に] 御教示ください。六郎右衛門殿が心に添わないと申される所は、皆私の心にとって大切と思っている所でございます。 [六郎右衛門殿は] 竹島

と蔚陵島とが二島であることが良く、それを一島にしてしまうよう
な注文は悪いと申されます。只今の御返翰を [彼方は] 取り下げ持ち
歸らず [そのまま草梁倭館の] 館守20)に預け置いているというのも悪
いと申されます。彼の島は古くは朝鮮に屬していたと此方から認め
る所も悪いと申されます。そのように [六郎右衛門殿と、その一派の
方々の聲が、よく] 聞こえて參ります。これらは皆、此の一件におい
ては大切な所です。それをこのように申されては、誠に私の見解と
は黒と白ほどに違います。貴方樣の御心にも、右のような數々の條
項について、私の申す所が悪いと御思いになられるのでしたら、必
ず [その旨を] おっしゃって下さい。

　나의 마음에는 천하의 집정이 [이 건에 관해서] 비판하시는 것보다,
귀하가 [하시는] 한마디의 말씀을 중시하고 두려워합니다. 앞의 주문
을 [서로 이해하고 합의에 이르러야 하는 것이라고 나 나름대로 이해
하고] 임무를 수행하는 것입니다. 하지만, 거기에 적절치 않다고 생각
되는 곳이 있으면, 귀하가 비각을 보내어,[해설 2] 연락으로 [저에게] 교
시하여 주십시오. 로쿠로우에몬님이 마음에 들지 않는다고 말씀하시
는 것은, 모두 나에게 중요하다고 생각합니다. [로쿠로우에몬님은] 죽
도와 울릉도가 2개의 섬이라는 것이 좋고, 그것을 하나의 섬으로 해
버리는 것과 같은 주문은 나쁘다고 하십니다. 지금의 답서를 [저쪽은]
사양하며 가지고 돌아오지 않고 [그대로 초량 왜관의] 관수에게 맡겨
두고 있다는 것도 나쁘다고 말할 수 있습니다. 그 섬이 옛날에는 조선
에 속해 있었다고 이쪽이 인정하는 것도 나쁘다고 말씀하십니다. 그
처럼 [로쿠로우에몬님과 그 일파 분들의 소리가 잘] 들려옵니다. 이것

들 모두가, 이 일건에 있어 중요한 일입니다. 그것을 이처럼 말씀하시면, 그야말로 저의 견해와는 흑과 백 정도로 다릅니다. 귀하의 마음에도, 위와 같은 여러 조항에 대해, 제가 말씀드린 점이 나쁘다고 생각되시면, 꼭 [그 취지를] 말씀하여 주십시오.

今度之東行は公儀に御伺之節、某を豊後守樣御用人へ御逢はせ被成候儀も可有御座候間、只今までの存寄甚惡敷事にて御座候はゝ、豊後守樣之御用人へ對し申述候事にも、定て惡敷事可有御座候間愼み控可申候、右之趣尊公之御批判を受申度奉存心入にて、如斯數通之書物を懸御目候、尊公之御一言を神明之如く奉存罷在候間、必御隔心なく大概之御批判承度奉存候、右數通之書物之內、枝葉之處は不宜儀如何程も可有御座候得共、其段不被仰聞候ても不苦、只右申上候大綱之處之是非は、御心入之大意を承度奉存候

今度の東行(江戶行き)は公儀に御伺いを立てるためのもので、私を豊後守樣[21]の御用人[22]に引き合わせ [趣旨説明を] 行わせる場合も [あるいは] あろうかと存じます。只今までに承知致している [竹島交渉の] 経過は、甚だ都合の悪いものでございます。それゆえ豊後守樣の御用人に對し申し述べることにも、必ずや都合の悪いことを [お話し申し上げる] ことにもなろうかと存じます。それゆえ愼み控えて申し上げようと思っています。右のような趣旨を、貴方樣からの御批判 [御指導] を受け [あらためて] しっかりと心に入れ、對応をしたいと考えております。そのため、このような數通の書き物を添え、お目に掛ける次第です。貴方樣の御一言を神樣の言葉のごとく考えて

おりますれば、必ず隔て心なく率直に、全ての事柄について御批判[御指導]を賜りたいと存じます。右に送らせて頂いた數通の書き物の中には、その枝葉について言えば、宜しくない部分も數多くございます。そのような部分は、ご意見をお聞かせになられずとも構わないのですが、只今、右のように申し上げた大綱の部分は、是非とも御心に思う事の大意を [私に] 承らせて下さい。

　이번의 에도행은 장군에게 질문하기 위한 것으로, 저를 분고노카미님의 어용인에게 대면시켜 [취지 설명을] 행하게 하는 경우도 [어쩌면] 있을 것으로 생각합니다. 다만 지금까지 알고 있는 [죽도 교섭의] 경과는 매우 사정이 좋지 않습니다. 그 때문에 분고노카미님의 어용인에 대해 말씀드리는 것에도, 필시 사정이 좋지 않은 것을 [말씀드리는] 일이 될 것으로 생각합니다. 그래서 조심스럽게 말씀드리려고 생각하고 있습니다. 위와 같은 취지를 귀하로부터 비판 [지도]를 받아 [다시] 마음을 다져 대응하고 싶다고 생각하고 있습니다. 그래서 이와 같은 수 통의 기록을 가지고 찾아뵙는 것입니다. 귀하의 한 말씀을 신의 계시처럼 생각하고 있으니, 반드시 격의 없이 솔직하게 모든 일에 대하여 비판 [지도]를 받고 싶다고 생각합니다. 위에 보내드린 수 통의 기록 안에는, 그 지엽에 대해 말하자면, 좋지 않은 부분도 많이 있습니다. 그러한 부분은 의견을 주시지 않으셔도 상관없습니다만, 다만 지금 위와 같이 말씀 드린 대강의 부분은, 꼭 생각하시는 일의 대의를 [저에게] 말씀하여 주십시오.

　竹島之儀日本之地を去る事百六拾四里、朝鮮之地よりは樹木磯際

迄相見へ、誠に朝鮮に屬候段、地図書籍之考言語弁論之勞無く相知申たる事に御座候、三度之漂民を被送還候時之付屆無之候と申所を言立、初度之返翰に貴界竹島と書き付被レ申たる所を言立にして、彼島を永く日本之屬島と極め候様仕度と被申候段、仮令其事成り候ても、日本之公儀に他邦之島を無理に取りて被差上たるにて候故不義とは申候、而も忠功と被申間敷候、朝鮮よりは御先祖様以來恩遇を御受被成たる事に御座候處、無理に彼方之島を御取被成、日本に御附被成候段誠に不仁不義なる事にて可有御座と存候、

　竹島の位置は、日本の地を去る事百六十四里　　　[の遠方である一方]、朝鮮の地からは樹木や磯際までも見える程の近さです。誠に朝鮮に屬するものでございましょう。地図や書籍　[に記された]　論考は、言語弁論の勞も無い程に [朝鮮領として] 知れ渡ったものでございます。 [彼方が] 三度の漂民23)を [此方に] 送り返して來た折、いずれも [領土侵犯の書類を] 付けて送り届けをしなかったのです。だが、そのような申し出をしなかったからと言って、それを咎め立てするのは [言い掛かりでは無いでしょうか。] また最初の [彼方からの] 御返翰に、貴界の竹島と書き付けてあったからといって、それを [此方から] 咎め立てするのも [言い掛かりでは無いでしょうか。難癖を付け] 彼の島を永久に日本の屬島として決定づけてしまおうなどとすることは、たとえその事が成ったとしても [そのような主張と行動は] 他國の島を無理やり取り上げて、日本の公儀へ差し出したことになり、不義と申すべきものでございましょう。 [そのような行爲は讚えられるべき] 忠功などとは決して申せません。朝鮮からは御先祖様

以来、恩遇を受け [この對馬の國は] 成り立って参りました。無理や
り彼方の島を [奪い] 取り、日本の附屬にしてしまうことなどは、誠
に不仁不義ということになります。

　죽도의 위치는 일본 땅에서 떨어지길 164리[의 먼 곳인 것에 비해
한편] 조선 땅에서는 수목이나 물가까지도 보일 정도로 가깝습니다.
그야말로 조선에 속하는 것이지요. 지도나 서적[에 기록된] 논고는 말
로 변론할 여지도 없을 정도로 [조선령으로] 널리 알려진 것입니다.[해
설3] [저쪽이] 세 번의 표류민을 [우리에게] 돌려보냈을 때, 모두 [영토
침범의 서류를] 첨부하여 돌려보낸 것은 아닙니다. 하지만 그 같은 제
의를 하지 않았다고 해서, 그것을 탓하는 것은 [구실이 아닐까요.] 또
최초의 [그들이 보낸] 답서에 귀계의 죽도라고 기록했다고 해서, 그것
을 [이쪽에서] 구실로 삼는 것은 [억지를 부리는 것이 아닐까요. 트집
을 잡아] 그 섬을 영구히 일본의 속도로서 결정지어 버리려고 하는 것
은, 설령 그 일이 성사되었다고 해도 [그 같은 주장과 행동은] 타국의
섬을 억지로 빼앗아서 일본의 장군에게 바친 것이 되어 불의라고 말
해야 할 것입니다. [그러한 행위는 칭송될 만한] 충공이라고는 결코
말할 수 없습니다. 조선에서는 선조 이래 은우를 입어 [이 쓰시마라는
나라는] 유지되어 왔습니다. 억지로 그 섬을 [탈취하여] 일본의 부속
으로 해버리는 것 등은 정말로 불인 불의라는 것이 됩니다.

　日本之公儀は彼島之來歷少しも御知り不被成候故、去々年御國へ
之被仰付に、重て朝鮮人彼島に不罷越樣に被申付候得之旨、急度申
渡候へとの御事に御座候、其節御國より彼島之儀を公儀へ可被仰上

事と、心有る人は皆々申候得共、執事之心に同意無レ之、公命之趣を以て直に朝鮮へ被仰掛候、朝鮮より之御返簡到來之節公儀へ被仰出、御同意を御受被成思召入を被仰上候て、其上にて如何樣共可被成儀と心有人皆々申候得共、執事之心に同意無之、また直に彼御返翰を被差返、朝鮮之勢変じ候て、只今之返翰は大に日本を咎めたる紙面にて御座候、

　日本の公儀　[の皆樣]　は、彼の島の來歴を少しもご存じありません。それゆえ去々年(元祿六年)御國(對馬藩)へ、この [交渉] 事を御命じになられ、再び朝鮮人が渡って來ないよう、御申し付けなされたのでございます。その旨を確かに彼の國に伝えるよう [公儀は] 嚴しく御命令になられました。其の折、御國より彼の島の事情を、公儀へ [改めて] 御報告なさるよう、心ある人たちは、皆々樣が申しておられました。しかし [公儀と折衝する当藩の] 執事の心には、そのような [島の事情を、公儀へ報告する] 事への同意はなく、ただ公命であるという [理由] だけで、直ちに朝鮮へ申し入れが行われました。朝鮮から返答の御書翰が到來した折にも、それを公儀へ報告し、了解を受けた上で、御考えになっている [槪略を] 申し上げ、その上でどのように對處すべきか [が重要でございました。そのように御相談なさるよう]　心ある人たちは、皆々樣が、またそう申しておりました。だがやはり執事の心に [そのような相談事への] 同意は無く [公儀へ報告すること無く] 直ちにそのような返事の御書翰は [受け取れないと、一方的に] 差し返されてしまいました。朝鮮の勢いは、それゆえ変じてしまい、只今の [新たに到來した] 返事の御書翰は、大い

に日本を咎める形の紙面になっております。

　일본 막부(의 여러분)은 그 섬의 내력을 조금도 알지 못합니다. 그래서 재작년(겐로쿠 6, 1693)에 쓰시마번에 이 [교섭]을 명하시어, 다시는 조선인이 건너오지 않도록 하라고 명하신 것입니다. 그 취지를 확실히 그 나라에게 전하라고 [장군은] 엄하게 명령하셨습니다. 그때 쓰시마에서 그 섬의 사정을 장군에게 [다시] 보고하시라고, 분별이 있는 사람들은 모두가 말하고 있었습니다. 그러나 [막부와 절충하는 당번의] 집사의 마음에는, 그러한 [섬의 사정을 장군에게 보고하는] 일에 동의하는 일 없이, 그저 장군의 명이라는 [이유]만으로, 즉시 조선에 제기했습니다. 조선에서 답서가 도래했을 때도, 그것을 장군에게 보고하여 승낙을 얻은 다음에, 생각하고 있는 [개략을] 말씀드리고, 그다음에 어떻게 대처해야 할 것인가[가 중요했습니다. 그렇게 상담하시라고] 분별이 있는 사람들 모두가 그렇게 말했었습니다. 하지만 역시 집사의 마음에 [그 같은 상담하는 일에] 동의하지 않고 [장군에 보고하는 일도 없이] 즉시 그러한 답장의 서한은 [받을 수 없다며 일방적으로] 돌려주고 말았습니다. 조선의 기세는 그 때문에 바뀌어, 지금 [새로 도래한] 답서는 일본을 크게 탓하는 형태의 내용이 되어 있습니다.

　只日本を咎めたる所を除けさせ、日本より重て朝鮮人彼島に越さゝる様被仰付候得との返答、無禮成儀さえ無御座候はゝ、彼方之島と申來歴を如何程書候ても不苦儀と存候、公儀へ其趣を御屆被成候はゝ、必彼島御返し被成にて可有御座奉察候、六郎右衛門殿申分

には、彼島朝鮮之地に極り、日本より御返被レ成候様に成行候ては、口惜き事に候と某と對談の折、何度之節も度々被申候、誠に難心得儀と存候

　只この日本を咎めた部分を [紙面から] 除かせれば、再び朝鮮人が彼の島へ渡って來ないよう、日本からの申し出があったとする御書翰の內容などは、まだ無礼なものではありません。あちらが自分たちの島であるとする來歷を、どれほど書き加えようと、こちらにとって全く支障のあるものではありません。公儀へ、このような趣旨をお屆けに成られれば、必ず彼の島を [朝鮮へ] お返しになられるような成り行きになるものと思われます。六郎右衛門殿が申される趣旨は [彼の島の丸取りでございます。だから] 彼の島が朝鮮の地と決定され、日本から返還ということになれば、それは實に口惜しいことであると、私との對談の折、何度もおっしゃっておられました。それは誠に心得違いと申すものでございます。

　단지 이런 일본을 탓하는 부분을 [지면에서] 제외시키게 하면, 다시 조선인이 그 섬에 건너오지 않도록 해달라는, 일본의 제의가 있었다고 하는 서한의 내용 등은, 그렇게 무례한 것이 아닙니다. 저쪽이 자신들의 섬이라고 하는 내력을 얼마만큼 추가해서 기입한다 해도, 이쪽에는 전혀 지장이 있는 일이 아닙니다. 장군에게 이러한 취지를 알리게 되면, 반드시 그 섬을 [조선에] 돌려주시게 되는 상황이 될 것이라고 생각됩니다. 로쿠로우에몬님이 말씀하시는 취지는 [그 섬의 독점입니다. 그러니까] 그 섬이 조선의 땅이라고 결정되어, 일본이 반환한다고 하는 일이 되면, 그것은 실로 분한 일이라고, 저와 대담할 때, 몇 번이나 말씀하시고 계셨습니다. 그것은 정말로 잘못된 생각이라고 말하는 것입니다.

一　此一件此度掛御目候十三通之書付にても、某心底之趣如何と被思召候所も可有御座候得共、委細は不氣力其上公事不得閑隙候て申上候事不相成候、然共段々之書付と此書狀とにて、某此一件に處し候大概之趣は御推察可被成と奉存候、ヶ樣之時分尊公御不幸にて田舍に被成御座候段、實は國家之大不幸と奉存候、某體之者此一件之御相談に加はり、何角と申上候段誠に無心元事に御座候得共、六郎右衛門殿之見識などを御信用被成候ては、某を少し成共御信用被成候が增にて可有之と存候、此段不遜成申事と可被思召候得共、思情を直に申上候上は、別て控へ可申事とも不存如此申上候、

一　この一件 [の推移は] この度お目に掛けた十三通の書付を通しても [ご理解いただけるものと存じます。] 私の心底の趣旨 [がどのようであるか] 如何樣にお考えいただいてもかまいません。しかし委細 [を申し述べれば、私には、この趣旨を押し通すだけの强い] 氣力などは有りません。その上、公事紛爭に關わるような「肉体的にも精神的にも」余裕は無く、ここで申し上げた [私の提案は、おそらく] 果たされることも無いでしょう。しかしながら段々 [に積み上げられてきた十三通の] 書付と、この [今記している] 書狀とによって、私がこの一件に對處し [申し述べた] 大概の趣旨は御推察 [下さり、御理解] いただけるかと存じます。このような大変な時期に、貴方樣のよ

うな [優秀な人材が] 御不幸に遇われ、田舎にて蟄居のままに過ごしておられることは、實に國家の大不幸と考えます。私程度のものが、この一件の相談に加わり、何かと意見を申し上げるなどは、誠に心もとない限りでございます。しかし六郎右衛門殿の見識などを御信用なられることに比べれば、この私を、少しなりとも御信用なられるほうが [遙かに] 増しではないかと考えます。このような考え方は、いささか不遜なこととお考えになるでしょうが、思いのたけを直接に申し上げた以上、ことさらに控え置くべきこととも思えず、このように申し上げました。

　この一件[の推移は] 今度に送りし 13通の書簡を通じても [理解できることと存じます。] 제가 생각하는 취지[가 어떠한 것인가를] 어떻게 생각하셔도 상관없습니다. 그러나 자세한 것을 [말씀드리자면, 저에게는 이 취지를 밀어붙일 만한 강한] 기력 따위가 없습니다. 게다가 공사분쟁에 관련되는 것과 같은 '육체적으로도 정신적으로도' 여유가 없어, 여기서 말씀드린 [저의 제안은 아마도] 이루어지지 않을 것입니다. 그렇지만 점차로 [쌓인 13통의] 서부와 [지금 기록하고 있는] 서장을 통해, 제가 이 일건에 대처하여 [말씀드린] 대개의 취지는 추찰[하시고, 이해]하여 주실 것으로 생각합니다. 이처럼 중대한 시기에 귀하와 같이 [우수한 인재가] 불행하게도 촌에 칩거한 채로 지내고 계시는 것은, 실로 국가의 큰 불행이라고 생각합니다. 저 정도의 사람이, 이 일건의 상담에 관계하며 무어라고 의견을 말씀드리는 것과 같은 일은, 참으로 걱정스럽기 그지없는 일입니다. 그러나 로쿠로우에몬님의 견식 등을 신용하시는 것에 비하면, 이런 나를, 조금이라도 신

용하시는 것이 [훨씬] 좋지 않을까라고 생각합니다. 이러한 사고방식은 약간 불손하다고 생각하시겠지만, 생각하고 있는 것을 직접 말씀드린 이상, 새삼스레 삼가야 한다고 생각하지 않기 때문에 이처럼 말씀드렸습니다.

此一件は畢竟日本朝鮮之公儀を諭し奉り、兩國首尾能相濟候樣仕候事は安く、御隱居樣及御年寄衆中迄を諭し奉り、此一件を宜敷樣御裁判被成候に仕る事は難しと奉存候、只今迄も此一件之落着如何御取行可被成哉と千万無心元存候所多く御座候、何事も運命有之事と相見候故、某は此事に處し隨分心力を盡し御奉公申上、成否は天命に任せ罷在候

この一件は結局のところ、日本と朝鮮の公儀を [誠信の理を以て] 諭し奉り、兩國 [の關係を未來に向けて] 首尾良く調えることでございます。 [そのようなことは努力すれば何とか可能でしょうが、それに比べ頑迷な] 御隱居樣や藩の御年寄衆中までも諭し、此の一件を宜しく調えることは、そして御裁判を宜しく收めることは、まことにもって至難のことでございます。只今のところ、とても此の一件の落着を [見定めることなどできません。] 果たしてどのように [藩の老職の方たちが] 舵取りをなさるのか [私には皆目見当も付かず] 千万、心もとなく思うことも多々ございます。何ごとも運命のものと、ただしっかりと [ことの成り行きを] 見つめるばかりでございます。私は此の事に對處し、隨分心を盡くし御奉公を申し上げました。あとの成否は天命に任せたいと存じます。

이 일건은 결국 일본과 조선의 조정을 [성신의 도리로] 설득해서 양국[의 관계를 미래로 향해서] 순조롭게 마무리 짓는 일입니다. [그러한 일은 노력하면 어떻게든 가능하겠지만, 그것에 비교해 병약한] 전 번주님이나 번의 중신들까지도 설득해서 이 일건을 잘 정리하는 것, 그리고 재판을 잘 달래는 일은, 아주 어려운 일입니다. 아무래도 지금의 상황으로는 도저히 이 일건의 해결을 [확정하는 것과 같은 일은 할 수 없습니다.] 과연 어떻게 [번의 노직분들이] 판단하실 것인가. [저로서는 전혀 짐작도 할 수 없어] 불안하게 생각하는 일도 많습니다. 모든 것이 운명이라고, 그저 똑바로 [일이 되어 가는 것을] 지켜볼 뿐입니다. 저는 이 일에 대처하여, 많은 마음을 쓰며 봉공하였습니다. 후사는 천명에 맡기고 싶다고 생각합니다.

一　今度朝鮮筆六柄進呈仕候、聊表寸志候、申上度事無限御座候得共筆紙に難盡、爲心殿御物語にて、此許之樣子御聞可被成候、東行無異に致歸國、得再會度奉存候、出船以後歸家之節迄は、以書中申上得間舗存候間、此書狀を御暇乞と奉存候、隨分御保養可被成候、數通之書物御返被下候便に、上方へ之御用御座候は、可被仰下候、委細は爲心殿へ申入置候、恐惶謹言

　　　　七月八日　　　　　　　　　　　　陶山庄右衛門

　　　　　賀島兵助樣　　拜呈

一、この度、朝鮮製の筆を六柄ほど進呈いたします。いささか [私なりの] 寸志を表すものとして、お受け取り下さい。申し上げたいことは數限り無くございますが、筆や紙では [その思いは表現できませ

ん。文字のようなものでは、とても言い]盡くしがたいものがござい
ます。爲心殿が[直接に貴方様へ様々な]御物語をなさることと存じ
ます。その語る中において、このような[語り盡くしがたい]私の事
情、様子なども、お聞きになられることでございましょう。東行(江
戸行き)は異変も無く相勤め、無事のままに歸國いたしたいと存じま
す。[そして貴方様との]再會の機會を得たく存じます。出船して以
後、家居に歸るまでの間、もう書中を以て申し上げることは致しま
せん。此の書狀[の文言]が[暫しの]お別れの言葉でございます。
しっかりと御保養をなさって下さいませ。數通の書物をお返しにな
る便に、もしも上方への御用がおありになるのでしたら、どうぞ[遠
慮なく]おっしゃって下さい。[東行の途次のことですから、お役に
立てると存じます。]委細は爲心殿へ申し入れて置きます。以上、恐
れ謹んで申し上げました。

　　　　　七月八日　　　　　　　　　　　　陶山庄右衛門

　　　　　　　賀島兵助様　拜呈

　　いまに朝鮮製 筆을 6자루 정도 진상하겠습니다. 작은 [제 나름의]
촌지를 표하는 것으로 보시고 받아주세요. 말씀드리고 싶은 것은 수
없이 많지만, 붓이나 종이로는 [그 생각을 표현할 수 없습니다. 문자
와 같은 것으로는, 결코 다 말]하기 어려운 것이 있습니다. 이신텐이
[직접 귀하에게 여러 가지]를 이야기하실 것으로 압니다. 그 이야기
속에, 이처럼 [다 말할 수 없는] 저의 사정, 상황 등도 들으실 것입니
다.[해설 4]

　　에도행은 이변 없이 마치고 무사히 귀국하고 싶다고 생각합니다.

[그리고 귀하와] 재회하는 기회를 가지고 싶다고 생각합니다. 출선한 이후, 집에 돌아올 때까지는 서면으로 말씀드리는 일은 하지 않겠습니다. 이 서장[의 문언]이 [잠깐의] 작별의 말씀입니다. 잘 보양하여 주십시오. 여러 통의 기록물을 돌려주실 때, 혹시 가미가타에 용무가 계시면, 아무쪼록 [삼가지 마시고] 말씀하여 주십시오. [에도행의 도중이므로, 도움이 될 수 있다고 생각합니다.] 자세한 것은 이신덴에게 말씀드려 두겠습니다. 이상 삼가 아룁니다.

　　　 7월 8일　　　　　　　　　　　스야마 쇼우에몬

　　　 카시마 효우스케님 배정

鳥取藩主池田綱淸鳥取藩主 「池田綱淸」画像
안용복을 납치했다 長崎로 송환했던 鳥取藩主 팜푸렛 「史蹟 鳥取藩主池田家墓所」財
團法人 史蹟鳥取藩主池田家墓所保存會作成

● 카시마 효우스케의 서간

【賀島氏から陶山氏への書簡】

今八日之貴簡黄毛筆六管十日晝落手令拜受候、貴樣益御淸勝御勤仕被成候由承致欣悅候、御繁多之中筆まで被レ下忝く奉レ存候

今度 [七月] 八日付けの貴方樣の御書簡、そして黄色の毛筆の六管を、十日の晝に受け取りました。ありがたくいただきます。貴方樣も益々御淸勝に御勤仕なされておられる御樣子、承り欣悅に存じます。御多忙の中で [わざわざ] 御手紙を下され、忝なく存じます。

【카시마씨가 스야마씨에게 보내는 서간】

이번 [7월] 8일부 귀하의 서간, 그리고 황색 모필 6자루를 10일 낮에 받았습니다. 감사하게 받겠습니다. 귀하도 더욱더 건강하게 임무를 수행하고 계신다는 소식을 듣고 기쁘게 생각합니다. 다망하신 중에 [일부러] 편지를 주신 것 송구스럽게 생각합니다.

一　貴樣御事朝鮮御渡海は相延、江戸御供被仰付候、御病體にて海陸之長途御往還被成候儀無心元思召候得共、素り御身を御委被成候故、御辭退も不被成候由、左樣に可有御座儀と奉察候、眞之御忠節と感じ申候

一　貴方様の御事情 [を伺いますと] 朝鮮への [再度の] 御渡海は延期となり、江戸への御供を [改めて] 仰せ付けられた由、御病体の状態で、海陸の長旅の往還となれば、さぞや心もとなく御思いでしょう。もとより御身を [御國へ捧げ] 委ね成られておられますから [いかなる事情があっても御命令を]　御辭退なさるわけもなく、そのように [忝なく承り、力の限り御奉公なさる御心積もりに]　有ることを [私は] 察し、よく承知しております。これこそ眞の御忠節と感じ入っております。

1. 귀하의 사정[을 들으면] 조선에 [재차] 도해하는 일이 연기되고, 에도의 동행을 [다시] 명받으셨다는 것, 병약한 상태에서 해륙을 길게 왕래하는 여행이라면, 필시 염려되시겠지요. 원래 몸을 [나라에 바치]시고 계시기 때문에 [어떠한 사정이 있어도 명령을] 사양하실 수도 없고, 그렇게 [받들어 능력껏 봉공하시려는 마음가짐]이시라는 것을 [저는] 헤아려 잘 알고 있습니다. 이것이야말로 진정한 충절이라고 감동하고 있습니다.

一　御書付十三通被下無異儀落手、具に致拝見候、爲心殿御物語も承り申候、此一件に付愚意之趣少も無隔意申遣候得之由委曲被仰下、旧交之御親みとは乍申忝き次第難盡紙上候、御求不ㇾ被成候ても先書申遣候様、貴様此一件被蒙仰候由承候より以來、朝夕此成否如何哉と恐居候、貴様朝鮮御往還に得御面會候儀不罷成候に付、

一、御書付の十三通を送り下さり、異儀なく落手いたしました。詳しく拜見いたしました。爲心殿からの [直接の] 御物語も承りました。此の [竹島の] 一件に付いて、私の意見を少しの隔意もなく申し述べるようにとの由 [そのような御申し出を] 委曲を盡くしておっしゃって下さいました。旧交による御信賴とは申しながら、忝なく [有り難き] 次第、紙上においては [まさに] 書き盡くし難いものがございます。 [貴方樣からの今回の御書簡にあるような] 御求めが成されずとも、先だって送らせていただいた書簡でも申しましたように、貴方樣が此の一件に御役を仰せ蒙って以來、果たしてこの成否はいかが相成るのか、朝夕に心配いたしておりました。貴方樣の [先日の] 朝鮮への御往還 [の際、是非にも] 御面會をと願ったのですが、罷り成らぬことでございました。

서부 13통을 보내 주신 것 탈 없이 잘 받았습니다. 자세히 보았습니다. 이신덴한테 [직접] 이야기도 들었습니다. 이 [죽도] 일건에 대해서 나의 의견을 조금의 격의도 없이 이야기하라고 말씀하시는 연유, [그러한 제의를] 상세히 말씀해 주셨습니다. 오랜 교류에 의한 신뢰라고는 생각합니다만, 송구스럽고 [고마울] 따름입니다. 지면으로는 [참으로] 다 쓰기 어려운 것이 있습니다. [귀하의 이번 서간에 있는 것과 같은] 요구가 이루어지지 않더라도, 앞서 보내주신 서간으로 말씀하신 대로, 귀하가 이 일건에 소임을 명받은 이래, 과연 성공 여부는 어떻게 될 것인지, 조석으로 걱정하고 있었습니다. 귀하가 [지난번] 조선에 왕래했을 [때, 꼭] 면회하고 싶었습니다만 이루어지지 않았습니다.

幾度六右衛門殿御歸國掛に得二御面會一、愚意之趣可二申承一と存じ、六右衛門殿いまだ朝鮮に御座候時、以二書狀一陶山氏朝鮮渡りに付申談度事御座候間、御歸りに御立寄被レ下候へと申遣候得共、御立寄無レ之候故、無二是非一存居候、私此意にて御座候得ば、聊以て隔意可レ致樣無レ之、卽愚意を無レ憚申遣候、乍レ去御助に罷成候儀有二御座一間敷奉レ存候

幾度六右衛門殿[24]が御歸國に掛かった折、御面會を得て、私の意見の趣旨を申し述べようと思いました。そこで六右衛門殿がまだ朝鮮にいらっしゃる時、書狀を差し上げることに致しました。陶山氏の朝鮮渡海に付いて申し語りたいことがございます。つきましては御歸りの際、当方へお立ち寄り下さいますようにと。このように書簡を遣わしたのですが、御立ち寄りがございませんでした。爲すすべもなく、殘念に思っておりました。私はこのような心境にありますから、いささかも、隔ての心を以て [お話しするようなことは] 致しません。すなわち私の意見を [率直に] 憚り無くお話し申します。しかしながら [貴方樣への有益な] 助言となるようなことに [果たして成りますかどうか、どうも殘念ながら] ならないのではないかと危惧いたしております。

기도 로쿠로우에몬님이 귀국하려 할 때, 면회를 허가받아 제 의견의 취지를 말씀드리려고 생각했습니다. 그래서 로쿠로우에몬님이 아직 조선에 계실 때, 서신을 올리기로 했습니다. 스야마 씨의 조선도해에 대하여 말씀드리고 싶은 것이 있습니다. 그러므로 돌아오실 때 이쪽에 들러 주셨으면 좋겠다고. 이처럼 서간을 보냈습니다만 들르시는 일이 없었습니다. 어찌할 도리가 없어 유감스럽게 생각하고 있습니다. 저는 이러한 심경이기 때문에, 조금도 거리를 두고 [이야기하는 것과 같은 일은] 하지 않습니다. 즉 저의 의견을 [솔직하게] 거리낌 없이 말씀드립니다. 그러나 [귀하에게 유익한] 조언이 [될지 어떨지는 모르겠습니다. 유감스럽지만] 도움이 안 되는 것이 아닐까라고 걱정하고 있습니다.

一　此一件去々年之季冬橋邊伊右被來候而被語始而承り、伊右之語未だ止ざる時、是は珍敷儀起り大切之御事候、竹島は日本之地か、朝鮮之地かと申事を能く御極被遊候而、朝鮮へ可被仰渡御事に御座候と申候、如斯申候は、以前より何事も始を御愼みなく、輕易に被仰掛御難儀被ι遊候事多く候故申たる事に候、又去年之初夏爲心どの雨森氏之說を被語候時、夫は末にて御座候、

一、此の一件 [の情報] は去々年(元祿六年)の冬期に、橋邊伊右[25]がこちらに來て語ったのが最初のことでございます。伊右がまだ語り終わらぬ先に、此れは大変なことが持ち上がったと [實感し、その對處の方策が極めて] 大切な事と思いました。竹島は日本の地か、朝鮮の地か、そのように [皆々が勝手に] 申すことを [ここで] 能く見極め [愼重に判斷し] 朝鮮へ向けて、話し掛けをなさるべきでございます。このように申すのは、何ごとも始めを愼み無く輕卒に話し掛けてしまうと [その後の経過中に、話しの脈絡が合わず] 難儀することが以前から數多くあるからです。

また去年(元禄七年)の初夏に、爲心殿が雨森氏[26]の説を　[紹介し] 語られることがありました。だがその説は [本幹の論というより枝葉の如き] 末端の論で [ここで取り上げるまでも無いもので] ございました。

1. 이 일건(의 정보)는 재작년(겐로쿠 6년)의 동기에 하시베 이유우가 이쪽에 와서 이야기한 것이 최초의 일입니다. 이유우가 아직 말을 마치기 전에, 이것은 대단한 일이 발생했다고 [실감하고, 그 대처방안이 아주] 중요하다고 생각했습니다. 죽도는 일본의 땅인가 조선의 땅인가. 그처럼 [모두가 마음대로] 말하는 것을 [여기에서] 잘 판별하고 [신중하게 판단하여] 조선에 이야기해야 합니다. 이렇게 말씀드리는 것은 어떤 일이고 시작에 신중하지 않고 경솔하게 말해버리면 [그 후의 경과 중에, 이야기의 맥락이 맞지 않아] 곤란해지는 일이 이전부터 많이 있었기 때문입니다.

또 작년(겐로쿠 7년)의 초하에 이신덴이 아메노모리씨의 주장을 [소개하여] 말한 일이 있었습니다. 하지만 그 주장은 [본간의 논이라기보다 지엽과 같은] 말단의 논으로 [여기서 언급할 것도 없는 것]이었습니다.

初江戸より朝鮮へ被申渡候得と仰仰出候時、竹島之事歴を公儀へ知れ居候趣を御問合被遊、御國へ知居候趣も被仰上具に御極被成、後々之変迄御下知を御受被成候而被仰渡候はゝ、朝鮮より難澁被仕間敷候、若し及難澁候はゝ、其趣を公儀へ被仰上、又御下知次第被仰渡候はゝ、殿様御恐被遊候程之御難有間敷候

まず初めに [元祿六年の事件發端のことでございますが] 江戸から [この件について] 朝鮮へ申し入れをするよう命じられました。その時、竹島の事歴について、公儀へ知っている限りのことを御問い合わせし [情報を入手する必要がございました。] また御國元に對しても、知っている限りのことを報告させ、詳細に [情報を集めて方針を] 決定なさるべきでございました。[その際] 後々の変化までも [見通しを立て] 公儀の御命令を御受けするべきでございました。もしそうであれば [今のような] 朝鮮から難澁の交渉を持ち込まれるようなことも無かったと存じます。もしもこの難澁が [埒明かぬまま今後に] 及ぶようであれば [貴方樣がおっしゃるように] そのような事情を公儀へ御報告なさり [御指示を仰ぐべきでございましょう。そして改めて] その御命令を受け [交渉のため] 朝鮮へお渡りになられれば、殿樣が心配し恐れるような [お咎めを受ける] 御難儀の事態には、立ち至らないでしょう。

우선 먼저 [겐로쿠 6년 사건의 발단에 대한 일입니다만] 에도에서 [이 건에 대해] 조선에 제기하도록 명을 받았습니다. 그때 죽도에 대한 내력을 막부가 알고 있는 범위를 문의하여 [정보를 입수할 필요가 있었습니다.] 또 우리 번에 대해서도, 알고 있는 대로 보고하게 하여, 상세하게 [정보를 모으고 방침을] 결정해야 했습니다. [그때] 훗날의 변화까지도 [전망을 세워] 장군의 명령을 받아야 했던 것입니다. 만일 그랬었다면 [지금과 같은] 조선에서 어려운 교섭을 하는 일도 없었다고 생각합니다. 만일 이 난제가 [결말이 나지 않은 채로 뒤로] 미루어지게 되면 [귀하가 말씀하신 대로] 그러한 사정을 장군에게 보고하여

[지시를 받아야 하겠지요. 그리고 다시] 그 명령을 받아 [교섭을 위해] 조선에 건너가신다면, 영주가 염려하시는 것과 같은 [처벌을 받는] 어려운 사태에는 이르지 않을 것입니다.

一 十三通之御書付を見申候而も、昔年竹島日本に屬し候故實、又今度之初發より今迄江戸公儀へ被仰上置─候樣子、又此節貴樣江戸にて御執政方へ可被仰上と思召候趣も、未だ相知れ不申候、其外之書狀曲折承度事多く御座候

一、十三通の御書付を拜見いたしても、昔から竹島は日本に屬していたなどという故實(決まり事)は見あたりません。また今度の事の始まりから今に至るまで、江戸の御公儀へ報告した內容も、また此の節、貴方樣が江戸にて御執政の方々へ報告すべきと考えておられる御趣旨についても、いずれも [竹島が日本領であるという証據としては] 未だ相知れぬ、不確かなものばかりでございます。その外の書狀や、これまでの曲折などを [伺えば、日本の主張が牽強付會の說であることが、より明白になることと存じます。この際] 承りたいと思うことは [色々と] 數多くございます。

1. 13통의 서부를 배견해도 옛날부터 죽도가 일본에 속하고 있었다고 하는 사실(결정적인 것)은 보이지 않습니다. 또 이번 일의 시작부터 지금에 이르기까지, 에도의 장군에게 보고한 내용도, 또 이번에 귀하가 에도에서 집정 여러분들에게 보고해야 한다고 생각하고 계시는 취지에 대해서도, 모두 [죽도가 일본령이라는 증거로서는] 아직도 알 수

없는 불확실한 것뿐입니다. 그 외의 서장이나, 지금까지의 곡절 등을 [보면, 일본의 주장이 견강부회의 설이라는 것이 보다 명백해질 것이라고 생각합니다. 지금] 듣고 싶다고 생각하는 일이 [여러 가지로] 많이 있습니다.

一 御問答三通之書付を致拝見、詳敷は通じ不申候得共、此方より被仰掛候趣にも、彼方よりの返答にも、私ならば如此は申掛間敷、如是は答間敷と奉存候所、各少ヅゝ御座候得共、別而不宜とは存不申候、其中此方より被仰掛之御書付に、江戸を以て彼方を御威し被成候様なる辭意強く見へ候所有之、彼方之所思如何と奉存候

一、[十三通の御書付の中、殊に] 御問答の三通の書付を拝見致しました。「そのそれぞれの」詳しい [事情までは] 通曉しておりませんが、此方から申し掛ける言葉にも、彼方への返答の言葉にも、私ならばこのような [拙劣な] 申し掛け、このような [物言いの] 答弁は致しませんと、そのように思う箇所が、それぞれ少しずつございました。しかしそれだからといって、とりわけ [外交交渉上に置いて] 宜しく無い、まずい、などとまでは言い切れない [よくがんばっている折衝] でございます。だがそのような中でも、此方から申し掛ける御書付に、江戸 [の武威] を以て彼方を威嚇なさる所がございます。[對話を打ち切るが如き] 強い口調の言辭が見える傾向にございます。彼の國の方たちは [このような脅迫的な言辭に接すれば] いったいどのように考えることでございましょう。

1. [13통의 서부 가운데 특히] 문답형식의 3통의 문서를 배견했습니다. '그 각각의' 자세한 [사정까지는] 철저히 알지는 못했지만, 이쪽에서 하는 말에도, 저쪽에 답하는 말에도, 저라면 이렇게 [졸렬한] 말, 이 같은 [언쟁의] 답변은 하지 않겠다고, 그렇게 생각하는 부분이, 각각 조금씩 있었습니다. 그러나 그렇다고 해서 특히 [외교교섭에 있어] 좋지 않다, 나쁘다고 단언할 수는 없는 [최선을 다하고 있는 절충]입니다. 하지만 그러한 가운데에도, 이쪽에서 건네는 서부에는 에도[의 무위]로 저쪽을 위협하는 부분이 있습니다.[해설 5] [대화를 중단하는 것과 같은] 강한 어조의 언사가 보이는 경향입니다. 그 나라 분들은 [이러한 협박적인 언사에 접하면] 도대체 어떻게 생각하겠습니까.

一　爭論は何事に寄らず、爭ふ所之事狀に是非眞僞有之、爭ふ人品に智愚曲直有て、是を判斷する人有之、其の是非、眞僞、智愚、曲直を正し、勝負を定め、愚者是を以て負け、智者非を以て勝申事も有之事に候、此御書翰御問答之書付を見候に、乍恐蔚陵島は朝鮮之屬島にして、八十年前より日本に屬し來り候と有之候事、其證據見へ不申候、然るを漂民を被送還候時之書翰文を只今何角と被仰候樣聞へ申候、若し爭勝に成り、日本に屬候樣極り候へば、三度之書翰に謬有を以て言勝被成、御取被成たると申物にて可有之、

一、爭論は何事によらず、爭う所の事柄や狀態により、そこに是非や眞僞というものがございます。また爭う人の人品(人柄や品格)にも、智愚や直曲があり、その事を [それぞれ] 判斷する人がございます。その是非、眞僞、智愚、直曲などについて [判者はそれぞれ取捨

選擇し判斷を下し] いずれが正しいか、その勝負を定めるのです。だ
から愚者は是であっても負けてしまい、智者は非であっても勝って
しまうと、そのようなことが起こり得るのです。

　この御書翰の問答の書付を見ますと、恐れ謹んで申しますが、蔚
陵島は朝鮮の屬島でございます。そして八十年前から日本に屬して
來たと有りますが [それを裏付けるような] 証據は見あたりません。
しかしながら、なお漂民を送り還された時の [朝鮮からの] 書簡文
を、只今 [ここで持ち出してきて] 何かと [理屈を] おっしゃっておら
れます。それは [言い掛かりの樣に] 聞こえます。もしも、この爭論
に勝ち [問題の島が] 日本に屬するように決定したならば、それは三
度の [送還の] 書簡に誤謬が有ることによって、言葉の上で勝ちに
なったものでございます。すなわち [言い掛かりを付けて] 奪い取っ
たと申すものでございます。

　1. 쟁론은 어떤 일이고 다투는 곳의 형편이나 상태에 따라, 거기에
가부나 진위라는 것이 있습니다. 또 다투는 사람의 인품(인격이나 품
격)에도 우현과 곡직이 있어, 그 일을 [제각각] 판단하는 사람이 있습
니다. 그 시비, 진위, 지우, 곡직 등에 대해서 [판단은 제각각 취사선택
하고 판단해서] 어느 것이 옳은지, 그 승부를 결정하는 것입니다. 그
렇기 때문에 우자는 옳다 하더라도 지고, 지자는 비라 해도 이기는 그
러한 일이 일어날 수 있습니다.

　이 서한의 문답을 보고, 삼가 말씀드립니다만, 울릉도는 조선의 속
도입니다. 그리고 80년 전부터 일본에 속한다고 말하고 있습니다만
[그것을 뒷받침하는] 증거는 보이지 않습니다. 더구나 표류민을 송환

시켰을 때 [조선이 보낸의] 서간문을, 지금 [여기서 끄집어내어] 어떻게 해서든 [이유를] 만들어 말씀하시고 계십니다. 그것은 [트집처럼] 들립니다. 만약 이 쟁론에서 이겨 [문제의 섬이] 일본에 속하는 것으로 결정된다면, 그것은 세 번 [표류한 일본인을 송환하며 보낸] 서간에 오류가 있었던 것을 트집 잡은, 말로써 이긴 것입니다. 즉 [트집을 잡아] 탈취했다고 말할 수 있는 일입니다

彼方より八十年前蔚陵島日本に附候證文を御出し候得と被申候はゝ、證文に成り候もの可有之哉、三度之書翰は漂民返り之書簡にてこそ候へ、證文には成間敷候、誠に彼方之答之書付に藤かづらのやうにと被書候事、實にもと奉レ存候、今爭論を中華より判斷被成候はば、何として日本に御附可有之哉、尤も此方より何程論弁を被設候とも、朝鮮より日本に附け候はんとは隨ひ被申間敷と奉存候

彼方から、八十年前に蔚陵島を日本の附屬にしたという證文があるなら、それを御出し下さいと、もしも申し込まれたならば、此方に證文となるようなものが有りますでしょうか。三度の書簡は、漂民を送るための書簡でこそあれ、證文となるようなものではありません。實際には彼方からの [送還時の] 答弁の書付に、ただ藤葛のように [取り付いただけのものです。その結果、此方の主張に引きずり込んだもので] そのようにして [此方の主張は] 書かれています。まことにも [狡猾な手段を弄していると] 存じます。今この爭論を中華 [世界の秩序] から判斷されれば、どうして日本に附屬しておりましょうか。もっとも此方から、どれほどの論弁を設けられようとも、朝鮮

から日本へ [島の歸屬を移し] 附け置くようなことは [彼の國にとって、到底承服し難いことで] 從えないことでございましょう。

저쪽에서 80년 전에 울릉도를 일본의 부속으로 했다고 하는 증문이 있다면, 그것을 제출해달라고, 혹시 말했다면, 이쪽에 증문이 될 만한 것이 있을까요. 세 번의 서간은 표민을 보내기 위한 서간이라고는 하나 증문이 되는 것은 아닙니다. 실제로는 저쪽에서 [송환 시 보낸] 답변의 서부에, 단지 넝쿨처럼 [매달린 것일 뿐이다. 그 결과 이쪽의 주장에 말려든 것으로,] 그렇게 [이쪽의 주장은] 쓰여 있습니다. 참으로 [교활한 수단을 부리고 있다고] 생각합니다. 지금 이 쟁론을 중화[세계의 질서]로 판단한다면, 왜 일본에 부속하고 있다는 것입니까. 무엇보다 이쪽에서 아무리 논변을 한다 해도 조선이 일본에 [섬의 귀속을 옮겨] 주는 것과 같은 일은 [그 나라에 있어서 도저히 승복하기 어려운 일로] 따를 수 없는 일이겠지요.

一　此竹島之一件只今蘇秦張儀か辯才を以て爭ひ候共、日本之地に成り候事成申間敷と奉存候、若し勢威辯才を以て無理に御取被成候はゝ、後來之大憂と可相成候、何れの道にも江戶より朝鮮へ御返し被遊候樣被成、御國今迄の誤謬を修補被成、平治に成り候はゝ、御國之儀は申すに不及ばず、日本國中へ之御忠節と奉存候事

一、此の竹島の一件は、蘇秦や張儀27)の如き辯才を以て、只今爭ってみても、日本の地に成るようなことはあり得ないでしょう。もし勢威や辯才を以て、無理やりに取ってしまおうとすれば、後の

世の大きな憂いの種と成ることでしょう。 [今後なお紆余曲折はあり ましょうが] いずれの道を辿ろうと [結局] 江戸 [の公儀] から朝鮮へ お返しなさるのがよく、御國(對州)の今までの [交渉の] 誤謬を改め [彼我の關係を] 修復なさるのがよろしいのです。今、平治でありま すから、御國(對州)の事は言うに及ばず、さらに日本國中に [平和で 安定した、紛争の無い狀態を維持することが、何よりの] 御忠節と考 える次第です。

　　1. 이 죽도의 일건은 소진이나 장의와 같은 변재로 지금 다투어 보 아도 일본의 땅이 되는 것과 같은 일은 있을 수 없을 것입니다. 만일 위세나 변재로, 무리하게 취해 버리려고 한다면 후세의 큰 우환의 씨 가 되겠지요. [향후 더욱 우여곡절은 있겠지만] 어느 길을 가더라도 [결국] 에도[의 장군이] 조선에 돌려주시는 것이 좋고, 우리나라(쓰시 마)의 지금까지의 [교섭의] 오류를 바로잡아서 [피아의 관계를] 수복하 시는 것이 좋습니다. 지금은 태평의 시기이므로, 우리나라(쓰시마)의 일은 말할 것도 없고, 더 나가 일본 전체가 [평화롭고 안정된, 분쟁이 없는 상태를 유지하는 것이 무엇보다] 충절이라고 생각하는 바입니다.

　　一　此一件に付貴樣朝鮮へ御渡被成候由承り候而より、朝夕成 否如何と恐れ候は、竹島を日本之地に付け候御書翰御取り可被成と の御事に御座候、一島二名にして、蔚陵島は朝鮮之島、日本之竹島 には向後朝鮮人渡る間敷との御返翰御取可被成と之儀に御座候 はゝ、必災之基にて候はんと思ひ恐れ申候得共、

此の一件に付き、貴方様が朝鮮へ御渡海になられたと承って以來、朝夕にその成否は如何かと心配しておりました。竹島を日本の地に附屬させるような御書翰を [交渉により] 御取りに成られるべきとの儀 [それが今回の交渉の御方針] でございました。だが一島を二つの名にして、蔚陵島は朝鮮の島、そして日本の竹島には、向後、朝鮮人は渡ってはならないと、そのような御書翰を受け取りに成られるようであれば、それは必ずや [兩國にとって] 災いの基になります。 [つまり今後の紛爭の火種になることでしょう。私はそれを] 恐れます。

이 일건으로 귀하가 조선에 도해하셨다고 들은 이래, 조석으로 그 성부는 어떨까라고 걱정하고 있었습니다. 죽도를 일본 땅에 부속시킨다고 하는 서한을 [교섭해서] 받으셔야 한다는 것[그것이 이번 교섭의 방침]이었습니다. 하지만 하나의 섬을 두 개의 이름으로 해서, 울릉도는 조선의 섬, 그리고 일본의 죽도에 향후 조선인은 건너와서는 안 된다는, 그러한 서한을 받으시려 한다면, 그것은 반드시 [양국의] 화근이 됩니다. [즉 향후의 분쟁의 불씨가 되겠지요. 저는 그것을] 두려워합니다.

只今貴樣被成方相調り候はゝ、何之災無之平安に可治と喜び申候、私此一件之趣は少しも承ざる事故如是は恐候得共、愚意只今貴樣御賢慮に符合仕、如是こそ可有之事と奉存候、御返翰之御注文被成候御注文被成候事惡く存候はゝ、申進候へと被仰下候得共、私最初より此愚意にて候へば、御注文之趣惡敷と可存樣無御座、只御注文之樣調へかしと奉願候事

しかし貴方様が只今お取りになろうとしている御方針は、何の災いにもならず、平安に治まるべきものと思われます。　[それゆえ私は]　喜んでおります。私は此の一件ついて少しも承ったことはなく [事情が分からぬだけに] このようにただ恐れるのみでございました。しかし私の望む所は、貴方様の只今の [御書簡にある] 御賢慮に [まさに] 符合いたします。そのような對處の仕方こそ、あるべき外交交渉であると信じます。だが [朝鮮からの] 御書翰に對し [此方から] の御注文は [段々と] 險惡になって來ています。それを [なお彼方へ] 申し進めるよう御命令があります。私は最初から、このような私なりの考え方がありましたから、この御注文の趣旨は、まさに劣惡としか言い様がありません。もう少し御注文の姿形を [改善し、友好的なものへ] 調えていただきたいと願うばかりです。

　그러나 귀하가 지금 취하려는 방침은 아무런 재앙도 되지 않아, 쉽게 수습될 것으로 생각됩니다. [그래서 저는] 기뻐하고 있습니다. 저는 이 일건에 대하여 조금도 들은 일이 없어 [사정을 알 수 없는 만큼] 이처럼 그저 두려워할 뿐입니다. 그러나 제가 바라는 바는 귀하의 지금의 [서간에 있는] 현명한 생각에 [그대로] 부합합니다. 그러한 대처 방법이야말로 마땅히 취해야 할 외교교섭이라고 믿습니다. 하지만 [조선의] 서한에 대해 [이쪽에서 하는] 주문은 [점점] 험악하게 되어 가고 있습니다. 그것을 [다시 저쪽에] 전하라는 명령이 있습니다. 나는 최초부터 이러한 나 나름의 생각이 있었으므로, 이 주문의 취지는 확실히 열악하다고 말할 수밖에 없습니다. 좀 더 주문의 모양새를 [개선하여 우호적인 것으로] 정리했으면 하고 바랄 뿐입니다.

一　西山寺加納氏、瀧氏、平田氏批判を御聞及、四人之思慮を御書付させ御覽被成候樣采女殿へ被仰入候儀、一段宜しき被成やうと奉存候、瀧氏之說我等愚意とは天地懸隔成事に御座候、去冬被下候御書中に、貴樣瀧氏と御內論被成候趣被仰下候節之御返答に、瀧氏之說是と不思候旨申遣候間、定而御覺可被成候、瀧氏之說甚不宜存候旨其時之書中に見居候故、委細申に不及候、右三人我節之不被用事を恨み、貴樣を嫉む被申候心より起りたると存候間、少しも御聞入被成間敷候、世に才有る人はあれ共、德ある人は稀なるものに御座候

　西山寺、加納氏、瀧氏、平田氏の批判が有るということを [貴方樣が] 御聞きになり、その四人の思慮を書付にして [しっかりと] 御覽なさるよう采女殿へ御申し入れなさったことは、一段と宜しい御提案でございました。瀧氏の說は、私たちの考え方とは、天地ほどに相違のある考え方です。去る冬にお返り下さった御書簡の中に、貴方樣と瀧氏との間で、內々の御論議があったことを知らされました。その節の私の返答に、瀧氏の說は是(正しい)とは思えないとの旨を申し上げました。多分、御記憶にあると存じます。瀧氏の說は甚だ劣惡なものと、その時の書中で明らかにしています。だから　[再び取り上げて] 詳しく語るまでもないことです。 [殘りの] 右御三人の方は、御自分の說が用いられぬことを恨み、貴方樣を妬むような心から出た御意見のようです。　[そのようなつまらぬ意見は無視し] 少しも御聞き入れする必要はございません。世に才能のある人は多くございますが、德のある人は稀なものでございます。

사이산지의 카노우씨, 타키씨, 히라타씨의 비판이 있다는 것을 [귀하가] 들으시고, 그 네 분의 사고를 서부로 해서 [제대로] 보시도록 우네메님께 제출한 것은 아주 좋은 제안이었습니다. 타키씨의 설은 우리들의 생각과는 천지 차이가 있는 생각입니다. 지난 겨울에 보내주신 서간에, 귀하와 타키씨 사이에 내밀한 논의가 있었다는 것을 알게 되었습니다. 그때 저의 답에, 타키씨의 주장은 옳다고는 생각되지 않는다는 취지를 말씀드렸습니다. 아마 기억하시리라고 생각합니다. 타키씨의 주장은 매우 열악한 것이라고 그때 서면으로 분명히 했습니다. 그러므로 [다시 꺼내서] 자세하게 말할 것도 없는 일입니다. [나머지의] 위 세 분은 자신의 주장이 채택되지 않은 것을 원망하고, 귀하를 시기하는 마음에서 나온 의견 같습니다. [그러한 취할 것이 없는 의견은 무시하고] 조금도 들을 필요가 없습니다. 세상에 재능이 있는 사람은 많이 있습니다만, 덕이 있는 사람은 드문 법입니다.

一　貴樣御書中日本朝鮮之公儀を諭し奉り、兩國首尾能被成候事は易く、御隱居樣及御年寄衆中を奉諭、宜しく御裁判被成候事は堅きと被仰下候處を讀み、御尤至極と感通仕、不覺暫く悲泣仕候、不限之御事にて御座候得共無是非時勢、乍恐萬事危く奉存候事

貴方樣の御書簡の中に、日本と朝鮮の公儀を諭し奉り、兩國の關係を首尾よく收めることは易く、御隱居樣および年寄衆中を諭し奉り、御裁判を宜しく收めることは難しいとありました。そのような御記載の箇所を讀み、まことに御もっともと、深く感じ入りました。思わず知らず、暫く悲泣いたしました。[此の竹島一件の問題は根深く、追って行けば] 際限の無いものであります。だが、[ことこ

こに至れば] 是非も無い [大変な] 時勢に立ち至っていますから [どうしても關わらざるを得ないところがございます。] 私は心配して申すのですが [貴方樣の發言や行動の] 万事は [頑迷な御隱居樣や年寄衆中を諭し奉るもので、当然にその反發を受けることになります。そのことを予想すれば] とても危險な御立場にあることを [改めて] よく御承知置き下さい。

　귀하의 서간 가운데 일본과 조선의 조정을 설득해서 양국의 관계를 순조롭게 수습하는 일은 쉽고, 전 번주님 및 여러 중신들을 설득해서 재판을 잘 수습하는 것은 어렵다는 내용이 있었습니다. 그렇게 기재한 부분을 읽고 정말로 그렇다고 깊게 감동했습니다. 무심코 알지 못하고 잠시 슬피 울었습니다. [이 타케시마잇켄의 문제는 뿌리가 깊어 살펴가면] 끝이 없는 일입니다. 하지만 [일이 여기에 이르면] 옳고 그름도 없는 [중대한] 국면에 접어들기 때문에 [아무래도 관여하지 않을 수 없는 부분이 있습니다.] 저는 걱정해서 말씀드립니다만 (귀하의 발언이나 행동의) 모든 것은 [병약한 전 번주와 여러 중신들을 설득하는 일이기 때문에 당연히 그 반발을 사게 될 것입니다. 그것을 예상하면] 매우 위험한 입장에 있다는 것을 [새삼] 잘 이해하여 주십시오.

　一 御隱居樣只今は思召御堅固に御見へ被遊候而も、江戸表において孫左衛門殿、直右衛門殿何とか被仰候はゝ、御心御変可被成も知れ間敷候、其外何ぞ変御座候而、御賢慮之趣御遂難被成思召候はゝ、貴樣御忠義誠實天鑑所照に而御座候間、御虛病被成候而も御退去被成可宜哉と奉存候、近思錄曰、「孔明必求有成、而取劉璋、聖人

寧無成耳」と見へ候、此理も此節少しは被懸御心苦かる間敷と奉存候

　現在の御隠居様の思し召し(御意志)は、とても堅固にお見受け致します。しかし江戸表における孫左衛門殿[28)]や直右衛門殿[29)]などと [誠意を盡くして] 何とか御上申なされば [ご隠居様の] 御心も御変わりになるかもしれません。その外にも何か変事があって [貴方様の] 思慮ある賢明な御趣旨も、遂げることが困難になるかもしれません。もしもそのような困難を自覺なされば、貴方様の御忠義は誠實にして天の鑑に照らし一点の曇りも無いものでございますから　[早々に] 御虚病(詐病)に成られ、御退去なさるのが宜しかろうと考えます。[朱子學の眞髓を記した] 近思録[30)]には「孔明[31)]は必ず成すこと有るを求めて劉璋[32)]を取りしも、聖人[33)]は寧ろ成すこと無きのみ、此れ爲す可からざるなり(諸葛孔明は何としてでも成功しようとして、益州牧の劉璋を捕らえたが、聖人だったら、このような際には、成功は捨てるであろう。あのような不義のやり方で、行ってはならないのだ)」とあります。このような理屈も、この時期のことですから、少しは御心に掛け [聖人の道に違うようなら、潔く退くことも御考えになられるべきでございましょう。出處進退を間違えないよう、常日頃、用心しておかれるのも] 悪くありません。

　현재 전 번주님의 의지는 매우 견고하다고 생각합니다. 그러나 에도의 마고 자에몬님과 나오에몬님 등이 [성의를 다해] 어떻게든 진언하시면 [전 번주님의] 마음도 바뀌실지도 모릅니다. 그 외에도 어떤 이변이 있어 [귀하의] 생각이 있는 현명한 취지도 성사가 곤란하게 될

지도 모릅니다. 만약 그러한 곤란을 자각하시면 귀하의 충의는 성실한 것으로 하늘을 우러러 한 점의 부끄럼이 없기 때문에 [서둘러] 병을 칭하여 퇴거하시는 것이 좋을 것이라고 생각합니다. [주자학의 진수를 기록한] 근사록에는 '공명은 반드시 달성하려는 것을 추구하여 유장을 붙잡았으나, 성인은 오히려 이룰 것이 없었던 것만큼, 이것을 이루어서는 안 된다(제갈공명은 어떻게 해서라도 성공하려고 익주목의 유장을 잡았지만, 성인이라면 이러한 때는 성공은 버릴 것이다. 그와 같은 불의의 방식으로 행해서는 안 되는 것이다).'라고 되어 있습니다. 이러한 이치도, 이 시기의 일이기 때문에, 조금은 마음에 두고 [성인의 길과 다를 것 같으면, 깨끗하게 물러나는 일도 생각하셔야 할 것입니다. 출처 진퇴에 잘못이 없도록 평소 조심해 두는 것도] 나쁘지는 않습니다.

一　貴樣御心氣虛弱に御座候而大難事を御引受被成御心力を被盡候故御持病之再發無心元奉存候、孔明も養生を失ひ被成、御病死故忠功不成と承り候間、御養生專一に被成、區々之邪抔御耳にも御入被成間敷候事

貴方樣は御心が [優しく、それゆえ内向的で] 氣鬱虛弱の傾向にございます。それなのに大難事を、お引き受けになり、力の限りに盡くされました。その御心勞により、御持病の再發が心配です。孔明も [多忙であったゆえに] 養生することを忘失していました。だから病死に至り、忠功を全うすることができなかったと承知しています。どうぞ御養生を專一になさり、區々樣々な　[心勞を招く煩わし

い] 邪説などには御耳を貸さないようになさって下さい。

　귀하는 마음이 [자상하시고 그만큼 내향적이고] 기가 울적하고 허약한 경향입니다. 그런데도 어려운 대사를 맡으셔서 있는 힘을 다하셨습니다. 그 심로로 인하여 지병이 재발될까 걱정입니다. 공명도 [다망했기 때문에] 양생하는 일을 잊고 있었습니다. 그러다 병사에 이르러 충공을 다할 수 없었다고 알고 있습니다. 아무쪼록 양생에 전념하셔서 이런저런 [심로를 부르는 번거로운] 사설 등에는 귀를 기울이지 않도록 하여 주십시오.

　一　爲心殿御物語、此度之一件に付御左右兩人へ御賴み被成候段、私如何思ひ候哉御聞被成度之由被仰聞候、御問迄も無之、何事も御忠義之意より出たる御事に御座候へば、何御耻可被成哉御尤も至極なる御事と奉存候、且又兩人之性質之儀も御聞被成度之よし爲心殿被仰聞候、長者之言行はいまだしかと不聞及候故難心得候、其次は勇有て利慾少く、不實にして輕俊に可有之かと致推察候、尤未だ年若無學智義乏敷、道理に心得違も可被多哉と存候、乍去決而は不被申候事

　爲心殿が物語って下さったところでは、此の度の一件に付き [狀況把握のため] 御兩人[34)の方へ情報を御賴みになられたようで、そのことを私が如何に考えるか、お聞きになりたいとのことを伺いました。御問い合せになる迄もなく、何事も [貴方樣の] 忠義の御心から出たことでございます。それゆえ何も　[そのような情報探索の行爲

は] 恥じらうようなことではございません。もっとも至極のことと存じます。そしてまた両人の性質 [つまり人となり] の儀も、お聞きになりたいとのこと、爲心殿から伺いました。 [お二人の内] 年長者の方の言行は [私も] 未だ確かなことを聞き及んでいるわけではありませんから、 [お話しするほどの] 理解はありません。其の次 [の年若の方の言行] は勇氣があって利欲は少ない [と聞き及んでいます。また] 實踐に欠け [その行動は] 輕俊であると、そのように推察いたしております。もっとも若者ですから [当然ながら、まだ] 無學で智義に乏しいのは [やむを得ません。] その道理にも多々心得違いもあろうかと存じます。しかしながら [おおむね惡くは無いと存じます。このような話は] 決して [外には] 申されぬようにして下さい。

이신덴이 이야기해 주신 것은 이번의 일건에 대한 [상황파악을 위해] 두 분께 정보를 부탁하신 것 같아, 그것을 내가 어떻게 생각하는가를 듣고 싶으시다고 들었습니다. 문의라고 할 것까지도 없이, 어떤 일이라도 [귀하의] 충의의 마음에서 나온 일입니다. 그러므로 어떤 것도 [그러한 정보 탐색 행위는] 부끄러워하실 일이 아닙니다. 아주 당연한 일이라고 생각합니다. 그리고 또 두 사람의 성질 [즉 사람됨]에 관한 것도 듣고 싶으시다는 것도 이신덴에게 들었습니다. [두 명 중] 연장자 분의 언행은 [저도] 아직 확실한 것을 들어서 알고 있는 것은 아니기 때문에 [이야기할 정도의] 이해가 없습니다. 그리고 다음[의 젊은 분의 언행]은 용기가 있고 욕심은 적다[라고 듣고 있습니다. 아직] 실천이 부족해 [그 행동은] 경준하다고, 그처럼 추측하고 있습니다. 원래 젊은이이기 때문에 [당연히 아직] 무학으로 지의가 부족한 것은 [어쩔 수 없습니다.] 그 도리에도 생각의 오류도 많이 있을 것으로 생각합니다. 그렇지만 [대체적으로 나쁘지는 않다고 생각합니다. 이러한 이야기는] 결코 (남에게는) 말하지 않도록 해 주십시오.

私儀此間小源治病氣を大いに恐れ心氣を勞し、養生に夜も熟寝不致候故、爲心殿之御覽被成候樣に甚目を煩ひ居候故、心之如く所思を詳に不得申述、文義下り兼候所多く御座候得共、其分にて進ぜ申候間、御推量を以て御心得被成可被下候、御越被下候音書付拾參通不殘返納仕候間、御受取可被下候、必御勇健に而目出度御歸家奉待候、恐惶謹言

　　　　　　七月十三日　　　　　　　　　　　　賀島兵助
　　　　　　　　陶山庄右衛門樣

　　　　　　　　　　　　　　　　　　　　　　　　竹島文談 終

　私事ではございますが、先日來、小源治の病氣 [の惡化] を大いに恐れ、心を惱ませておりました。その養生に当たり、夜も熟睡するということがございませんでした。爲心殿が御覽になったように [疲勞の余り] 甚だ目を煩い [日常生活に不自由を致し、また混亂も] 致して居りました。それゆえ [この返書では] 心の赴くままに、思う所を詳しく申し述べることができません。文義の通じ難い所も數多くございましょうが、そのありのままを、そのままに御返書として差し上げます。 [通じ難い所は] 御推量を以て御理解下さい。御送付いただいた御書付の十三通は、殘らず返納いたしますので、どうぞ御

受納下さい。必ず御勇健のまま、めでたく [江戸より] 御歸還し [對馬府中へ] 御歸家と相なりますよう、お待ち申しております。以上、恐れ謹んで申し上げました。

　　　　七月十三日　　　　　　　　　　　賀島兵助

　　　　　　陶山庄右衛門樣

　　　　　　　　　　　　　　　　　　　竹島文談 終

　　사적인 일입니다만 전일부터 오겐치의 병[의 악화]를 매우 두려워하여 마음을 졸이고 있었습니다. 그 양생을 하면서 밤에도 숙면하는 일이 없었습니다. 이신덴이 보신 것처럼 [피로한 나머지] 눈이 심히 나빠져 [일상생활에 부자유스럽고 또 혼란도] 있었습니다. 그러므로 [이 답서에서는] 마음이 가는 대로 생각하는 것을 자세하게 말씀드릴 수 없습니다. 문의가 통하기 어려운 곳도 많이 있겠지만, 있는 그대로를, 그대로 답서로 해서 바칩니다. [알기 어려운 곳은] 추량으로 이해하여 주세요. 송부해 주신 서부 13통은 남김없이 반납하겠으니 잘 받아주세요. 반드시 건강한 모습으로 경사스럽게 [에도에서] 귀환해서 [쓰시마부중으로] 귀가하시는 것을 기다리고 있습니다. 이상, 삼가 말씀드립니다.

　　　　7월 13일　　　　　　　　　　　카시마 효우스케

　　　　　　스야마 쇼우에몬님

　　　　　　　　　　　　　　　　　　　타케시마문담 끝.

[해설1]

奧右筆

오쿠유우히쓰(奧右筆)란 에도막부 직역의 하나로 와카토시요리(若年寄)의 아래에 둔 역직이다. 오쿠고유우히쓰(奧御祐筆)라고도 한다. 에도성 혼마루(本丸)의 御用部屋에 두는 경우가 많았다. 右筆란 중세 근세에 설치된 무가의 비서역으로, 문장의 대필이 본래의 직무였으나 시대가 변하면서 공문서나 기록의 작성 등에 관여하는 사무관료의 역할을 수행하게 되었다. 슈히쓰(執筆)라고도 부르다 근세 이후에 유우히쓰(祐筆)라고도 표기했다.

[해설2]

히캬쿠(飛脚)

서신이나 화폐, 화물 등을 유송하는 직업, 또 그것에 종사하는 사람을 말한다. 그 제도는 율령제가 시작될 때 당에서 도입한 역제에서 유래한다. 경을 중심으로 가도에 우마야(驛)를 설치하고, 역에 준비해둔 역마를 갈아타고 통신을 전했다. 중대한 통신에는 히에키(飛驛)라는 지급편을 사용했다.

카마쿠라(鎌倉) 이후에는 율령제 붕괴에 따라 역제도 폐지되었으나 카마쿠라 시대에는 공용편으로 카마쿠라 비각, 로쿠하라(六波羅) 비각 등이 정비되었다. 그것들은 말을 사용했기 때문에 京都의 로쿠하라에서 카마쿠라까지 최단 72시간 정도 걸렸다(驛遞制度에 의한 早馬). 폐지된 '역'을 대신하여 상업 발달과 더불어 각지에 만들어진 '宿'이 이용되었다.

전국시대에는 각지의 제 세력이 세키쇼(關所)를 세웠기 때문에 영국 간의 통신은 곤란했다. 그러나 戰國大名이 서장을 타국의 대명에게 보내기 위한 비각을 파견하는 일이 있어, 가신 寺僧 야마부시(山伏) 등이 히캬쿠의 역할을 수행하기도 했다.

에도시대가 되자 五街道나 宿場가 정비되어 히캬쿠에 의한 수송 통신제도가 정비되었다. 에도시대의 히캬쿠는 말과 주행을 교통수단으로 했다. 公儀(막부, 장군)의 쓰기히캬쿠 외에 제번의 다이묘우히캬쿠(大名飛脚), 또 다이묘우, 무가 정인도 이용하는 히캬쿠야(飛脚屋), 히캬쿠톤야(飛脚問屋) 등의 제도가 발달했다. 메이지(明治)시대가 되자 1871년에 마에지마 히소카(前島密)의 제안으로 영국의 우편제를 참조하며 종래의 비각의 방법을 살려 우편제도를 확립했다. 비각으로 활약하던 사람은 우편국원이나 인력거의 차부로 전환했다.

쓰기히캬쿠(繼飛脚)

막부의 비각. 서장 물품을 넣은 '御狀箱'을 짊어지고 '御用'이라고 쓴 표찰을 가진 2인 1조로 슈쿠에키(宿驛)에서 계승하여 운반했다. 그 비용으로 막부가 숙역에 '繼飛脚給米'를 지급했다. 급한 경우는 에도-교우토 간을 편도 70시간 정도로 운행했다 한다.

다이묘우히캬쿠(大名飛脚)

각 번주가 쿠니모토(國許, 國元)와 에도번테이(江戶藩邸)를 연결하는 것이나 영내의 역소를 잇는 히캬쿠. 히캬쿠는 그 번의 비각으로 아시가루(足輕, 잡병의 일종) 혹은 츄우겐(中間)에서 뽑히는 일이 많다.

히캬쿠톤야(飛脚問屋)·히캬쿠야(飛脚屋), '마치비캬쿠(町飛脚)'라고도 한다. 상기의 繼飛脚는 공용을 위한 것으로, 일반무사나 서민은 이용할 수 없었다. 이 때문에 생긴 민영의 비각·飛脚問屋가 달리게 하는 히캬쿠가 널리 이용되었다. 1663(寬文3)년에 허가를 받아 시작되었다. 大坂, 京都, 江戸 三都 중심으로 발달하여 '三都飛脚'으로 불리는 것은 오오사카에서 매월 2, 12, 23일에 3회 출발했다 한다.

토오시비캬쿠(通飛脚)

출발지점에서 목적지까지 한 사람이 운반하는 히캬쿠.

마치비캬쿠(町飛脚)

에도전용의 히캬쿠로 막부 말기에 성행했다. 상자에 방울을 달았기 때문에 '치링치링(ちりんちりん)의 히캬큐'라고 불리기도 했다.

[해설3]

歷歷可見

강원도 해변에서 울릉도를 바라볼 수 있다는 다음과 같은 내용이 기록이 『新增東國輿地勝覽』에 있다.

> 一云武陵, 一云羽陵, 二島在縣正東海中, 三峯岌嶪, 撑空, 南峯稍卑, 風日清明, 則峯頭樹 木及山根沙渚, 歷歷可見, 風便則二日可到

(『新增東國輿地勝覽』于山島鬱陵島),

무릉이라고도 하고 우릉이라고도 한다. 두 섬이 고을 바로 동쪽 바다 가운데 있다. 세 봉우리가 곧게 솟아 하늘에 닿았는데 남쪽 봉우리가 약간 낮다. 바람이 부는 청명한 날에는 봉우리 꼭대기의 수목과 산 밑의 모래톱을 역력히 볼 수 있으며 순풍이면 이틀에 갈 수 있다.

『고려사』와 『세종실록지리지』에는 이와 비슷한 내용이 있다.

于山·武陵二島,在縣正東海中二島相去不遠,風日淸明,則可望見,新羅時称于山國,一云鬱陵島, 地方百里(『世宗實錄地理志』江原道蔚珍縣),

우산과 무릉 두 섬이 현의 정동 해중에 있다. 두 섬이 서로 떨어짐이 멀지 않아, 바람이 부는 맑은 날에는 바라볼 수 있다.

鬱陵島. 在縣正東海中, 新羅時称于山國, 一云武陵, 一云羽陵, 地方百里(中略)一云于山·武陵本二島, 相距不遠, 風日淸明, 則可望見, (『高麗史』地理志,卷五十八,蔚珍縣)

울릉도. 현의 정동 해중에 있다. 신라 때는 우산국이라 칭했다. (중략) 혹은 무릉 혹은 우릉이라 했다. 지방의 백리다. (중략) 혹은 말하기를 우산 무릉은 본래 두 섬으로 서로의 거리가 멀지 않아서, 바람 부는 맑은 날에는 바라볼 수 있다 한다.

『고려사』와 『세종실록지리지』의 "두 섬이 그리 멀지 않게 떨어져 있다(二島相去不 遠)."라는 표현이 울릉도와 독도의 관계를 이야기하고 있음에도, 강원도 본토와 울릉도의 관계를 나타내는『신증동국여지승람』의 "則峯頭樹木及山根沙渚歷歷可見(봉우리가 곧게 솟아 하늘에 닿았는데 남쪽 봉우리가 약간 낮다)"와 같은 내용의 기록으로 보고, 3서의 내용에 신뢰성에 의문을 표하는 방법으로 조선인의 독도인식을 부정하는 연구자도 있다. 그러나 동해에 2도가 존재하고, 바람이 부는 맑은 날에만 볼 수 있다는 내용이 울릉도와 독도의 지리적 사실과 부합하여 성립할 수 없는 주장이다.

[해설4]

鳥取藩과 竹島

톳토리번(鳥取藩)의 죽도 인식은 독도의 소속을 판단하는 데 있어 중요한 위치를 차지한다. 1693년 4월 18일에 죽도에서 어렵을 하는 安龍福과 朴於屯을 납치한 것은 톳토리번의 영지 요나고(米子)의 어민들이었다. 그들은 조선의 어민이 자신들의 영지에 무단침입하여 어렵한다며 납치하여, 요나고성과 톳토리번을 통해 막부에 처벌하여 줄 것을 요구하였다. 그때 톳토리번은 죽도에서 잡는 전복을 계속해서 상납하기 위해서는 조선인의 도해를 금지시켜야 한다는 의견을 첨가했다.

보고를 받은 에도(江戶)막부는 조선인을 송환할 것과, 조선인의 죽도도해금지를 조선에 요구할 것을, 쓰시마번(對馬藩)에 명했다. 그러자 어찌된 일인지 톳토리번은 태도를 바꾸어 두 사람을 칙사대접했다. 톳토리에서 나가사키로 송환하며, 의사와 요리사를 포함시킨 90여 명에게 수행하게 하고, 둘은 가마에 태우고 진수성찬으로 대접했다. 도저히 납치하여 처벌을 요구했던 범죄인에 대한 대우로는 볼 수 없는 후대였다. 그렇게 태도가 바뀐 요인에 대해 언급하는 사람이 없다. 톳토리번의 우매한 처사로 단정하는 의견이 있을 정도이다.

요나고 어민이 당시의 쇄국정책을 어긴 것으로, 그 처벌을 피하려는 대응으로 본 大西俊輝의 주장이 설득력 있으나 좀 더 발전시킬 필요가 있다. 처벌을 요구했던 조선인을 송환하며 귀빈대접을 한 데에는 그럴 만한 이유가 있었기 마련이다. 그 이유를 밝혀내는 것이 독도 문제의 본질을 규명하는 일의 하나이다.

그 후 막부가 죽도의 소속을 묻자, 톳토리번은, 죽도와 송도는 톳토리번의 영지가 아니라는 답을 했고, 막부는 그것을 근거로 해서 일본인의 죽도도해를 금지시켰다. 1696년 1월 28일의 일이었다.

[해설5]

쓰시마번의 위협

안용복과 박어둔을 조선에 송환하며, 일본의 속도인 죽도/울릉도에 조선인이 다시는 도해하는 일이 없도록 조치해달라는 요구를 하라는 명을 받은 쓰시마번은 타다 요자에몬을 사자로 파견했다. 그러나 교섭이 뜻대로 이루어지지 않자 타다 요자에몬은 명받은 사명을 완수하겠다며 귀국도 하지 않고 부산왜관에 머물며, 조선 조정이 준례에 따라 공급하는 물품을 사용하지 않으며 헤진 옷을 입고 밥을 구걸하는 등, 일부러 고행을 가장하고 있었다. 그러면서 이소타케시마(礒竹島)를 일본령으로 인정하는 회답문서를 요구했다. 그래도 뜻을 이루지 못하자 조선을 협박하는 문서를 동래부에 전하고 돌아갔다. 그러자

中外洶洶皆以爲壬辰之變不日將作人心波蕩靡有止泊久而後乃定(『肅宗實錄』 21년 6월).

중외기 흉흉하여 모두 말하기를 임진년과 같은 반란이 멀지 않아 장차 일어날 것이라고 하였다. 인심이 물결처럼 흔들려 불안에 차 있다가 한참이 지나서야 안정되었다.

쓰시마 사자들의 이러한 무례를 스야마와 카시마가 논하고 있는 것이다. 쓰시마의 내부에 이러한 의견들이 존재했다는 것을, 조선의 관리들이 알고 있었는지는 알 수 없다.

第三章、竹島文談(本文)

竹島一件に付 加島陶山兩氏往復書狀寫

爲心殿事、貞享二年乙丑正月二十四日配所へ被遣候事、七拾石之
知行豊田藤兵衛と云人にて、大浦權太夫時代御賄役之由に候處、如
何之譯に候哉、於江戸表出走有之、二十三年振に御屋敷へ被立歸候
處、江戸より直に御國へ被差送、船揚伊奈鄉越高村へ流罪被仰付候
人にて、加島陶山別懇之人之由也、但出走之內剃髮して爲心と改名
にて、御屋舖へ立歸り、田舍へ流人之節も爲心と有之也、娘兩人有
之由にて、壹人は小磯何某、壹人は藤松方へ嫁し有之候由也、且つ
落合與兵衛實母より聞伝へ、尤も右之人者與兵衛母緣類之人と相聞

여기에 적은 것은 타케시마잇켄에 대한 기록이다. 카지마씨와 스야
마씨 사이에 주고받은 두 사람의 왕복 서신으로 그 사본이다.

[여기에 등장하는] 이신덴이란 죠우쿄우 2(1685)년 을축년 정월 24
일에 유배지로 귀양 간 사람을 말한다. 70석의 지행을 받고 있던 토요
다 토우베에라고 하는 사람으로, 오오우라 곤다유우가 [번정을 관리
하던] 시대의 접대를 맡고 있었던 것 같다. 어떤 이유에서인지, 에도
[의 저택을] 도망쳐 숨은 일이 있었다. 그 후 23년 만에 저택으로 돌아
왔다 한다. [그러한 일이 있었기 때문에] 에도에서 즉시 나라(쓰시마)
로 보내 [북방에 있는] 선착장 이나고의 코에타카무라로 귀양을 보냈
다. 이분은 카지마씨나 스야마씨와 아주 절친한 관계였던 것 같다. 단
도망쳐 숨은 사이에 삭발하고 출가하여 이신이라는 이름으로 개명했
다. [쓰시마번의 에도] 저택으로 돌아와, 다시 촌으로 유배당할 때도
그대로 기신이라는 이름으로 부르고 있었다. 이자에게는 따님이 둘
있는데, 한 명은 오이소 아무개라고 하는 자에게 시집가고, 또 한 사

람은 후지마쓰라는 자에게 시집갔다 한다. [이러한 사정은] 오치아이 요베에의 어머니한테 들은 사실이다. 원래 앞에 적은 사람 [즉 이신 덴]은 요베에의 모친과 친척이 되는 사람이라고 [나는] 듣고 있다.

竹島文談

爲心殿御下りに付呈一簡候、此程其許より之御左右御座候處、尊公御無異被成御座、小源治殿御樣子も少々御快御座候由承及致欣悦候、某儀昨七日江戸御供被仰付御請申上、罷登候筈に御座候、采女殿朝鮮の御渡海、江戸御參勤以後之御一左右御待被成候筈に御座候、某にも其節致歸郷、朝鮮へ罷渡候にて可有御座候、然共病體未得全癒、海陸之長途を経致往來儀に御座候故、病氣致再發儀も可有御座と存候得共、兎角は君命に任せ申身に御座候間、一言之辭退も不申上候

一某を御供被仰付候主意は、此一件を公儀へ御伺被成候て後、御改之御使者被差渡候儀、十全之策と被思召候により、某を被召連公儀へ御伺之節被差出候、御年寄衆へ被差添候爲と承り候、然共江戸にて之御樣子は如何変じ可申も難量候、四月九日某を初而召候節、與左衛門殿御誘引成、御首尾之御相談にて其後貳參度罷出候上、與左衛門殿御誘引御相談大概相濟み、此一件之存寄憚申上候得と御意を蒙り候故、四月十五日此一件之全體公儀へ仰候上にて、朝鮮之方を御極め遊候段第一之策に御座候、全體を御窺被レ遊段御遠慮に思、前以御伺遊候て叶時分兩度迄缺居候を、御氣遣被レ遊儀に御座候得共、其段御誤に成樣仰候、存寄段々御座候間書差上申候、御覽遊明候と思候はゝ、先公儀を御極め遊候得かしと申上、第二策は某

を朝鮮へ差、與左衛門殿を御引せ成、與左衛門殿を以て此一件御極め遊候へかし、朝鮮國より日本との絶交を致とさへ存候はゝ、此方より申懸候仕懸を以て、公儀へ仰候程之御返簡には必定改り申と存候、万一彼方分候て改申候はゝ與左衛門殿は粛拝所のにて御切腹成候にて御、某儀も與左衛門殿之御相談之爲に差候上は、與左衛門殿之御相伴可仕、左様に成候上にて只今之御返翰を公儀へ差、御不首尾に罷成候儀之間敷と存候由、其子細一々申上、翌十六日にも右之第一策之儀を何卒御決断遊候へかしと随分申上候得共、御信用遊候、ヶ様之段々筆頭に申、曲折數々に御座候、大概を申上候ては御心得成間敷と存候得共、責て右之程成共申と存じ斯御座候、先日朝鮮より罷歸り候以後にも第一策之儀申上、仰之趣書載仕差上候得と仰、河内益右衛門殿を書手之用に御附成、數日私宅へ來、右之下書昨日出候、采女殿渡海差候事、某儀東行に極候事、皆段々曲折御座候

一今度某朝鮮へ罷渡、方と往復之書付眞文和文共に十三通進御候、此十三通は某方に別に控無之候間、二三日御覽成候はゝ、慥成る飛脚便にて此方へ御送登せ下候、此程采女殿へ申入候は、西山寺加納幸之助殿、瀧六郎右衛門殿、平田茂左衛門殿文才も之、朝鮮之事をも存たる儀に御座候間、右四人之存寄書付させ御覽成、御用に立ち申儀に御座候はゝ、仰下候へかしと御頼成候得、此一件心易く相濟候存寄之候由六郎右衛門殿茂左衛門殿と申候由、方々にて承事に御座候、六郎右衛門殿は竹島今度日本之島に極申候様成行遊方之事に候、公事者日本十分之御勝公事と申儀を度々某にも申、近來も彌左様申候と之儀方々にて承り申事に御座候得共、某見識にては尊

公御使者に御渡成候、而も竹島を日本之島に極たる返翰御座成候儀
は、決て相儀にて、仮令成申勢にても、此方より左様之不理成儀仰
間敷儀にて御座候、彼國之理も立、日本之理も立候御返簡を御心を
盡御取歸成候ても、冝返翰など申候沙汰御座候ては、某には少も構
申候得共、尊公之御苦勞之功少き様成行申候段如何と存候、殊に中
之智を御盡され被成候段、御用之御爲にて御座候間、右四人之儀御
頼成候へ、竹島を丸取に仕る見識申候はゝ、其議論之相手には某罷
候と申、采女殿御得心成右之通仰、五六日以來四人之内幸之助殿は
罷、外之三人罷、某今度朝鮮にて調候書付之趣甚冝由を申、ヶ様に
仕成し候上は、存寄御座候て申上候ても無益之ことゝ申候由、御近
習衆御語にて承り候、某申候は、其宜次第一々書付させ御覽成候
て、某へ返答書を仰下候得、何時にても其開きは某申と申置候、然
共いまだ書付も仕、只三人毎日罷、某書付置候次第之宜所を申迄と
相見申候、然共其趣上には御信用成たる様子共相見へ申候、某仕置
候事之内て不同意に被存候第一之ことは、御返翰之注文を彼方に知
たる事にて候と承り候、六郎右衛門殿見識は竹島丸取に仕る見識に
て御座候故、彼注文甚心に叶申筈にて御座候、彼注文に付某所存
段々之事に御座候、注文を彼方に遣わし候儀、後日公儀に御御咎を
蒙候時、天下之御執政諸執政を相手に仕候而も申と存居申候故、六
郎右衛門殿右之通申候ても、左様之理も之哉とも存申、某心には天
下執政之批判より尊公之御一言を重んじ恐れ申事に御座候間、右之
注文仕たる儀宜と思召候所は、其元より飛脚御立成候便に御示教下
候、六郎右衛門殿心に叶申と申候所は、皆某心に大節と存所にて御
座候、竹島と蔚陵島二島に仕るこそ能く候に、一島に仕たる注文惡

敷と被申、只之返翰を不取館守に預け置申段惡敷と申、彼島を古の
朝鮮に屬したると此方より許し候所も惡敷と申候由承り候、是皆此
一件之大節にて御座候處、ヶ様に申候段、誠に某見識とは黑白之違
にて御座候、尊公之御心にも右之段々某申所惡しくと思候はば必仰
候、今度之東行は公儀に御伺之節、某を豐後守樣御用人へ御逢はせ
成候儀も御候間、只今までの存寄甚惡敷事にて御座候はゝ、豐後守
樣之御用人へ對し申述候事にも、定て惡敷事御候間愼み控申候、右
之趣尊公之御批判を受申度存心入にて、斯數通之書物を御候、尊公
之御一言を神明之如く存罷在候間、必御隔心なく大概之御批判承度
存候、右數通之書物之內、枝葉之處は宜儀如何程も御候得共、其段
仰候ても苦、只右申上候大綱之處之是非は、御心入之大意を承度存
候、竹島之儀日本之地を去る事百六拾四里、朝鮮之地よりは樹木磯
際迄相見へ、誠に朝鮮に屬候段、地図書籍之考言語弁論之勞無く相
知申たる事に御座候、三度之漂民を送候時之付届之候と申所を言
立、初度之返翰に貴界竹島と書き付申たる所を言立にして、彼島を
永く日本之屬島と極候樣仕度と申候段、仮令其事成り候ても、日本
之公儀に他邦之島を無理に取りて差たるにて候故不義とは申候、而
も忠功と被申間敷候、朝鮮よりは御先祖樣以來恩遇を御受成たる事
に御座候處、無理に彼方之島を御取成、日本に御附成候段誠に不仁
不義なる事にて御と存候、日本之公儀は彼島之來歷少しも御知り成
候故、去々年御國へ之仰に、重て朝鮮人彼島に罷樣に申候得之旨、
急度申渡候へとの御事に御座候、其節御國より彼島之儀を公儀へ被
仰上事と心有る人は皆々申候得共、執事之心に同意之、公命之趣を
以て直に朝鮮へ仰候、朝鮮より之御返簡到來之節公儀へ仰出、御同

意を御受成思召入を仰候て、其上にて如何様共成儀と心有人皆々申候得共、執事之心に同意之、また直に彼御返翰を差、朝鮮之勢変じ候て、只今之返翰は大に日本を咎めたる紙面にて御座候、只日本を咎めたる所を除けさせ、日本より重て朝鮮人彼島に越さゝる様仰候得との返答、無禮成儀さえ御候はゝ、彼方之島と申來歴を如何程書候ても苦儀と存候、公儀へ其趣を御届成候はゝ、必島御返し成にて御察候、六郎右衛門殿申分には、彼島朝鮮之地に極り、日本より御返被成候様に成行候ては、口惜き事に候と某と對談の折、何度之節も度々申候、誠に心儀と存候

　一　此一件此度御候十三通之書付にても、某心底之趣如何と思候所も御候得共、委細は不氣力其上公事閑候て申上候事相候、然共段々之書付と此書状とにて、某此一件に處し候大概之趣は御推察成と存候、ケ様之時分尊公御不幸にて田舎に御候段、實は國家之大不幸と存候、某體之者此一件之御相談に加はり、何角と申上候段誠に心事に御座候得共、六郎右衛門殿之見識などを御信用成候ては、某を少し成共御信用成候が増にて之と存候、此段不遜成申事と思候得共、思情を直に申上候上は、別て控へ申事とも存此申上候、此一件は畢竟日本朝鮮之公儀を諭し奉り、兩國首尾能相濟候様仕候事は安く、御隱居様及御年寄衆中迄を諭し奉り、此一件を宜敷様御裁判成候に仕るは難しと存候、只今迄も此一件之落着如何御取行成哉と千万心元存候所多く御座候、何事も運命之事と相見候故、某は此事に處し隨分心力を盡し御奉公申上、成否は天命に任せ罷在候

　一　今度朝鮮筆六柄進呈仕候、聊寸候、申上度事限御座候得共筆紙に盡、爲心殿御物語にて、此許之樣子御聞成候、東行無異に歸、再

度存候、出船以歸家之節迄は、書申上得間舗存候間、此書狀を御暇
乞と存候、隨分御保養成候、數通之書物御返下候便に、上方へ之御
用御座候は、、被仰候、委細は爲心殿へ申入置候、恐惶謹言

   七月八日   陶山庄右衛門

    賀島兵助樣 拜呈

 스야마씨가 카시마씨에게 보내는 서간

 이신뎬이 [당신이 계시는 이나무라에] 내려가시므로, 이 서간 한 통
을 [이신뎬에게 지참시켜] 보내드립니다. 전에 귀하의 연락을 받았습
니다. [그 소식에 의하면] 귀하도 별고 없이 건강하시다 하고, 또 오겐
지토노의 상태도 약간 좋아지셨다 하니 기쁜 일입니다. 저는 어제 [즉
겐로쿠 8년 7월의] 7일에 [은거하신 분의] 에도행에 동행할 것을 명받
아 그것을 받아들이기로 했습니다. 그러니까 결국 [에도에] 올라가게
될 것입니다. 우네메토노[의 타케시마잇켄에 대한 판단은 앞에서 말
한] 조선의 도해, [또 이번]의 에도 참근, 그것이 이루어진 이후에 [막
부의] 통지를 기다려 [그것을 바탕으로 해서] 이루어질 수 있을 것입
니다. 나도, 그때에는 귀향하여 [다시] 조선에 건너가야 합니다. 그러
나 [저는] 자주 병치레를 하는 몸으로, 아직도 쾌유하지 않아, 해륙의
긴 여행은 [견디기 어려워, 이번처럼 계속해서] 왕래하게 되면, 병이
재발될지도 모른다고 생각합니다. 그렇지만 주인을 받드는 몸으로
[명을 받으면] 한마디의 사퇴 말씀도 드릴 수 있는 입장이 아닙니다.

 1. 나에게 수행하라고 지시하신 [은거하신 번주님의] 뜻은, 이 일건
을 장군을 뵙고 [상담]하시고, 그 후에 다시 사자를 [다시 한 번 더 조
선에] 건너가게 할 생각 같습니다. 그것이 만전의 책략이라고 생각하

시는 것 같습니다. 그래서 나를 거느리시고, 장군을 방문하실 때는 [나를] 여러 사람 앞에 불러, 토시요리들에게 [저에게] 설명하게 하려는 [그런 생각이시라고] 듣고 있습니다. 그러나 에도의 사정은, 변화가 심하여 [그 전개가 어떻게 될지] 예상을 할 수 없습니다.

지난 [겐로쿠 7년의] 4월 9일에 나는 처음으로 [은거하신 번주님 앞에] 불려 갔습니다. 그때 [왜관에서 돌아와 있던] 요자에몬님도 초대하여 [동석하여 타케시마잇켄을] 잘 처리하기 위한 논의가 있었습니다. 그 후에 두세 번 [어전에] 나간 일이 있습니다. 요자에몬님도 권유를 받아, 어전에 [동좌하는] 논의가 [반복되어] 대개[의 상황 파악도] 끝났습니다. [전 번주님이 저에게] 이 일건에 대해 생각하는 것을 사양하지 말고 이야기하라고 하는 [고마운] 배려를 받았습니다.

그래서 [동년] 4월 15일에 이 일건 전체를 [있는 그대로] 장군에게 보고하고 [금후의] 조선이 나오는 것을 보시는 것이 제일책이라고 말씀드렸습니다. 즉 사건의 전체를 보고 [이쪽의 의도적인 대응책은] 이제 삼가 달라고 말씀드렸습니다. [지금은] 미리 [장군을] 찾아뵙고 [그 방침대로] 움직이지 않으면 안 되는 단계에 [이르렀습니다.]

지금까지 두 번이나 [조선에서 한문의 답장이 도래했습니다. 그때마다] 그러한 [장군에게 하는 보고가] 이루어지지 않았습니다. 그것을 [태만 혹은 과실로] 생각하시겠지만, 지금까지 [우리 번의] 처리에 잘못은 없었습니다. 그것을 [장군에게] 말씀하여 주세요. 또 알고 싶다고 생각하는 정보가 착착 모아졌으니, 그것을 기재한 [보고서를] 바치고 싶다고 생각합니다. 그것을 보시면 [사건의 내용이] 명쾌하게 되었다고 판단하시면, 앞에서 말씀드린 대로 장군[에게 보고할 것을] 결단해 주세요. 이처럼 [제일의 책을] 말씀드렸습니다.

그리고 제2의 책으로 저를 조선에 도해시켜 달라고 '말씀드렸습니다.' 그리고 [교섭의 전면에 서 있는] 요자에몬님을 [수하로] 불러들이는 일을 하지 말아야 한다는 것입니다. 요자에몬님을 [전면에 세워] 이 일건을 처리하시는 것이 좋다고 생각합니다. 조선국 측이 [일부러 일방적으로] 일본과의 교제를 끊는 것과 같은 일은 [도저히] 있을 수 없다고 생각합니다. 이쪽에서 의견을 말하고, 행동을 하고, 장군에게 보고할 수 있는 답을 이끌어 내는 일은 [아직도] 가능하다고 생각합니다. 만일 저쪽이 무분별하게 [답서의] 개정을 거부할 것 같으면 [교섭의 책임자] 요자에몬님은 [동래의] 숙배소 근처에서 할복하여 자살하실 것입니다. 저도 요자에몬님의 상담역으로 건너가는 이상 요자에몬님과 함께 [그 할복자살에] 동행하겠습니다. 그렇게 된 다음에 [다시] 현재의 [불만족한] 답서를 장군에게 바쳐, 교섭이 좋지 않게 끝난 것을 보고하면 될 것입니다. [제1책에서 말한 것처럼, 미리 전체를 보고하고 있기 때문에, 번으로서의 책임추궁을 당하지 않아도 됩니다.] 만약 그렇게 되면 [이번은 장군 자신이 움직이기 시작하기 때문에, 조선 측도 곤혹스럽겠지요.] 그러한 좋지 않은 사태는 [양국을 위해 결코 도움이 되지 않기 때문에] 이르지 않으리라고 생각합니다. 이처럼 그 자세한 것을 하나하나 말씀드렸습니다.

다음 16일에도 앞의 제일책을 부디 결단하시라고 저는 또 말씀드렸습니다. 그러나 아직도 신용하시지 않으셨습니다. 이러한 언설을 필두로 [이 사건에 관하여] 여러 가지 이야기를 [저는] 말씀드렸습니다. 하지만 채택하는 것은 어렵고 [그 사이에] 여러 곡절이 있었습니다. 이야기를 여러 차례 말씀드려도 그 모든 것을 이해하는 것은 어려울 것이라고 생각했습니다. 그러나 적어도 위의 것 정도는 아셔야 한다고 생각하고 이렇게 말씀드린 것입니다.

전날, 조선에서 돌아온 후에도, 이 [과거에 말씀드린] 제일책을 말씀드렸습니다. 그러자 말하고 싶은 취지를 [다시 문서로 해서] 기록하라는 지시가 있었습니다. 기록역할을 맡은 카와치 마스에몬님을 보내주셨기 때문에, 수일간 마스에몬님을 저의 집에 오게 하였습니다. 그리고 앞에서 말씀드린 취지의 초안을 작성하여 바로 어제 완성하여 제출했습니다.

우네메님의 재도해는 여러 사정이 있어 연기되고, 저의 동행(에도행)이 결정되었습니다. 여러 가지 일이 지금 어지럽게 움직이고 있습니다.

1. 이번, 나는 조선에 건너가, 그 나라와 왕복한 서한을 [초량 왜관에서 입수했습니다.] 즉 한문이나 일어문장의 것, 모두 합하여 13통으로, 이것을 [전 번주님과 번의 중신들에게] 보여드리기 위해 [가지고 돌아와] 곁에 두게 되었습니다. 이것을 [귀하에게] 보여드리겠습니다. 이 13통은 제가 별도로 [복사한] 여벌을 보존하고 있지 않습니다. 그러니까 2, 3일 보신 후에는 확실한 비각 편으로 이쪽으로 다시 보내주십시오.

이번에 우네메님에게 말씀드렸습니다. 사이산지의 [주지] 카노우 유키노스케님인 로쿠로우에몬님, 히라타 시게자에몬, 모든 분이 문재가 뛰어나고 조선의 사정도 충분히 아시는 분들입니다. 앞의 네 분들의 생각을 기록한 것을 받아, 그 의견서를 [전 번주님이나 중신 여러분이] 보시면, [이 타케시마잇켄에 대해] 도움이 될 것으로 생각합니다. 그러한 [여러 가지] 의견청취를 의뢰하시면 어떻습니까. 그렇게 하면 [여러분의 이해도 도움이 되어] 이 타케시마잇켄도 [번 내의 논의가 진전하여, 이후에] 용이하게 진행되지 않겠습니까라고 말씀드렸습니다.

[이 타케시마잇켄에 관하여] 생각하는 것이 [많이 있다며] 로쿠로우에몬님이 시게자에몬님과 이야기하고 계시다는 것을 [이전부터] 여러분들한테 듣고 있습니다. 로쿠로우에몬님은, [죽도는 이번의 일건으로] 일본의 섬으로 이미 결정하게 될 것으로 보고 계십니다. 이 공사(분쟁)는 일본에 충분히 승산이 있다고, 그처럼 종종 저에게도 말씀하시고 계셨습니다. 바로 최근에도 또 그처럼 말씀하시고 계신다는 것을 여러분들한테 들었습니다. 그러나 제가 생각하기에는, 가령 [뛰어난 교섭자인] 귀하가 사자가 되어 [조선에 직접] 건너가신다 해도, 죽도를 일본의 섬으로 결정할 수 있는 그러한 대답의 서한은 도저히 받을 수 없을 것입니다. 비록 성공할 기세라 해도, 이쪽에서 그처럼 이치에 맞지 않는 요구를 해서는 안 됩니다. 그 나라의 도리도 세우고 일본의 도리도 설 수 있도록, 그러한 [외교적으로 양질의] 답서를, 마음을 다하여 [성의를 가지고] 받아서 돌아오는 일[이 중요한 일입니다.] 좋지 않은 [이치에 맞지 않는] 답서를 요구하는 것 등에는, 저는 전혀 관심이 없고 [동의도 할 수 없습니다. 전 번주님이나 중신 여러분의 정치수법을 생각하면, 지금까지] 귀하가 고생을 많이 했다는 것을 [알 수 있고, 또 그에 비해] 공이 적음을 한탄합니다. 그러한 흐름에 [새삼스럽게 이치에 어긋난다는 것을 느낍니다. 이 일건이 금후에 어떻게 될 것인가] 저는 걱정하고 있습니다.

특히 지금, 나라 전체의 지혜를 결집하여 [노직들은] 대책을 세우고 계십니다. 그러한 일에 도움이 되도록 [저도 미력을 다합니다만] 앞의 네 분들의 의견을 먼저 부탁하시라고 [전했습니다.] 죽도를 독점하려는 의견을 [이 네 분들은, 가지고 있습니다. 그러나 이 단계에서, 아직도 같은 의견을] 내놓는다는 것은 [앞날이 걱정됩니다. 그러한 경우] 논의의 상대로서, 이 제가 [직접] 나서려 합니다. 이처럼 말씀드렸더니, 우네메님은 납득하시고, 앞에서 말한 대로 [네 분들에게] 분부하여 [의견을 말하는 장소를 준비하]셨습니다.

5, 6일이 지나, 네 명 중에 코노스케님은 나오시지 못하고, 다른 세 분이 [의견을 이야기하는 장소에] 나오셨습니다. [세 분은] 제가 이번에 조선에서 조사하여 기록으로 해서 [제출한] 의견서를 [문제해결을 위해 채용하기에는] 매우 부적절한 것이라고 말씀하시고 계셨습니다. 그러한 의견서를 [채용하여, 번의 방침으로] 성립시키기 위해서는 [새삼스럽게 의견을 말하는 장소에서 우리들이] 알고 있는 것을 이야기해도, 아무런 이익도 되지 않는다고, 그렇게 말씀하시고 계시는 것을, 고킨슈우(측근)들이 이야기하는 것을 들었습니다. 그러나 제가 말씀드린 것은, 그 부적절하다고 하는 이유를 하나하나 기록하여 그것을 [중신들이] 보시고, 저에게 [그 하나하나에 대한] 답서를 명하여 주시면 됩니다. 언제라도 그것에 대한 의견 [즉 반론]을 말씀드리겠다고, 이처럼 말씀드려 두었습니다. 그러나 아직까지, 그러한 [하나하나를 지적하는] 서류를 받지 못했습니다. 단지, 세 분이 매일 [번청에] 가서 제가 써둔 서류에 대해서, 이것저것 동의하지 않는 부분을 [중얼거리며] 말씀하실 뿐입니다. 그러면서도 그 [세 명이 말하는 동의하지 않는] 취지에 대해 [당번의] 상층부는 역시 신용을 하고 있지 않은 것 같습니다.

내가 적어 둔 요점 중 [세 명이] 동의하지 않는 제일의 것은 [조선의] 답서[에 대한 이쪽]의 주문을 [미리] 저쪽에 알려주는 것이라고 들었습니다. [그것은 상호가 이해한 후에 합의에 도달하기 위한 준비입니다.] 하지만 로쿠로우에몬님의 의견은 [일방적으로] 죽도를 독점한다는 것이기 때문에, 그러한 주문은, 매우 마음에 들지 않을 것입니다. 그러한 주문[의 의의]에 대해서, 나의 생각을 말씀드리자면, 그것은 [서로의 양해를 얻고 합의에 도달하기 위해] 순서에 따라 일을 진행한다고 하는 것입니다. [만약 일방적인] 주문을 저쪽에 보내, 후일에 장군이 [이러한 주문을] 들으시면 [이쪽이] 벌을 받게 되는 일이 될 것이라고 생각합니다. 그렇게 되면 천하의 집정(노중)이나 여러 집정 [와카토시요리나 각 부교]들을 상대로 [일의 사정을 자세하게 설명] 드리고 변명도 해야 합니다. 그렇게 알고 있기 때문에, 로쿠로우에몬님이 위와 같이 말씀하시더라도 [저는] 그러한 [일방적인 주문이] 이치에 맞는다고는 생각하지 않습니다.

나의 마음에는 천하의 집정이 [이 건에 관해서] 비판하시는 것보다, 귀하가 [하시는] 한마디의 말씀을 중시하고 두려워합니다. 앞의 주문을 [서로 이해하고 합의에 이르러야 하는 것이라고 나 나름대로 이해하고] 임무를 수행하는 것입니다. 하지만, 거기에 적절치 않다고 생각되는 곳이 있으면, 귀하가 비각을 보내어, 연락으로 [저에게] 교시하여 주십시오. 로쿠로우에몬님이 마음에 들지 않는다고 말씀하시는 것은, 모두 나에게 중요하다고 생각합니다. [로쿠로우에몬님은] 죽도와 울릉도가 2개의 섬이라는 것이 좋고, 그것을 하나의 섬으로 해버리는 것과 같은 주문은 나쁘다고 하십니다. 지금의 답서를 [저쪽은] 사양하며 가지고 돌아오지 않고 [그대로 초량 왜관의] 관수에게 맡겨 두고 있다는 것도 나쁘다고 말할 수 있습니다. 그 섬이 옛날에는 조선에 속해 있었다고 이쪽이 인정하는 것도 나쁘다고 말씀하십니다. 그처럼

[로쿠로우에몬님과 그 일파 분들의 소리가, 잘] 들려옵니다. 이것들 모두가, 이 일건에 있어 중요한 일입니다. 그것을 이처럼 말씀하시면, 그야말로 저의 견해와는 흑과 백 정도로 다릅니다. 귀하의 마음에도, 위와 같은 여러 조항에 대해, 제가 말씀드린 점이 나쁘다고 생각되시면, 꼭 [그 취지를] 말씀하여 주십시오.

이번의 에도행은 장군에게 질문하기 위한 것으로, 저를 분고노카미님의 어용인에게 대면시켜 [취지설명을] 행하게 하는 경우도 [어쩌면] 있을 것으로 생각합니다. 다만 지금까지 알고 있는 [죽도 교섭의] 경과는 매우 사정이 좋지 않습니다. 그 때문에 분고노카미님의 어용인에 대해 말씀드리는 것에도, 필시 사정이 좋지 않은 것을 [말씀드리는] 일이 될 것으로 생각합니다. 그래서 조심스럽게 말씀드리려고 생각하고 있습니다. 위와 같은 취지를 귀하로부터 비판 [지도]를 받아 [다시] 마음을 다지고 대응하고 싶다고 생각하고 있습니다. 그래서 이와 같은 수 통의 기록을 가지고 찾아뵙는 것입니다. 귀하의 한 말씀을 신의 계시처럼 생각하고 있으니, 반드시 격의 없이 솔직하게 모든 일에 대하여 비판 [지도]를 받고 싶다고 생각합니다. 위에 보내드린 수 통의 기록 안에는, 그 지엽에 대해 말하자면, 좋지 않은 부분도 많이 있습니다. 그러한 부분은 의견을 주시지 않으셔도 상관없습니다만, 다만 지금 위와 같이 말씀드린 대강의 부분은, 꼭 생각하시는 일의 대의를 [저에게] 말씀하여 주십시오.

죽도의 위치는 일본 땅에서 떨어지길 164리[의 먼 곳인 것에 비해 한편] 조선 땅에서는 수목이나 물가까지도 보일 정도로 가깝습니다. 그야말로 조선에 속하는 것이지요. 지도나 서적[에 기록된] 논고는 말로 변론할 여지도 없을 정도로 [조선령으로] 널리 알려진 것입니다.

[저쪽이] 세 번의 표류민을 [우리에게] 돌려보냈을 때, 모두 [영토침범의 서류를] 첨부하여 돌려보낸 것은 아닙니다. 하지만 그 같은 제의를 하지 않았다고 해서, 그것을 탓하는 것은 [구실이 아닐까요.] 또 최초의 [그들이 보낸] 답서에 귀계의 죽도라고 기록했다고 해서, 그것을 [이쪽에서] 구실로 삼는 것은 [억지를 부리는 것이 아닐까요. 트집을 잡아] 그 섬을 영구히 일본의 속도로 결정지어 버리려고 하는 것은, 설령 그 일이 성사되었다고 해도 [그 같은 주장과 행동은] 타국의 섬을 억지로 빼앗아서 일본의 장군에게 바친 것이 되어 불의라고 말해야 할 것입니다. [그러한 행위는 칭송 될 만한] 충공이라고는 결코 말할 수 없습니다. 조선에서는 선조 이래 은우를 입어 [이 쓰시마라는 나라는] 유지되어 왔습니다. 억지로 그 섬을 [탈취하여] 일본의 부속으로 해버리는 것 등은 정말로 불인 불의라는 것이 됩니다.

일본 막부(의 여러분)은 그 섬의 내력을 조금도 알지 못합니다. 그래서 재작년(겐로쿠 6, 1693)에 쓰시마번에 이 [교섭]을 명하시어, 다시는 조선인이 건너오지 않도록 하라고 명하신 것입니다. 그 취지를 확실히 그 나라에게 전하라고 [장군은] 엄하게 명령하셨습니다. 그때 쓰시마에서 그 섬의 사정을 장군에게 [다시] 보고하시라고, 분별이 있는 사람들은 모두가 말하고 있었습니다. 그러나 [막부와 절충하는 당번의] 집사의 마음에는, 그러한 [섬의 사정을 장군에게 보고하는] 일에 동의하는 일 없이, 그저 장군의 명이라는 [이유]만으로, 즉시 조선에 제기했습니다. 조선에서 답서가 도래했을 때도, 그것을 장군에게 보고하여 승낙을 얻은 다음에, 생각하고 있는 (개략을) 말씀드리고, 그 다음에 어떻게 대처해야 할 것인가[가 중요했습니다. 그렇게 상담하시라고] 분별이 있는 사람들 모두가 그렇게 말했습니다. 하지만 역시 집사의 마음에 [그 같은 상담하는 일에] 동의하지 않고 [장군에 보고하는 일도 없이] 즉시 그러한 답장의 서한은 [받을 수 없다며 일방적으로] 돌려주고 말았습니다. 조선의 기세는 그 때문에 바뀌어, 지금 [새로 도래한] 답서는 일본을 크게 탓하는 형태의 내용이 되어 있습니다.

단지 이런 일본을 탓하는 부분을 [지면에서] 제외시키게 하면, 다시 조선인이 그 섬에 건너오지 않도록 해달라는, 일본의 제의가 있었다고 하는 서한의 내용 등은, 그렇게 무례한 것이 아닙니다. 저쪽이 자신들의 섬이라고 하는 내력을 얼마만큼 추가해서 기입한다 해도, 이쪽에는 전혀 지장이 있는 일이 아닙니다. 장군에게 이러한 취지를 알리게 되면, 반드시 그 섬을 [조선에] 돌려주시게 되는 상황이 될 것이라고 생각됩니다. 로쿠로우에몬님이 말씀하시는 취지는 [그 섬의 독점입니다. 그러니까] 그 섬이 조선의 땅이라고 결정되어, 일본이 반환한다고 하는 일이 되면, 그것은 실로 분한 일이라고, 저와 대담할 때, 몇 번이나 말씀하시고 계셨습니다. 그것은 정말로 잘못된 생각이라고 말하는 것입니다.

이 일건[의 추이는] 이번에 보신 13통의 서부를 통해서도 [해하실 수 있을 것으로 생각합니다.] 제가 생각하는 취지[가 어떠한 것인가를] 어떻게 생각하셔도 상관없습니다. 그러나 자세한 것을 [말씀드리자면, 저에게는 이 취지를 밀어붙일 만한 강한] 기력 따위가 없습니다. 게다가 공사분쟁에 관련되는 것과 같은 '육체적으로도 정신적으로도' 여유가 없어, 여기서 말씀드린 [저의 제안은 아마도] 이루어지지 않을 것입니다. 그렇지만 점차로 [쌓인 13통의] 서부와 [지금 기록하고 있는] 서장을 통해, 제가 이 일건에 대처하여 [말씀드린] 대개의 취지는 추찰[하시고, 이해]하여 주실 것으로 생각합니다. 이처럼 중대한 시기에 귀하와 같이 [우수한 인재가] 불행하게도 촌에 칩거한 채로 지내고 계시는 것은, 실로 국가의 큰 불행이라고 생각합니다. 저 정도의 사람이, 이 일건의 상담에 관계하며 무어라고 의견을 말씀드리는 것과 같은 일은, 참으로 걱정스럽기 그지없는 일입니다. 그러나 로쿠로우에 몬님의 견식 등을 신용하시는 것에 비하면, 이런 나를, 조금이라도 신용하시는 것이 [훨씬] 좋지 않을까라고 생각합니다. 이러한 사고방식은 약간 불손하다고 생각하시겠지만, 생각하고 있는 것을 직접 말씀드린 이상, 새삼스레 삼가야 한다고 생각하지 않기 때문에 이처럼 말씀드렸습니다.

이 일건은 결국 일본과 조선의 조정을 [성신의 도리로] 설득해서 양국[의 관계를 미래로 향해서] 순조롭게 마무리 짓는 일입니다. [그러한 일은 노력하면 어떻게든 가능하겠지만, 그것에 비교해 병약한] 전번주님이나 번의 중신들까지도 설득해서 이 일건을 잘 정리하는 것, 그리고 재판을 잘 달래는 일은, 아주 어려운 일입니다. 아무래도 지금의 상황으로는 도저히 이 일건의 해결을 [확정하는 것과 같은 일은 할 수 없습니다.] 과연 어떻게 [번의 노직분들이] 판단하실 것인가. [저로서는 전혀 짐작도 할 수 없어] 불안하게 생각하는 일도 많습니다. 모든 것이 운명이라고, 그저 똑바로 [일이 되어 가는 것을] 지켜볼 뿐입니다. 저는 이 일에 대처하여, 많은 마음을 쓰며 봉공하였습니다. 후사는 천명에 맡기고 싶다고 생각합니다.

이번에 조선제 붓을 6자루 정도 진상하겠습니다. 작은 [제 나름의] 촌지를 표하는 것으로 보시고 받아주세요. 말씀드리고 싶은 것은 수없이 많지만, 붓이나 종이로는 [그 생각을 표현할 수 없습니다. 문자와 같은 것으로는, 결코 다 말]하기 어려운 것이 있습니다. 이신덴이 [직접 귀하에게 여러 가지]를 이야기하실 것으로 압니다. 그 이야기 속에, 이처럼 [다 말할 수 없는] 저의 사정, 상황 등도 들으실 것입니다.

에도행은 이변 없이 마치고 무사히 귀국하고 싶다고 생각합니다. [그리고 귀하와] 재회하는 기회를 가지고 싶다고 생각합니다. 출선한 이후, 집에 돌아올 때까지는 서면으로 말씀드리는 일은 하지 않겠습니다. 이 서장[의 문언]이 [잠깐의] 작별의 말씀입니다. 잘 보양하여 주십시오. 여러 통의 기록물을 돌려주실 때, 혹시 카미가타에 용무가 계시면, 아무쪼록 [삼가지 마시고] 말씀하여 주십시오. [에도행의 도중이므로, 도움이 될 수 있다고 생각합니다.] 자세한 것은 이신덴에게 말씀드려 두겠습니다. 이상 삼가 아룁니다.

      7월 8일   스야마 쇼우에몬

카시마 효우스케 배정

今八日之貴簡黄毛筆六管十日晝落手拜候、貴樣益御淸勝御勤仕成
候由承欣候、御繁多之中筆まで被レ下忝く奉レ存候
　一　貴樣御事朝鮮御渡海は相延、江戸御供仰候、御病體にて海陸之
長途御往還成候儀心思召候得共、素り御身を御委成候故、御辭退も
成候由、左樣に御儀と察候、眞之御忠節と感じ申候
　一　御書付十三通下異落手、具に拜候、爲心殿御物語も承り申候、
此一件に付愚意之趣少も隔申遣候得之由委曲被二仰下一、舊交之御
親みとは申忝き次第紙候、御求成候ても先書申遣候樣、貴樣此一件
仰候由承候より來、朝夕此成否如何哉と恐居候、貴樣朝鮮御往還に
御面候儀不罷候に付、幾度六右衛門殿御歸國掛に御面、愚意之趣申
承と存じ、六右衛門殿いまだ朝鮮に御座候時、書陶山氏朝鮮渡りに
付申談度事御座候間、御歸りに御立寄被下候へと申遣候得共、御立
寄之候故、是存居候、私此意にて御座候得ば、聊以て隔意致樣之、
卽愚意を憚申遣候、去御助に罷成候儀御間敷存候
　一、此一件去々年之季冬橋邊伊右來候而語始而承り、伊右之語未だ
止ざる時、是は珍敷儀起り大切之御事候、竹島は日本之地か、朝鮮之
地かと申事を能く御極遊候而、朝鮮へ仰御事に御座候と申候、斯申候
は、以前より何事も始を御愼みなく、輕易に仰御難儀遊候事多く候故申
たる事に候、又去年之初夏爲心どの雨森氏之說を語候時、夫は末にて
御座候、初江戸より朝鮮へ申候得と仰候時、竹島之事歷を公儀へ知れ
居候趣を御問合遊、御國へ知居候趣も仰具に御極成、後々之変迄御下
知を御受成候而仰候はゝ、朝鮮より難澁仕間敷候、若し難候はゝ、其趣
を公儀へ仰、又御下知次第仰候はゝ、殿樣御恐遊候程之御難有間敷候
　一　十三通之御書付を見申候而も、昔年竹島日本に屬し候故

實、又今度之初發より今迄江戶公儀へ仰上候樣子、又此節貴樣江戶にて御執政方へ仰と思召候趣も、未だ相知れ申候、其外之書狀曲折承度事多く御座候

一　御問答三通之書付を拜、詳敷は通じ申候得共、此方より仰掛趣にも、彼方よりの返答にも、私ならば此は申掛間敷、是は答間敷と存候所、各少ヅゝ御座得共、別而宜とは存申候、其中此方より仰掛之御書付に、江戶を以て彼方を御威し成候樣なる辭意強く見へ候所之、彼方之所思如何と存候

一　爭論は何事に寄らず、爭ふ所之事狀に是非眞僞之、爭ふ人品に智愚曲直有て、是を判斷する人之、其の是非、眞僞、智愚、曲直を正し、勝負を定め、愚者是を以て負け、智者非を以て勝申事も之事に候、此御書翰御問答之書付を見候に、恐蔚陵島は朝鮮之屬島にして、八十年前より日本に屬し來り候と之候事、其證據見へ申候、然るを漂民を送候時之書翰文を只今何角と仰候樣聞へ申候、若し爭勝に成り、日本に屬候樣極り候へば、三度之書翰に謬有を以て言勝成、御取成たると申物にて之、彼方より八十年前蔚陵島日本に附候證文を御出し候得と申候はゝ、證文に成り候もの之哉、三度之書翰は漂民送り之書簡にてこそ候へ、證文には成間敷候、誠に彼方之答之書付に藤かづらのやうにと書候事、實にもと奉レ存候、今爭論を中華より判斷成候はば、何として日本に御附之哉、尤も此方より何程論弁を設候とも、朝鮮より日本に附け候はんとは隨ひ申間敷と存候

一　此竹島之一件只今蘇秦張儀が辯才を以て爭ひ候共、日本之地に成り候事成申間敷と存候、若し勢威辯才を以て無理に御取成候はゝ、後來之大憂と相候、何れの道にも江戶より朝鮮へ御返し遊候

様成、御國今迄の誤謬を修補成、平治に成り候はゝ、御國之儀は申すに及ばず、日本國中へ之御忠節と存候事

　一　此一件に付貴様朝鮮へ御渡成候由承り候而より、朝夕成否如何と恐れ候は、竹島を日本之地に付け候御書翰御取り成との御事に御座候、一島二名にして、蔚陵島は朝鮮之島、日本之竹島には向後朝鮮人渡る間敷との御返翰御取成と之儀に御座候はゝ、必災之基にて候はんと思ひ恐れ申候得共、只今貴様成方相調り候はゝ、何之災之平安に治と喜び申候、私此一件之趣は少しも承ざる事故是は恐候得共、愚意只今貴様御賢慮に符合仕、是こそ之事と存候、御返翰之御注文成候御注文成候事惡く存候はゝ、申進候へと被二仰下一候得共、私最初より此愚意にて候へば、御注文之趣惡敷と存様無二御座
一、只御注文之様調へかしと願候事

　一　西山寺加納氏、瀧氏、平田氏批判を御聞及、四人之思慮を御書付させ御覽成候様采女殿へ仰候儀、一段宜しき成やうと存候、瀧氏之說我等愚意とは天地懸隔成事に御座候、去冬下候御書中に、貴様瀧氏と御內論成候趣仰候節之御返答に、瀧氏之說是と思候旨申遣候間、定而御覺成候、瀧氏之說甚宜存候旨其時之書中に見居候故、委細申に及候、右三人我節之用事を恨み、貴様を嫉む申候心より起りたると存候間、少しも御聞入成間敷候、世に才有る人はあれ共、德ある人は稀なるものに御座候

　一　貴様御書中日本朝鮮之公儀を諭し奉り、兩國首尾能成候事は易く、御隱居様及御年寄衆中を諭宜しく御裁判成候事は堅きと仰候處を讀み、御尤至極と感通仕、覺暫く悲泣仕候、不限之御事にて御座候得共是時勢、恐萬事危く奉存候事

一　御隠居様只今は思召御堅固に御見へ被レ遊候而も、江戸表
において孫左衛門殿、直右衛門殿何とか仰候はゝ、御心御変成も知
れ間敷候、其外何ぞ変御座候而、御賢慮之趣御遂成思召候はゝ、貴
様御忠義誠實天鑑照に而御座候間、御虚病成候而も御退去成宜哉
と存候、近思録曰、「孔明必成、而劉、聖人寧無レ成耳」と見へ
候、此理も此節少しは御苦かる間敷と存候

一　貴様御心氣虚弱に御座候而大難事を御引受成御心力を盡候
故御持病之再發心存候、孔明も養生を失ひ成、御病死故忠功成と承
り候間、御養生専一に成、區々之邪抔御耳にも御入成間敷候事

一　爲心殿御物語、此度之一件に付御左右両人へ御頼み成候
段、私如何思ひ候哉御聞成度之由仰候、御問迄も之、何事も御忠義
之意より出たる御事に御座候へば、何御耻成哉御尤も至極なる御事
と存候、且又両人之性質之儀も御聞成度之よし爲心殿仰候、長者之
言行はいまだしかと聞候故心候、其次は勇有て利慾少く、不實にし
て輕俊に之かと推候、尤未だ年若無學智義乏敷、道理に心得違も多
哉と存候、去決而は申候事

　私儀此間小源治病氣を大いに恐れ心氣を勞し、養生に夜も熟寝致
候故、爲心殿之御覽成候様に甚目を煩ひ居候故、心之如く所思を詳
に申、文義下り兼候所多く御座候得共、其分にて進ぜ申候間、御推
量を以て御心得成下候、御越下候音書付拾參通殘返納仕候間、御受
取下候、必御勇健に而目出度御歸家待候、恐惶謹言
　　　　　七月十三日　　　　　　　　　賀島兵助
　　　　　　陶山庄右衛門様

　　　　　　　　　　　　　　　　　竹島文談　終

카시마씨가 스야마씨에게 보내는 서간

이번 [7월] 8일부 귀하의 서간, 그리고 황색 모필 6자루를 10일 낮에 받았습니다. 감사하게 받겠습니다. 귀하도 더욱더 건강하게 임무를 수행하고 계신다는 소식을 듣고 기쁘게 생각합니다. 다망하신 중에 [일부러] 편지를 주신 것 송구스럽게 생각합니다.

1. 귀하의 사정[을 들으면] 조선에 [재차] 도해하는 일이 연기되고, 에도의 동행을 [다시] 명받으셨다는 것, 병약한 상태에서 해륙을 길게 왕래하는 여행이라면 필시 염려되시겠지요. 원래 몸을 [나라에 바치]시고 계시기 때문에 [어떠한 사정이 있어도 명령을] 사양하실 수도 없고, 그렇게 [받들어 능력껏 봉공하시려는 마음가짐]이시라는 것을 [저는] 헤아려 잘 알고 있습니다. 이것이야말로 진정한 충절이라고 감동하고 있습니다.

서부 13통을 보내주신 것 탈 없이 잘 받았습니다. 자세히 보았습니다. 이신덴한테 [직접] 이야기도 들었습니다. 이 [죽도] 일건에 대해서 나의 의견을 조금의 격의도 없이 이야기하라고 말씀하시는 연유, [그러한 제의를] 상세히 말씀해 주셨습니다. 오랜 교류에 의한 신뢰라고는 생각합니다만, 송구스럽고 [고마울] 따름입니다. 지면으로는 [참으로] 다 쓰기 어려운 것이 있습니다. [귀하의 이번 서간에 있는 것과 같은] 요구가 이루어지지 않더라도, 앞서 보내주신 서간으로 말씀하신 대로, 귀하가 이 일건에 소임을 명받은 이래, 과연 성공 여부는 어떻게 될 것인지, 조석으로 걱정하고 있었습니다. 귀하가 [지난번] 조선에 왕래했을 [때, 꼭] 면회하고 싶었습니다만 이루어지지 않았습니다.

기도 로쿠로우에몬님이 귀국하려 할 때, 면회를 허가받아 제 의견의 취지를 말씀드리려고 생각했습니다. 그래서 로쿠로우에몬님이 아직 조선에 계실 때, 서신을 올리기로 했습니다. 스야마씨의 조선도해에 대하여 말씀드리고 싶은 것이 있습니다. 그러므로 돌아오실 때 이쪽에 들러주셨으면 좋겠다고. 이처럼 서간을 보냈습니다만 들르시는 일이 없었습니다. 어찌할 도리가 없어 유감스럽게 생각하고 있습니다. 저는 이러한 심경이기 때문에, 조금도 거리를 두고 [이야기하는 것과 같은 일은] 하지 않습니다. 즉 저의 의견을 [솔직하게] 거리낌 없이 말씀드립니다. 그러나 [귀하에게 유익한] 조언이 [될지 어떨지는 모르겠습니다. 유감스럽지만] 도움이 안 되는 것이 아닐까라고 걱정하고 있습니다.

　1. 이 일건[의 정보]는 재작년(겐로쿠 6년)의 동기에 하시베 이유우가 이쪽에 와서 이야기한 것이 최초의 일입니다. 이유우가 아직 말을 마치기 전에, 이것은 대단한 일이 발생했다고 [실감하고, 그 대처방안이 아주] 중요하다고 생각했습니다. 죽도는 일본의 땅인가 조선의 땅인가. 그처럼 [모두가 마음대로] 말하는 것을 [여기에서] 잘 판별하고 [신중하게 판단하여] 조선에 이야기해야 합니다. 이렇게 말씀드리는 것은 어떤 일이고 시작에 신중하지 않고 경솔하게 말해버리면 [그 후의 경과 중에, 이야기의 맥락이 맞지 않아] 곤란해지는 일이 이전부터 많이 있었기 때문입니다.

　또 작년(겐로쿠 7년)의 초하에 이신덴이 아메노모리씨의 주장을 [소개하여] 말한 일이 있었습니다. 하지만 그 주장은 [본간의 논이라기보다 지엽과 같은] 말단의 논으로 [여기서 언급할 것도 없는 것]이었습니다.

　우선 먼저 [겐로쿠 6년 사건의 발단에 대한 일입니다만] 에도에서 [이 건에 대해] 조선에 제기하도록 명을 받았습니다. 그때 죽도에 대한 내력을 막부가 알고 있는 범위를 문의하여 [정보를 입수할 필요가 있었습니다.] 또 우리 번에 대해서도, 알고 있는 대로 보고하게 하여, 상세하게 [정보를 모으고 방침을] 결정해야 했습니다. [그때] 훗날의 변화까지도 [전망을 세워] 장군의 명령을 받아야 했던 것입니다. 만일 그랬었다면 [지금과 같은] 조선에서 어려운 교섭을 해오는 일도 없었다고 생각합니다. 만일 이 난제가 [결말이 나지 않은 채로 뒤로] 미루어지게 되면 [귀하가 말씀하신 대로] 그러한 사정을 장군에게 보고하여 [지시를 받아야 하겠지요. 그리고 다시] 그 명령을 받아 [교섭을 위해] 조선에 건너가신다면, 영주가 염려하시는 것과 같은 [처벌을 받는] 어려운 사태에는 이르지 않을 것입니다.

13통의 서부를 배견해도 옛날부터 죽도가 일본에 속하고 있었다고 하는 사실(결정적인 것)은 보이지 않습니다. 또 이번 일의 시작부터 지금에 이르기까지, 에도의 장군에 보고한 내용도, 또 이번에 귀하가 에도에서 집정 여러분들에게 보고해야 한다고 생각하고 계시는 취지에 대해서도, 모두 [죽도가 일본령이라는 증거로서는] 아직도 알 수 없는 불확실한 것뿐입니다. 그 외의 서장이나, 지금까지의 곡절 등을 [보면, 일본의 주장이 견강부회의 설이라는 것이 보다 명백해질 것이라고 생각합니다. 지금] 듣고 싶다고 생각하는 일이 [여러 가지로] 많이 있습니다.

1. [13통의 서부 가운데 특히] 문답형식의 3통의 문서를 배견했습니다. '그 각각의' 자세한 [사정까지는] 철저히 알지는 못했지만, 이쪽에서 하는 말에도, 저쪽에 답하는 말에도, 저라면 이렇게 [졸렬한] 말, 이같은 [언쟁의] 답변은 하지 않겠다고, 그렇게 생각하는 부분이, 각각 조금씩 있었습니다. 그러나 그렇다고 해서 특히 [외교교섭에 있어] 좋

지 않다, 나쁘다고 단언할 수는 없는 [최선을 다하고 있는 절충]입니다. 하지만 그러한 가운데에도, 이쪽에서 건네는 서부에는 에도[의 무위]로 저쪽을 위협하시는 부분이 있습니다. [대화를 중단하는 것과 같은] 강한 어조의 언사가 보이는 경향입니다. 그 나라의 분들은 [이러한 협박적인 언사에 접하면] 도대체 어떻게 생각하겠습니까.

1. 쟁론은 어떤 일이고 다투는 곳의 형편이나 상태에 따라, 거기에 가부나 진위라는 것이 있습니다. 또 다투는 사람의 인품(인격이나 품격)에도 우현과 곡직이 있어, 그 일을 [제각각] 판단하는 사람이 있습니다. 그 시비, 진위, 지우, 곡직 등에 대해서 [판단은 제각각 취사선택하고 판단해서] 어느 것이 옳은지, 그 승부를 결정하는 것입니다. 그렇기 때문에 우자는 옳다 하더라도 지고, 지자는 비라 해도 이기는 그러한 일이 일어날 수 있습니다.

이 서한의 문답을 보고, 삼가 말씀드립니다만, 울릉도는 조선의 속도입니다. 그리고 80년 전부터 일본에 속한다고 말하고 있습니다만 [그것을 뒷받침하는] 증거는 보이지 않습니다. 더구나 표류민을 송환시켰을 때 [조선이 보낸] 서간문을, 지금 [여기서 끄집어내어] 어떻게 해서든 [이유를] 만들어 말씀하시고 계십니다. 그것은 [트집처럼] 들립니다. 만약 이 쟁론에서 이겨 [문제의 섬이] 일본에 속하는 것으로 결정된다면, 그것은 세 번 [표류한 일본인을 송환하며 보낸] 서간에 오류가 있었던 것을 트집 잡은, 말로써 이긴 것입니다. 즉 [트집을 잡아] 탈취했다고 말할 수 있는 일입니다

저쪽에서 80년 전에 울릉도를 일본의 부속으로 했다고 하는 증문이 있다면, 그것을 제출해달라고, 혹시 말했다면, 이쪽에 증문이 될 만한 것이 있을까요. 세 번의 서간은 표민을 보내기 위한 서간이라고는 하

나 증문이 되는 것은 아닙니다. 실제로는 저쪽에서 [송환 시 보낸] 답변의 서부에, 단지 넝쿨처럼 [매달린 것일 뿐이다. 그 결과 이쪽의 주장에 말려든 것으로,] 그렇게 [이쪽의 주장은] 쓰여 있습니다. 참으로 [교활한 수단을 부리고 있다고] 생각합니다. 지금 이 쟁론을 중화 [세계의 질서]로 판단한다면, 왜 일본에 부속하고 있다는 것입니까. 무엇보다 이쪽에서 아무리 논변을 한다 해도 조선이 일본에 [섬의 귀속을 옮겨] 주는 것과 같은 일은 [그 나라에 있어서 도저히 승복하기 어려운 일로] 따를 수 없는 일이겠지요.

1. 이 죽도의 일건은 소진이나 장의와 같은 변재로 지금 다투어 보아도 일본의 땅이 되는 것과 같은 일은 있을 수 없을 것입니다. 만일 위세나 변재로, 무리하게 취해 버리려고 한다면 후세의 큰 우환의 씨가 되겠지요. [향후 더욱 우여곡절은 있겠지만] 어느 길을 가더라도 [결국] 에도[의 장군이] 조선에 돌려주시는 것이 좋고, 우리나라(쓰시마)의 지금까지의 [교섭의] 오류를 바로잡아서 [피아의 관계를] 수복하시는 것이 좋습니다. 지금은 태평의 시기이므로, 우리나라(쓰시마)의 일은 말할 것도 없고, 더 나아가 일본 전체가 [평화롭고 안정된, 분쟁이 없는 상태를 유지하는 것이 무엇보다] 충절이라고 생각하는 바입니다.

이 일건으로 귀하가 조선에 도해하셨다고 들은 이래, 조석으로 그 성부는 어떨까라고 걱정하고 있었습니다. 죽도를 일본 땅에 부속시킨다고 하는 서한을 [교섭해서] 받으셔야 한다는 것 [그것이 이번 교섭의 방침]이었습니다. 하지만 하나의 섬을 두 개의 이름으로 해서, 울릉도는 조선의 섬, 그리고 일본의 죽도에, 향후 조선인은 건너와서는 안 된다는, 그러한 서한을 받으시려 한다면, 그것은 반드시 [양국의]

화근이 됩니다. [즉 향후의 분쟁의 불씨가 되겠지요. 저는 그것을] 두려워합니다.

그러나 귀하가 지금 취하려는 방침은 아무런 재앙도 되지 않아, 편안하게 수습될 것으로 생각됩니다. [그래서 저는] 기뻐하고 있습니다. 저는 이 일건에 대하여 조금도 들은 일이 없어 [사정을 알 수 없는 만큼] 이처럼 그저 두려워할 뿐입니다. 그러나 제가 바라는 바는 귀하의 지금의 [서간에 있는] 현명한 생각에 [그대로] 부합합니다. 그러한 대처방법이야말로 마땅히 취해야 할 외교교섭이라고 믿습니다. 하지만 [조선의] 서한에 대해 [이쪽에서 하는] 주문은 [점점] 험악하게 되어가고 있습니다. 그것을 [다시 저쪽에] 전하라는 명령이 있습니다. 나는 최초부터 이러한 나 나름의 생각이 있었으므로, 이 주문의 취지는 확실히 열악하다고 말할 수밖에 없습니다. 좀 더 주문의 모양새를 [개선하여 우호적인 것으로] 정리했으면 하고 바랄 뿐입니다.

사이산지의 카노씨, 타키씨, 히라타씨의 비판이 있다는 것을 [귀하가] 들으시고, 그 네 분의 사고를 서부로 해서 [제대로] 보시도록 우네메님께 제출한 것은 아주 좋은 제안이었습니다. 타키씨의 설은 우리들의 생각과는 천지 차이가 있는 생각입니다. 지난 겨울에 보내주신 서간에, 귀하와 타키씨 사이에 내밀한 논의가 있었다는 것을 알게 되었습니다. 그때 저의 답에, 타키씨의 주장은 옳다고는 생각되지 않는다는 취지를 말씀드렸습니다. 아마 기억하시리라고 생각합니다. 타키씨의 주장은 매우 열악한 것이라고 그때 서면으로 분명히 했습니다. 그러므로 [다시 꺼내서] 자세하게 말할 것도 없는 일입니다. [나머지의] 위 세 분은 자신의 주장이 채택되지 않은 것을 원망하고, 귀하를 시기하는 마음에서 나온 의견 같습니다. [그러한 취할 것이 없는 의견은 무시하고] 조금도 들을 필요가 없습니다. 세상에 재능이 있는 사람은 많이 있습니다만, 덕이 있는 사람은 드문 법입니다.

귀하의 서간 가운데 일본과 조선의 조정을 설득해서 양국의 관계를 순조롭게 수습하는 일은 쉽고, 전 번주님 및 여러 중신들을 설득해서 재판을 잘 수습하는 것은 어렵다는 내용이 있었습니다. 그렇게 기재한 부분을 읽고 정말로 그렇다고 깊게 감동했습니다. 무심코 알지 못하고 잠시 슬피 울었습니다. [이 타케시마잇켄의 문제는 뿌리가 깊어 살펴가면] 끝이 없는 일입니다. 하지만 [일이 여기에 이르면] 옳고 그름도 없는 [중대한] 국면에 접어들기 때문에 [아무래도 관여하지 않을 수 없는 부분이 있습니다.] 저는 걱정해서 말씀드립니다만 [귀하의 발언이나 행동의] 모든 것은 [병약한 전 번주와 여러 중신들을 설득하는 일이기 때문에 당연히 그 반발을 사게 될 것입니다. 그것을 예상하면] 매우 위험한 입장에 있다는 것을 [새삼] 잘 이해하여 주십시오.

현재 전 번주님의 의지는 매우 견고하다고 생각합니다. 그러나 에도의 마고 자에몬님과 나오 에몬님 등이 [성의를 다해] 어떻게든 진언하시면 [전 번주님의] 마음도 바뀌실지도 모릅니다. 그 외에도 어떤 이변이 있어 [귀하의] 생각이 있는 현명한 취지도 성사가 곤란하게 될지도 모릅니다. 만약 그러한 곤란을 자각하시면 귀하의 충의는 성실한 것으로 하늘을 우러러 한 점의 부끄럼이 없기 때문에 [서둘러] 병을 칭하여 퇴거하시는 것이 좋을 것이라고 생각합니다. [주자학의 진수를 적은] 근사록에는 "공명은 반드시 달성하려는 것을 추구하여 유장을 붙잡았으나, 성인은 오히려 이룰 것이 없었던 것만큼, 이것을 이루어서는 안 된다(제갈공명은 어떻게 해서라도 성공하려고 익주목의 유장을 잡았지만, 성인이라면 이러한 때는 성공은 버릴 것이다. 그와 같은 불의의 방식으로 행해서는 안 되는 것이다)."라고 되어있습니다. 이러한 이치도, 이 시기의 일이기 때문에, 조금은 마음에 두고 [성인의 길과 다를 것 같으면, 깨끗하게 물러나는 일도 생각하셔야 할 것입니다. 출처 진퇴에 잘못이 없도록 평소 조심해 두는 것도] 나쁘지는 않습니다.

귀하는 마음이 [자상하시고 그 만큼 내향적이고] 기가 울적하고 허약한 경향입니다. 그런데도 어려운 대사를 맡으셔서 있는 힘을 다하셨습니다. 그 심로로 인하여 지병이 재발될까 걱정입니다. 공명도 [다 망했기 때문에] 양생하는 일을 잊고 있었습니다. 그러다 병사에 이르러 충공을 다할 수 없었다고 알고 있습니다. 아무쪼록 양생에 전념하셔서 이런저런 [심로를 부르는 번거로운] 사설 등에는 귀를 기울이지 않도록 하여 주십시오.

이신덴이 이야기해 주신 것은 이번의 일건에 대한 [상황파악을 위해] 두 분께 정보를 부탁하신 것 같아, 그것을 내가 어떻게 생각하는가를 듣고 싶으시다고 들었습니다. 문의라고 할 것까지도 없이, 어떤 일이라도 [귀하의] 충의의 마음에서 나온 일입니다. 그러므로 어떤 것도 [그러한 정보 탐색 행위는] 부끄러워하실 일이 아닙니다. 아주 당연한 일이라고 생각합니다. 그리고 또 두 사람의 성질 [즉 사람됨]에 관한 것도 듣고 싶으시다는 것도 이신덴한테 들었습니다. [두 명 중] 연장자 분의 언행은 [저도] 아직 확실한 것을 들어서 알고 있는 것은 아니기 때문에 [이야기할 정도의] 이해가 없습니다. 그리고 다음(의 젊은 분의 언행)은 용기가 있고 욕심은 적다[라고 듣고 있습니다. 아직] 실천이 부족해 [그 행동은] 경준하다고, 그처럼 추측하고 있습니다. 원래 젊은이이기 때문에 [당연히 아직] 무학으로 지의가 부족한 것은 [어쩔 수 없습니다.] 그 도리에도 생각의 오류도 많이 있을 것으로 생각합니다. 그렇지만 [대체적으로 나쁘지는 않다고 생각합니다. 이러한 이야기는] 결코 [남에게는] 말하지 않도록 해 주십시오.

사적인 일입니다만 전일부터 오겐치의 병[의 악화]를 매우 두려워하여 마음을 졸이고 있었습니다. 그 양생을 하면서 밤에도 숙면하는 일이 없었습니다. 이신덴이 보신 것처럼 [피로한 나머지] 눈이 심히 나빠져 [일상생활에 부자유스럽고 또 혼란도] 있었습니다. 그러므로 [이 답서에서는] 마음이 가는 대로 생각하는 것을 자세하게 말씀드릴 수 없습니다. 문의가 통하기 어려운 곳도 많이 있겠지만, 있는 그대로를 그대로 답서로 바칩니다. [알기 어려운 곳은] 추량으로 이해하여 주세요. 송부해 주신 서부 13통 남김없이 반납하겠으니 잘 받아주세요. 반드시 건강한 모습으로 경사스럽게 [에도에서] 귀환해서 [쓰시마 부중으로] 귀가하시는 것을 기다리고 있습니다. 이상, 삼가 말씀드립니다.

　　　　7월 13일　　　　　　　　카시마 효우스케
　　　　스야마 쇼우에몬님

　　　　　　　　　　　　　　　　　　다케시마문담 끝.

:: 참고문헌

1、『竹島文談』日本経濟叢書、卷十三、日本経濟叢書刊行會、1915.

2、『陶山先生事狀』唐坊砥泓、日本経濟叢書、卷十三、日本経濟叢書刊行會、1915.

3、『訥庵先生事記』古藤文庵、日本経濟叢書、卷十三、日本経濟叢書刊行會、1915.

4、『郷土更生の事蹟 基肄養父實記 附 賀島兵介公小傳』松尾禎作、1933.

5、『賀島兵介言上書』日本経濟大典、大十二卷、瀧本誠一編、明治文献、1967.

6、『對馬藩藩儒 雨森芳洲の基礎的研究』泉澄一、關西大學東西學術研究所研究叢刊 十、關西大學出版部、1997.

7、『芳洲外交關係資料・書簡集』雨森芳集全書三、關西大學東西學術研究所研究叢刊 十一—三、關西大學出版部、1982.

8、『雨森芳洲『交隣提醒』』山嵜泰正、龍谷大學仏教文化研究叢書19、日本古典隨筆の研究と資料、思文閣出版、2007.

9、『雨森芳洲 元禄享保の國際人』上垣外憲一、中公新書、中央公論社、1989.

10、『長崎縣史 藩政編』(對馬藩)、長崎縣、吉川弘文館、1973.

11、『三百藩家臣人物事典』第七卷(對馬藩)、新人物往來社、1989.

12、『郷土の先覺者たち —長崎縣人物伝—』長崎縣立長崎図書館編集、長崎教育委員會刊行、1968.

13、『御当代記 將軍綱吉の時代』戸田茂睡、塚本學校注、東洋文庫643、平凡社、1998.

14、『樂郊紀聞1 對馬夜話』中川延良、鈴木棠三校注、東洋文庫307、

1977.

15、『竹島紀事』國立公文書館、內閣文庫、和30889、五冊本、函號 178・659.

16、『通航一覽』第四(卷之百三十七)、國書刊行會、1913.

17、『朝鮮通交大紀』田中健夫、田代和生、校訂、名著出版、1978.

18、『宗氏實錄』(一)、泉澄一編、清文堂資料叢書、1981.

19、『宗氏實錄』(二)、泉澄一編、清文堂資料叢書、1988.

20、『近思錄』新釋漢文体系37、市川安司、明治書院、1975.

21、『竹島一件の再檢討　―元祿六～九年の日朝交渉―』池內敏、『大君外交と「武威」近世日本の國際秩序と朝鮮觀』名古屋大學出版會、2006.

22、『江戸時代の釜山倭館の記錄にみる日朝關係　―「迷惑」から相互理解へ―』ルイス、ジェイムス、『半島と列島のくにぐに　―日朝比較交流史入門』原尻英樹・六反田豊編、新幹社、1996.

23、『近世日朝貿易と日朝接觸の特質』鶴田啓、『歷史評論』No.481、歷史科學協議會編集、校倉書房、1990.

24、『對馬からみた日朝關係』鶴田啓、日本史リブレット41、山川出版社、2006.

25、『倭館・倭城を歩く　―李朝の中の日本―』李進熙、ロッコウブックス、六興出版、1984.

26、『倭館　―鎖國時代の日本人町―』田代和生、文春新書、文藝春秋、2002.

27、『日朝交易と對馬藩』田代和生、創文社、2007.

:: 찾아보기

:: 미주

_____

1) 竹島一件

竹島とは、現在の日本で言う竹島すなわち韓國で言う獨島のことではない。それは韓國領の鬱陵島のことである。江戶は元祿の昔、現在の鬱陵島は竹島と稱していた。そして現在の竹島＝獨島の方は、松島と稱していた。この竹島(鬱陵島)に關わる事件が竹島一件である。殊に元祿期のこの事件を、元祿竹島一件と稱し、天保期に起こった竹島を舞臺とする密貿易事件を、天保竹島一件と稱する。竹島と松島の位置に關しては、付隨する地図を參照のこと。

元祿竹島一件とは、元祿六年(一六九三)から元祿十二年(一六九九)まで、前後七年に亘る島をめぐる紛爭である。日本と朝鮮との間で、その領有權を爭った事件であった。

当時、江戶幕府の許可を得て、この遠方の島へ出漁していた米子商人(大谷・村川の兩家)の船が、同島で朝鮮人漁民と遭遇したことから問題が發生する。兩國から漁民が渡っていたことで、兩國が、それぞれ島の歸屬を主張した。幕府の命を受けた對馬藩と、朝鮮政府の命を受けた釜山の東萊府との間で、激しい交渉が展開する。頻回な書簡の往復、また役官たちの往復の結果、ついにこの一件は終結した。幕府は、この島へ日本人の渡航を禁止し、そして朝鮮政府は、その幕府の決定に謝意を傳えた。

타케시마잇켄

죽도란 현재 일본에서 말하는 죽도, 즉 한국에서 말하는 독도가 아니다. 그것은 한국령인 울릉도를 말한다. 에도는 겐로쿠의 옛날에 현재의 울릉도는 죽도라 칭하고 있었다. 그리고 현재의 죽도＝독도는 송도라고 칭하고 있었다. 이 죽도(울릉도)에 관계되는 사건을 타케시마잇켄이라고 한다. 특히 겐로쿠기의 사건을 겐로쿠타케시마잇켄이라고 칭하고, 텐포우기에 죽도를 무대로 하는 밀무역 사건을 텐포우타케시마잇켄이라고 칭한다. 죽도와 송도의 위치에 관해서는 부수하는 지도를 참고할 것.

겐로쿠타케시마잇켄이란 겐로쿠 6(1693)년부터 겐로쿠 12(1699)년까지, 전후 7년에 걸쳐 섬을 둘러싼 분쟁을 말한다. 일본과 조선 사이에 그 영유권을 다툰 사건이었다.

당시 에도막부의 허가를 얻어 이 원방의 섬에 출어하고 있던 요나고 상인(오오야 · 무라카와 양가)의 배가 동도에서 조선어민과 조우하면서 문제가 발생한다. 양국에서 어민이 건너고 있었던 일로, 양국이 각각 섬의 귀속을 주장했다. 막부의 명을 받은 쓰시마번과 조선정부의 명을 받은 부산 동래부 사이에 격한 교섭이 전개된다. 빈번한 서간의 왕래와 또 역관들이 왕복한 결과 겨우 이 일건이 종결되었다. 막부는 일본인의 도항을 금지하고, 조선정부는 막부의 결정에 사의를 전했다.

2) 兩氏往復の書狀

陶山庄右衛門と賀島兵助との往復の書狀である。これを仲介したのが爲心という出家である。この書狀の往復は元祿八年 (一六九五)七月の出來事である。陶山庄右衛門が三九歲の時、賀島兵助が五一歲の時のことである。そのような年齡時期、年齡差での、知的な往復の書簡である。充實の壯年官僚が、私淑し尊敬するベテラン前官僚に、ことの相談をするという図式である。この年、竹島に關する外交交涉は、完全に膠着狀態にあり、事態の打開が切に望まれていた。そのような中で、對馬藩內の動向が、この書簡の內に、明白に現れている。

양씨왕복의 서간

스야마 쇼우에몬과 카시마 효우스케가 주고받은 서간이다. 이것을 중개한 것이 이신이라는 스님이었다. 이 서장의 왕복은 겐로쿠 8(1695)년의 일이다. 스야마 쇼우에몬이 39세이고 카시마 효우스케가 51세일 때였다. 그러한 연령의 차이가 있는 지식인 간의 왕복서간이다. 충실한 장년의 관료가 사숙하며 존경하는 전 관료에게 문제를 상당하는 형식이다. 이해에 일어난 쓰시마번의 동향이 명백하게 나타나 있다.

3) 爲心殿(이신덴)

　生沒年不詳、出家名は爲心、俗名を豊田藤兵衛という。知行七十石、藩の御賄役を勤めていた。その経歴は本文中にある。この往復書簡の頃、すなわち元祿八年　(一六九五)七月の時点で、爲心殿の年齢は如何ほどのものであったろう。その歸參は貞享二年　(一六八五)であり、この元祿八年から十年前の出來事である。その時、すでに彼の出奔から二十三年が経過していた。つまり出奔から三十三年が経過していた。その出奔の折、既に娘が二人あり、その娘二人も今や嫁ぎ、婚家にて安定しているようである。余りに小さい頃、親が出奔し家庭崩壊すれば、その娘の人格形成は不安定の中で果たされる。すると、その後の人生に大きく影を落とす。そのような傾向が一般的である。ここでは娘の生活は安定しているようである。すると娘二人は乳幼兒ではなく、出奔時、思春期に近かったと考えられる。そのような娘二人を持つ、平和な家庭人が想定される。陶山庄右衛門や賀島兵助と對等に付き合う人物である。そのような親の人格が子に投影される年齢を考えるのである。しかも藩の御賄方を任されていた重要な人物である。そのような人物の年齢を想定すれば、爲心殿すなわち豊田藤兵衛は、出奔時三十代前半を下らない年齢であったと思われる。するとこの往復書簡の頃、彼は既に六十五歳前後の年齢になっている。還暦を過ぎた出家であればこそ、蟄居を命ぜられた流人とは言え、托鉢行脚を許され、藩内を自由に移動できたのである。伊奈郡越高村に押し込められ、移動のままならぬ賀島兵助に替わり、その眼となり耳となり、足となって、島内情報を集め、その情報を彼にもたらしたのである。もちろん陶山庄右衛門からの情報もである。

이신덴

　생몰년이 분명하지 않다. 출가명은 이신, 속명은 토요다 토우베에라 한다. 지행 70코쿠를 받았다. 번의 마카나이역(접대역)을 맡았다. 그 경력은 본문 중에 있다. 이 서간이 왕복할 때, 즉 겐로쿠 8(1695)년 7월 시점으로 이신덴의 연령은 어느 정도였을까. 그의 귀향이 죠우쿄우 2(1685)년으로, 이 겐로쿠 8년보다 10년에 전에 생긴 일이었다. 이때는 그가 출분(도피)하여 23년이 경과한 시기였다. 즉 출분하여 33년이 경과한 셈이다. 그에게는 출분할 때 이미 두 딸이 있었는데, 지금은 결혼하여 혼가에서 안정되게 살고 있는 것 같다. 아주 어릴 때 아버지가 출분하여 가정이 붕괴되면 그 딸의 인격형성은 불안정한 상태에서 형성된다. 그러면 그것이 후일의 인생에 크게 영향을 미친다.

그것이 일반적인 경향이다. 그러나 이 딸들의 생활은 안정되어 있는 것 같다. 그렇다면 두 딸은 유아기가 아니라, 출분 시에 이미 사춘기에 가까웠다고 생각한다. 그러한 두 딸을 가진 평화스런 가정인이 상정된다. 스야마 쇼우에몬이나 카시마 효우스케와 대등하게 교제하는 인물이다. 그러한 아버지의 인격이 자식에게 영향을 끼치는 연령을 생각할 수 있다. 그것도 번의 접대역에 임명되었던 중요한 인물이다. 그러한 인물의 연령을 상정하면, 이신덴, 즉 토요다 토우베에는 출분 시 30대 전반을 내려가지 않는 연령이었다고 생각된다. 그러면 이 서간이 왕복될 때 그는 65세 전후의 연령으로 보아야 한다. 환갑을 지난 스님이었기에 칩거를 명받은 귀양자라 해도, 탁발 행각을 허가받아, 번 내를 자유롭게 이동할 수 있었을 것이다. 발이 되어 번 내 정보를 모아, 그 정보를 그에게 가져온 것이다. 물론 스야마 쇼우에몬의 정보도 있었다.

4) 大浦權太夫

生年不詳、その出自も不詳、對馬の佐護の生まれであるという言い伝えがある。名は光友。大坂藏屋敷の小役に就いて、そのとき商才を身に付け頭角を現したとも言われる。田代領 (今の佐賀縣鳥栖市周辺)の領米を一手に引き受け、大坂市場で販賣する役に当たり、對馬藩の財政に貢獻したという。

慶安二年 (一六四九)には、商賣酒の販賣、また人參販賣にも携わっていく。さらに長崎に赴いて、中國船を相手に、人參や糸端物など貿易品販賣をN行っていく。そのような權太夫を藩主の宗義成は「商賣巧者」と高く評価していた。慶安四年(一六五一)宗義成は、藩の商賣方に筆頭家老の平田將監と大浦權太夫を宛て、諸代官の交代、藏掛・船見役の交代など、既存の藩役人の人事を一新し、新たに藩財政の再建を図っていた。慶安五年(一六五

二)權太夫は朝鮮に渡り、對朝鮮貿易の樣子を調査し、賣掛金の實態を摑む。そして潛商の摘發を行い、癒着する役人を處分し、新たな貿易体制を確立した。それゆえ藩主義成の信任は、いよいよ篤かった。義成は死の床にあって後継者の義眞に、權太夫の手腕を充分に用いるよう遺言した。

오오우라 곤다유우

생년과 출생지가 불상임. 쓰시마 사고 태생이라는 말이 있다. 이름은 미쓰토모. 오오사카 쿠라야시키의 소역으로 지내다 상재를 익히며 두각을 나타냈다. 타시로령(지금의 사가현 토스시 주변)의 쌀을 독점적으로 인수받아 오오사카 시장에 판매하는 역할을 맡아 쓰시마번의 재정에 공헌했다.

케이안 2(1649)년에는 상매주의 판매와 인삼 판매에도 관계했다. 나가사키에 가서 중국선을 상대로 인삼이나 비단 등의 무역품 판매에도 관여했다. 그러한 곤다유우를 번주 소우 요시나리는 '상매의 달인'이라고 높이 평가했다. 케이안 4(1651)년에 소우 요시나리가 번의 상매로 필두가로 히라다 장감과 오오우라 곤다유우를 임명하고, 여러 대관의 교대, 쿠라카카리 후나미역의 교대 등, 기존의 제 역인의 인사를 일신하여, 새롭게 번재정의 재건을 꾀했다. 케이안 5(1652)년에 곤다유우는 조선에 도해하여, 조선무역의 상황을 조사하고 외상매출금의 실태를 파악했다. 그리고 잠상의 실태를 적발하고 유착하는 역인을 처분하여, 새로운 무역 체제를 확립했다. 그 때문에 번주 요시나리의 신임은 두터웠다. 요시나리는 죽음에 임하여 후계자 요시자네에게 곤다유우의 수완을 충분이 이용하라는 유언을 남겼다.

明暦三年(一六五七)襲封した義眞は、父の遺命を受け、權太夫を引き續き登用する。彼を大坂から呼び戻し、支配役として財政方の總責任者に据えた。万治二年(一六五九)權太夫は、藩士の扶持石米を新たな基準で定め、それを軸に家中の出費を固定化し、行政改革を行った。藩の命令系統を明確化し、上意下達を徹底化させた。民政にも力を注ぎ、折から起こった府内(今の嚴原)の大火では、救濟米一万石を幕府から引き出し、被災者救援を行っている。と同時に火災で消滅した町の再建に、新たな町割りを定め、城下町としての新たな町立てを行った。万治三年(一六六〇)には、對馬八郷

(對馬は二郡八鄕)の檢地を行い、その生産力と人畜把握を行っていく。そして給人知行地の把握を前提に、その給人知行權の見直しを始めていく。それは替地政策と称するものである。その先には地方知行制を廢止し、藏米知行制への移行が目論まれていた。それは兵農分離の實踐、對馬を中世から近世へと大きく変換する政策であった。この結果、藩士は府中に居住する府士　(城下士)と鄕村に殘った在鄕給人　(鄕士)とに別れ、それぞれに軍役、諸役が課せられていく。この祿制改革によって、新しい封建家臣団が形成され、それに基づき職制機構が整備されていった。領主權力の絶對的優位制がここに確立した。この大改革によって對馬藩の絶頂期、すなわち宗義眞の繁榮の治世が訪れる。

　메이레키 3(1657)년에 습봉한 요시자네는 부의 유명을 받아 곤다유우를 등용한다. 그를 오오사카에서 불러들여 지배역으로 해서 재정의 총책임자로 임명했다. 만지 2(1659)년에 곤다유우는 번사의 봉공미를 새로운 기준으로 정하고, 그것을 축으로 해서 집안의 출비를 고정화하며 행정을 개혁했다. 번의 명령계통을 명확히 하고 상의하달의 철저를 기했다. 민정에도 힘을 쏟아 마침 발생한 부내(지금의 이즈하라)의 대화재에는 구제미 1만석을 막부에서 받아 이재민을 구호했다. 동시에 화재로 소멸한 마을의 재건을 위해 구역을 새로 정리하여, 성하 마을로 해서 마을을 새롭게 건설했다. 만지 3(1660)년에는 쓰시마 8향(쓰시마는 2군 8향)을 검지하여 그 생산력과 인축을 파악했다. 그리고 급인지행지의 파악을 전제로 급인지행권의 개편을 시작했다. 그것은 토지를 교환하는 카에치(替地) 정책을 말하는 것이다. 그 이전에 지방지행제(장군 및 大名가 가신에게 봉록으로 주는 지행을, 地方으로도 부르는 토지 所領 및 그것에 부속하는 百姓의 형태로 주어 지배하게 하는 것)를 폐지하고 쿠라마이 치교우제(봉록으로 지행지 대신에 창고에 보관하는 쌀을 지급하는 것)로 이행할 것을 기도했다. 그것은 병농분리의 실천으로 쓰시마를 중세에서 근세로 변화시키는 정책이었다. 그 결과 번사는 부중에 거주하는 부사(성하사)와 향촌에 남는 재향급인(향사)로 나누어 각각 군역, 제역을 부과했다. 그 봉록제 개혁에 따라 새로운 봉건 가신단이 형성되고, 그것에 근거하는 직제기구가 정비되어 갔다. 영주권력의 절대적 우위제가 여기서 확립되었다. 그 대개혁에 의해 쓰시마의 절정기, 즉 소우 요시자네의 번영하는 치세가 시작된다.

藩政の總支配役に就任した当初、權太夫は僅か七石取の小身者に過ぎなかった。その才能によって拔擢を受けたが、代々の重臣や旣存秩序の上に立つ上士（御馬廻衆)の抵抗は必至であった。その覺悟の上に、藩主の絶對的な後ろ盾を要請した。すなわち權太夫の下知に違反するものは藩主が處斷を下すというもので、一藩の宰相として、一種の絶對權を賦与された。だが拔擢による權力掌握のため、手足となって働く部下を持たなかった。藩內に强固な人的基盤を持たない彼は、その支援を親類緣者に賴っていった。大浦權太夫の一手支配は、だから大浦一族の支配になっていく。警察權、司法權、そして財政權まで一族で獨占し、抵抗勢力である年寄衆へは、もはや相談することも無くなっていた。それゆえ老臣、譜代の臣たちの、激しい反感を買うのである。

번정의 총지배인에 취임한 당초, 곤다유우는 불과 7코쿠를 받는 소신자 (신분이 낮은 사람)에 불과했다. 재능을 인정받아 발탁되었으나 대대의 중신이나 기존질서의 상위자, 즉 우마마와리(馬廻: 기마무사로 평시에는 영주를 호위하며 보좌한다. 측근)들의 저항이 있기 마련이다. 그런 것을 각오하고 번주의 절대적인 지원을 요청했다. 즉 곤다유우의 지시를 위반하는 자는 번주가 처단한다는 것으로, 으뜸재상으로, 일종의 절대권을 부여받았다. 그러나 발탁에 의한 권력장악이었기 때문에 수족이 되어 일하는 부하가 없었다. 번 내에 튼튼한 인적 기반을 갖지 못한 그는, 그 지원을 친척들한테 구하고 있었다. 그래서 오오우라 곤다유우의 독점적인 지배는 오오우라 일족의 지배로 되어 갔다. 경찰권, 사법권 그리고 재정권까지 일족이 독점하고 저항세력인 중신들과 상담하는 일은 없게 되었다. 그래서 노신, 보대신들의 강한 반감을 사게 된다.

寛文二年（一六六二)ついに地方知行制の廢止に踏み切った。領內の全田畠を領主權に吸收し、農民に對し「甲辰の地分け（均田制度)」を實施し、公

事夫役を銀納制にし、農民の自立化を企図すると共に、在郷給人の農奴主的経営形態を解体した。すなわち近世郷村制を出發させた。だがこの大改革に對し、重臣や上士そして郷士たちから、一齊に不滿の聲が擧がった。ついに彼ら旧勢力は結集し、總力を擧げて、藩主に善處を求めた。こうして旧勢力の卷き返しが始まっていく。藩內には權太夫に對する惡評が渦卷き、その失敗事例、出納ミスなどを、次々と曝露する。この日々の讒言に、いつしか藩主の義眞も耳を傾け、權太夫への篤い信賴は、次第に失墜していった。藩主の後ろ盾を欠けば、もはや權太夫の支配は成り立たない。ついに病氣を理由に京都に隱棲した。京には對馬藩の藩屋敷があり、生糸取引による京の呉服商との交流があった。だが實權を失った權太夫に、老臣たちの復讐は苛烈だった。その隱棲を許さない。寛文四年(一六六四)その獨裁的權限の行使に、ついに嚴しい詮議が掛けられる。無調法者と斷罪を受け、閉門を申し付けられ、さらに座敷牢へと押し込められた。翌寛文五年 (一六六五)ついに權太夫は、子および孫と共に、死罪が申し渡された。猶予もなく、抗弁も許されず、卽刻、處刑されてしまった。權太夫は藩政改革のための、まさに捨て石であった。

칸분 2(1662)년에 결국 지방지행제의 폐지를 실행했다. 영내의 모든 전답을 영주권에 흡수하고 농민에게 '갑진의 땅분배(균등제)'를 실시하고, 공사부역을 은납제로 하여 농민의 자립화를 기도함과 동시에, 재향급인의 농노주적 경영형태를 해체했다. 즉 근세향토제를 출발시켰다. 그러나 이 대개혁에 대해 중신이나 상사, 그리고 향사들이 일제히 불만을 토했다. 그리고 그들 구세력이 결집하여, 총력을 다하여, 번주에게 선처를 요구했다. 구세력의 반격이 시작된 것이다. 번 내에서는 곤다유우에 대한 악평이 들끓어, 그 실패사례, 출납의 오류 등을 차례차례 폭로했다. 매일 같은 참언에 어느 사이에 번주 요시자네도 귀를 기울여, 곤다유우에 대한 두터운 신뢰도 점차 실추해갔다. 번주의 후원이 없으면 곤다유우의 지배는 이루어질 수 없다. 결국병을 이유로 쿄우토에 은거했다. 쿄우토에는 쓰시마의 저택이 있고, 생사거래에 따른 쿄우토 비단집과 교류하고 있었다. 그러나 실권을 잃은 곤다유우에 대한 노신들의 복수는 처참했다. 그의 은거를 용서하지 않았다. 칸분

4(1664)년에 그의 독재적 권한행사에 엄한 혐의를 걸었다. 무조법자라고 단죄하여 폐문을 명받았다. 그리고 자시키로(私設軟禁施設)에 갇혔다. 다음 칸분 5(1665)년에 자식 및 손자와 같이 사죄를 명받았다. 유예도 없이 항변도 허가하지 않고, 즉각 처형하고 말았다. 곤다유우는 번정개혁을 위해 그야말로 버리는 돌이었다.

爲心殿すなわち豊田藤兵衛は、この大浦權太夫の一族で、おそらくその甥に当たる人物であろう。大浦權太夫は、藩の財政に手腕を振るい、その要所、要所に、自らの意のままに動く身内を配していた。嫡子の權之助 (知行一五〇石)を大目付役並びに取次役に、次男の權內 (五〇俵扶持)を小納戶係並びに取次役に、甥の豊田藤左衛門を大坂代官に、娘婿の高雄才右衛門を御勘定手代にと任命していた。爲心すなわち豊田藤兵衛は、この大坂代官の豊田藤左衛門の弟と目される。大浦一族の一人として、藩経濟の主要ポスト、御賄方に任じられていた。

藤兵衛は二十三年前に逐電するが、歸參した貞享二年 (一六八五)から二十三年前とは、寛文二年 (一六六二)に該当する。これはまさに大浦權太夫失脚の年である。老臣たちの復讐が、いよいよ始まっていく。藩の取り調べは、まず御賄方から始まる。だから彼は、いち早く逃亡したのである。

이신덴, 즉 토요타 토우베에는 이 오오우라 곤다유우의 일족으로, 아마도 조카에 해당하는 인물이었다. 오오우라 곤다유우는 번의 재정에 수완을 발휘하여 그 요소요소에 자기의 뜻대로 움직이는 측근을 배치하고 있었다. 적자인 곤노스케(지행 150석)를 오오메쓰케역(감찰관) 및 토리쓰기 역에, 차남 곤나이(50표 후지)를 오난도계 및 토리쓰기역, 조카 토요타 토우자에몬을 오오사카 다이칸에, 사위 타카오 사이에몬을 오칸조테다시로 임명했다. 이신, 즉 토요타 토우베에는 이 오오사카 대관 토요타 토우자에몬의 동생으로 되어 있다. 오오우라 일족의 한 사람으로 번경제의 주요자리, 오마카나이역을 임명받았다.

토우베에는 23년 전에 출분했으나 다시 돌아온 조우쿄우 2(1685)년의 23년 전이라면 칸분 2(1662)년에 해당한다. 이것은 그야말로 오오우라 곤다유우가 실각하는 그해였다. 노신들의 복수가 막 시작된다. 번의 조사는 먼저 마카나이부터 시작된다. 그래서 그는 재빨리 도망친 것이다.

5) 伊奈鄕

對馬國は二郡八鄕からなる。すなわち上縣郡四鄕が豊崎鄕 (十七村)佐護鄕 (八村)伊奈鄕 (十六村)三根鄕 (十村)であり、下縣郡四鄕が仁位鄕 (十八村)与良鄕 (府中と三十村)佐須鄕 (九村)豆酘鄕 (三村)である。伊奈鄕の十六村とは、伊奈村、志多留村、越高村、御園村、犬ヶ浦村、瀨田村、樫瀧村、飼所村、鹿見村、久原村、女連村、琴村、茸見村、一重村、小鹿村、中原村である。

伊奈鄕越高村は、朝鮮への渡航往來の中繼地点、仁田湾の中にある。それゆえ賀島兵助が幾度六右衛門へ「御歸國の際、御面會を」と申し出たのである。

이나교우

쓰시마에는 2군 8향이 있다. 즉 카미아가타현 4향이 토요자키향(17촌), 사고향(8촌), 이나향(16촌), 미네향(10촌)이고, 시모아가타군 4향이 니이향(18촌), 요라향(부중과 30촌), 사스향(9촌), 쓰쓰향(3촌)이다. 이나향의 16촌이란 이나촌, 시타루촌, 코시타카촌, 오조노촌, 이누가촌, 세타촌, 카시타키촌, 카이토코로무라, 시카미촌, 쿠하라촌, 우나쓰라촌, 고토촌, 후키미촌, 히토에촌, 고시키촌, 나카하라촌이다.

이나향 코시타가촌은 조선으로 도항 왕래하는 중계지점으로 니타만 안에 있다. 그래서 카시마 효우스케가 여러 번 로쿠로우에몬에게 '귀국하실 때의 면회를' 신청했던 것이다.

釜山和館へ赴任した對馬藩役人は、藩廳のある對馬府中に戻るのに、この仁田湾を通過する。すなわち朝鮮の釜山を出航した船は、海峡を渡り對馬の北に達する。北端の佐須奈の關所 (北の番所)で、先ず潛商 (密輸)の疑いを吟味される。波の荒い冬季は鰐浦にも關所が置かれ、鰐浦碇泊も不可能な荒天の時、綱浦が使用された。その北端で通過を許された船は、對馬の西海岸を南下する。浦々を繋ぐ灘廻りにより、仁田湾を経由し、さらに

南の淺茅湾に入る。そして大船越の瀬戸 (運河)を通過する。この大船越にも關所 (口留番所)が置かれ、小番改め (積荷改め)がなされていく。この運河を通過することで、對馬の東海岸へと出る。海岸沿いに南下すれば、すぐ府中 (今の嚴原)である。これが交易船や送使船の、元禄期における主要な航路であった。ただ大型船は、淺く狹溢な大船越の運河を通過できない。その場合、北の佐須奈から直接、東海岸を南下することになる。巨大船で運航する朝鮮通信使の一行は、この運河を通過できなかった。東海岸を南下する航路を辿り、府中 (嚴原)へと入った。

　부산 왜관에 부임한 쓰시마번의 역인은, 번청이 있는 쓰시마 부중으로 돌아올 때는, 이 니타만을 통과한다. 즉 조선의 부산을 출항한 배는 해협을 건너 쓰시마의 북단에 이른다. 북단의 사스나 세키쇼(북의 번소)에서, 먼저 잠상(밀수)의 혐의를 조사받는다. 파도가 거친 동계에는 와니우라에도 세키쇼를 두어, 와니우라 정박도 불가능한 거친 날에는 쓰나우라를 사용했다. 그 북단에서 통과를 허가 받은 배는 쓰시마 서해안을 남하한다. 포구를 잇는 해변을 거쳐 니타만을 경유하여, 다시 남쪽의 아소만으로 들어온다. 그리고 오오후나코시의 세토(운하)를 통과한다. 이 오오후나코시에도 세키쇼(구치도메반쇼)가 있어, 고반아라타메(짐의 조사)를 한다. 이 운하를 통과하면 쓰시마 동해안으로 나온다. 해안선을 따라 남하하면 곧 부중(지금의 이즈하라)이다. 이것이 교역선이나 송사선의 원록기의 주요 항로였다. 다만 대형선은 얕고 좁은 오오후나코시를 통과할 수 없다. 그런 경우에는 북의 사스나에서 직접 동해안을 남하하게 된다. 거대선으로 운항하는 조선통신사 일행은 이 운하를 통과할 수 없었다. 동해안을 남하하는 항로를 따라 부중(이즈하라)으로 들어갔다.

　この大船越の瀬戸 (運河)の開削は、寛文十二年 (一六七二)のことである。この掘り切りによって、朝鮮から對馬府中までの海上交通路は安全になり、時間的にも空間的にも、そして感覺的にも、飛躍的に短縮した。それゆえ頻回の日朝往復が可能となった。延宝、天和、貞享そして元禄に到る對馬の繁榮は、この運輸の安定に負うところも大きかった。延宝六年 (一

六七八)の府中棧原 (さじきばら)の新館 (宗氏屋形)落成や、やはり同年 (一六七八)の釜山の新倭館 (草梁倭館)落成は、このような海運環境の中で行われていた。

賀島兵助が陶山庄左衛門の相談に乗れたのも、彼が仁田湾に面する越高村に居住していたからである。朝鮮への渡航往來の船が、ここに頻繁に立ち寄り、居ながらにして各種の情報が摑めたからである。すなわち冷静にして客觀的な判斷が、ここに在住することで下せたのである。

이 오오후나코시의 세토(운하)의 개삭은 칸분 2(1672)년의 일이었다. 그 파서 뚫은 것에 의해, 조선에서 쓰시마 부중까지의 해상교통로가 안전해지고, 시간적으로도 공간적으로도, 그리고 감각적으로도 비약적으로 단축되었다. 그래서 수많은 일조왕래가 가능했다. 엔호우, 텐나, 조우쿄우, 그리고 겐로쿠에 이르는 쓰시마의 번영은 이 운수의 안정에 힘입은 바가 컸다. 엔호우 6(1678)년의 부중 사지키하라의 신관(소우씨 야가타)의 낙성이나, 동년(1678)에 부산의 신왜관(초량왜관)의 낙성은 이러한 해운 환경 속에서 이루어졌다.

카시마 효우스케가 스야마 쇼우자에몬의 상담에 응한 것도, 그가 니타만에 면한 코시타카촌에 거주하고 있었기 때문이다. 즉 냉정하고 객관적인 판단이 이곳에 거주하는 일로 내릴 수 있었던 것이다.

6) 落合與兵衛

　　對馬府中藩士、おそらく大小姓 (中士)の身分にある人物。

　　오치아이 요베에

　　쓰시마부중의 번사. 아마도 오코쇼우(중사) 신분이었던 인물 같다.

7) 聞書

　　この序文を書いた人物がいる。往復書簡を見ることのできた人物で、それを今我々が見ることができるよう、保管していた。すなわち加島氏と陶山氏との間で交わされた兩氏往復の書狀の寫しを取っていた人物である。それは同時代の人物で、賀島氏とも陶山氏とも交流のある人物であろう。

いや賀島氏とは直接の交流は無いのかもしれない。そして落合與兵衛を知っている。その母とも交流があった。すなわち對馬藩士の一人である。そしてこの往復書簡の価値を知る人物、相当に知的レベルの高い人物である。それが誰かは分からない。

이 서문을 쓴 인물이 있다. 왕복서간을 볼 수 있는 인물로, 그것을 현재 우리들이 볼 수 있게끔 보관하고 있었다. 즉 카시마씨와 스야마씨 사이에 오간 양씨의 왕복서장을 복사해둔 인물이다. 그것은 동시대의 인물로 카시마씨와도 스야마씨와도 교류한 일이 있는 인물일 것이다. 아니 카시마씨와의 직접교류는 없었을지도 모른다. 그리고 오치아이 요베를 알고 있다. 그 어머니와도 교류가 있었다. 즉 쓰시마 번사의 하나이다. 그리고 이 왕복서간의 가치를 아는 인물, 상당히 지적 수준이 높은 인물이다. 그가 누구인지는 알 수 없다.

8) 小源治殿

賀島兵助には子供がいる。妻女の高碕氏との間に、元千代という子があった。だがこの子は田代在任中 (兵助四五歳の頃)に夭折している。だから小源治は、その弟と想定される。賀島兵助の肖像畫 (付随する肖像畫を参照)に、共に描かれる子は元千代である。元千代は肖像畫が描かれた後、そう遠くない時期に亡くなっている。肖像畫作成の折、その弟は載せられていない。肖像畫に載せるには、まだ彼は余りに幼すぎたのであろう。おとなしく座っていることの出來ぬ一、二歳、あるいは三、四歳程度であったかもしれない。肖像畫を元千代死去の一年前、つまり兵助四四歳の時と仮定すれば、この往復書簡の年は、それから七年後のことである。すると小源治の年齢は八〜十一歳ということになる。賀島兵助の夜も眠れぬほどの懊悩が、よく理解できよう。

오겐지 토노

카시마 효우스케에게는 자식이 있다. 처 타카사키씨와의 사이에 모토치요라는 아들이 있다. 그러나 이 아들은 타시로 재임 중에(효우스케 45세경)에 요절했다. 그러므로 오겐지는 그의 동생으로 상정된다. 카시마 효우스케의 초상화(부수하는 초상화 참조)에 같이 그려진 아들은 모토치요이다. 모토치요는 초상화가 그려진 후, 그리 멀지 않은 시기에 죽었다. 초상화를 만들 때, 그 동생은 실려 있지 않다. 초상화에 실리기에는 너무 어렸을 것이다. 얌전하게 앉아 있을 수 없는 1, 2세, 어쩌면 3, 4세 정도였을지도 모른다. 초상화를 모토치요가 죽기 1년 전, 즉 효우스케 44세일 때로 가정하면, 이 서간이 왕복하는 것은, 그로부터 7년 후의 일이다. 그러면 오겐지의 나이는 8~11세라는 것이 된다. 카시마 효우스케의 잠잘 수 없을 정도의 고뇌를 이해할 수 있을 것이다.

9) 江戸への御共

　宗義眞は元禄五年十月十五日に公儀から隠居を許された。そして同月二十三日、歸國のため江戸を發った。對馬に到着したのは翌元禄六年正月十六日のことである。以後、藩主ではなく御隠居様として、氣ままに過ごす予定であった。だが新藩主となった息子の義倫が、江戸にあって元禄七年九月二十七日に死去した。そこで義倫の弟の義方が新たな藩主となった。だが僅か十一歳の幼君である。父の義眞が後見役として再び藩政に復歸する。元禄七年十一月、朝鮮との外交交渉の責任者として、再び義眞に公儀からの下命があった。また再び江戸に出て、その指示を仰がねばならない。だから義眞は、元禄八年八月晦日、對馬を出發する。

　陶山庄右衛門が江戸行きの御共と称するのは、この義眞の元禄八年八月晦日の對馬府中出發を指す。義眞一行の旅は、對馬府中から大坂藏屋敷までは船便である。その後、大坂から江戸までは徒歩の旅であった。この海陸の旅は、虛弱な陶山にとって荷が重かった。主君に扈從しての江戸行きは、だから途中で挫折する。旅の途上、病を得て、ついに江戸には行けなかった。彼は京都で靜養する。陶山庄右衛門を京に殘し、義眞一行が江戸に到着したのは十月五日のことである。

에도의 동행

　소우 요시자네는 겐로쿠 5년 10월 15일에 장군에게 은거를 허가받았다. 그리고 동월 23일에 귀국하기 위해 에도를 떠났다. 쓰시마에 도착한 것은 다음 겐로쿠 6년 1월 16일의 일이다. 이후 번주가 아닌 은거의 몸으로 자유롭게 지낼 예정이었다. 그러나 신 번주가 된 아들 요시쓰구가 에도에서 겐로쿠 7년 9월 27일에 사거했다. 그래서 요시쓰구의 동생 요시미치가 새로운 번주가 되었다. 그러나 겨우 11세의 유군이다. 부 요시자네가 후견역이 되어 다시 번정에 복귀했다. 겐로쿠 7년 11월에 조선과의 외교교섭을 하는 책임자로 요시자네를 다시 임명한다는 장군의 명령이 있었다. 다시 에도에 가서 그 지시를 받지 않으면 안 되었다. 그래서 요시자네는 겐로쿠 8년 8월 그믐에 쓰시마를 출발한다.

스야마 쇼우에몬이 에도행에 동행했다는 것은, 요시자네가 겐로쿠 8년 8월 그믐에 쓰시마 후츄우를 출발한 것을 말한다. 요시자네 일행의 여행은 쓰시마 후츄우에서 오오사카 쿠라야시키까지는 선편이었다. 그 후 오오사카에서 에도까지는 도보 여행이었다. 이 해륙의 여행이 허약한 스야마에게는 무리였다. 주군을 모시고 에도에 가는 일은 그래서 좌절되었다. 여행 도중에 병을 얻어, 에도에 가지 못했다. 그는 쿄우토에서 정양했다. 스야마 쇼우에몬을 쿄우토에 남겨두고, 요시자네일행이 에도에 도착한 것은 10월 5일이었다.

江戸では對朝鮮政策を巡り、對馬藩と幕閣との間で、細かな打ち合わせがあった。陶山庄右衛門は江戸に赴いていないから、この複雑な打ち合わせに臨席していない。藩の重臣ではない彼が、ここで様々な意見の具申をすれば、必ずや、その後の反動が待っている。京にあって病氣静養に専念したのは、實に賢明な判斷であった。それは本文中にあるように、賀島兵助の教えに從っての行動であろう。彼は虚弱ではあっても、決定的に惡い病氣は持っていない。享年七十六歳という當時としては長命の部類に屬している。その死因も直前まで元氣な脳卒中である。意図的なものか、そうでないかは不明であるが、ともかく病を得て、藩老たちによる最終的な方針決定から、彼は或る一定の距離を置いていた。

宗義眞が幕府と打ち合わせを行い、方針決定の後、歸國の途に付くのは、翌元禄九年二月のことである。その十九日に江戸を發ち、四月八日に對馬に戻っている。陶山庄右衛門が對馬に戻ったのは、この宗義眞一行の歸國に伴うものであったろう。京で合流し、大坂からの船に同乗し、元禄九年四月八日、對馬府中(今の嚴原)に到着したに違いない。

에도에서는 대 조선정책을 둘러싸고 쓰시마번과 막각 사이에 자세한 협의가 있었다. 스야마 쇼우에몬은 에도에 가지 않았으므로, 이 복잡한 협의에 임석하지 않았다. 번의 중신이 아닌 그가 여기서 여러 의견을 이야기하면 분명히 그 후의 반동이 따른다. 쿄우토에 있으며 병의 정양에 전념한 것은 참으로 현명한 판단이었다. 그것은 본문 중에 있듯이 카시마 효우스케의 가르침에 따른 행동일 것이다. 그는 허약하다 해도 결정적으로 나쁜 병은 없었다. 향년 76세는, 당시로서는 장수 축에 속한다. 그의 사인도 직전까지 건강한 뇌졸중이었다. 의도적인 것인가, 그렇지 않은가는 불명이나, 어쨌든 병을 얻어, 번로들이 최종적으로 정하는 방침에, 그는 일정한 거리를 두고 있었다.

소우 요시자네가 막부와 협의하여 방침을 결정하고 귀국하는 길에 오르는 것은, 다음 겐로쿠 9년 2월의 일이다. 2월 19일에 에도를 떠나 4월 8일에 쓰시마로 돌아왔다. 스야마 쇼우에몬이 쓰시마로 돌아온 것은, 소우 요시자네 일행의 귀국에 동반하여 이루어졌을 것이다. 쿄우토에서 합류하여 오오사카에서 배를 동승하여, 겐로쿠 9년 4월 8일에 쓰시마 부중(지금의 이즈하라)에 도착했음에 틀림없다.

10) 采女殿

　　杉村采女、名は眞顯。先代の杉村采女智廣は、江戸時代唯一のソウル訪問を果たした人物である。寬永七年　（一六二九）の日本國王使派遣において、正使は規伯玄方　（以酊庵の第二世）、そして副使が杉村采女智廣である。杉村采女眞顯は、その嫡子である。杉村家、古川家、平田家を、對馬府中藩の御三家という。ここの当主が、代々對馬藩の家老職を継ぐ。家老のことを当時は年寄と称していた。この年寄合議の下に、諸役上席、与頭、寺社奉行、勘定掛、郡奉行、御船奉行、大目付、御用人などが、それぞれの役職を勤めていく。そのような職制の構成があった。一般の藩士の身分は、馬廻（上士）、大小姓（中士）。徒士（下士)に分けられる。そして地方には郷士がいる。そのような人士の構成であった。杉村采女とは、そのような對馬府中藩の、人的構成の最上位に位置する人物である。

우네메 토노

　　스기무라 우네메, 이름은 신켄. 선대 스기무라 우네메토모히로는 에도시대에 유일하게 한양을 방문한 인물이다. 칸에이 7(1629)년에 일본국왕사 파견에 있어, 정사는 키하쿠 겐보우(이안테이의 제2세), 그리고 부사가 스기무라 우네메토모히로이다. 스기무라 우네메신켄은 그 적자이다. 스기무라가, 후루카와가, 히라타가를 쓰시마 부중의 3가라 한다. 이 당주가 대대로 쓰시마번의 가로직을 잇는다. 가로를 당시는 토시요리로 칭하고 있었다. 이 토시요리의 합의하에 제역상석, 토모카시라, 지샤부교우, 칸죠우가카리, 군부교우, 오후나부교우, 오오메쓰케, 고요우닌 등이 각각의 역직을 맡고 있다. 그러한 직제 구성이었다. 일반 번사의 신분은 우마마와리(상사), 오오고쇼(중사), 카치(하사)로 구별된다. 그리고 지방에는 향사가 있다. 그러한 인사의 구성이었다. 스기무라 우네메는 그러한 쓰시마 부중의, 인적 구성의 최상위에 위치하는 인물이었다.

11) 朝鮮への御渡海、

　　杉村采女眞顯は、この元祿八年五月、竹島一件の使者として釜山を訪問し、交涉を行っている。その時の使者の一行に陶山庄右衛門がいる。この時の參判使を列擧すると、次のようなメンバーである。

正官　　　杉村采女

副官　　　幾度六右衛門

都船主　　陶山庄右衛門

封進役　　木寺利兵衛

　　正官とは正使、今で言う大使である。そして副官とは次官、今で言う公使である。都船主とは使節一行の船団長で、實質を采配する實務官の總責任者である。封進役とは進物役 (贈物品、贈物書簡の担当役)のことで、一行の會計責任者である。彼らは二月に指名され、四月末に五十六挺立て一艘、小早一艘、荷船一艘、鯨船一艘の四艘で、府中を出發した。この一行の總勢は七十四人である。五月十一日に釜山の倭館に入り、それから一ヶ月間に渡り、東萊府との間で外交交涉を續けた。陶山庄右衛門は、この一行の實務の總責任者であった。すなわち外交交涉の最前線に在って、朝鮮の譯官たちと、嚴しく對峙したのである。だが結果は不調に終わり、六月十七日、對馬に歸着した。その折の朝鮮交涉の経験を踏まえ、この七月の、陶山と賀島との間で交わされた往復書簡に到るのである。

조선 도해

스기무라 우네메신켄은 이 겐로쿠 8년 5월에 타케시마잇켄의 사자로 부산을 방문하고 교섭을 했다. 그 사자 일행에 스야마 쇼우에몬도 있다. 이때의 삼판사를 열거하면 다음과 같은 멤버이다.

정관　　스기무라 우네메
부관　　기도 로쿠에몬
도선주　스야마 쇼우에몬
봉진역 키테라 토시베에

정관이란 정사 지금으로 말하면 대사이다. 그리고 부관이란 차관, 지금으로 말하면 공사이다. 도선주란 사절 일행의 선단장으로, 실질을 다루는 실무관의 총책임자이다. 봉진역이란 진물역(증물품, 증물서간의 담당역)으로 일행의 회계책임자이다. 그들은 2월에 지명되어, 4월 말에 56정립의 1소, 코하야 1소, 화물선 1소, 쿠지라부네 1소의 4소로, 부중을 출발했다. 이 일행의 총세는 74인이다. 5월 11일에 부산의 왜관에 들어가, 그로부터 한 달에 거쳐서 동래부와 외교교섭을 계속했다. 스야마 쇼우에몬은 이 일행의 실무의 총책임자였다. 즉 외교교섭의 최전선에 있으며 조선의 역관들과 엄하게 대치했던 것이다. 그러나 결과는 부조로 끝나, 6월 17일에 쓰시마로 귀착했다. 그때 조선과 교섭한 경험을 토대로, 그해 8월에 스야마와 카시마가 주고받는 서간의 왕복이 이루어지게 된 것이다.

12) 主君

元祿七年九月、對馬府中藩の第四代藩主、宗義倫　　(よしつぐ)が死去する。諡号は靈光院である。この十一月には弟の義方 (よしみち)が藩主の地位を継ぐ。宗次郎 (次郎君)とも称する。まだ十一歳の少年であった。それゆえ隱居していた父の義眞 (よしざね)が後見役として復歸し、再び藩政を見る。だからこの往復書簡の時期、主君 (藩主)とは十二歳になった宗義方のことである。

だが實際に藩政を動かしていたのは御隱居樣 (宗義眞)であり、その股肱の臣たちであった。つまり名目の主君は義方であり、實質の主君は義眞ということになる。義方が成人となり藩政を動かすのは元祿十五年　(一七〇二)からで、父義眞の死去後である。この第五代藩主、義方の諡号は大桁院

である。

宗義眞（一六三九〜一七〇二）は對馬府中藩の第三代の当主で、謚号は天龍院である。第二代宗義成（よしなり）の長男で、明暦三年（一六五七）父の死去に伴い家督を継いだ。同時に、侍従、對馬守に任官する。大浦權太夫を重用し、藩政改革を断行した。石高一万石程度の對馬藩を、名目十万石格にまで高め、對馬藩の最盛期を築き上げる。だがその放漫財政は、對朝鮮貿易の減退と共に、藩経営を大幅に狂わせていった。それを改善するための献策が、賀島兵助による「賀島兵助言上書」である。だがこの献策は取り上げられることはなかった。むしろ賀島兵助自身、口出し無用と蟄居を命ぜられた。元禄五年（一六九二）嗣子義倫に家督を譲り、義眞が隠居する頃は、對馬府中藩の凋落は、もうどうにもならなくなっていた。だが義倫の病弱そして早世、また幼い義方の後見と、なお自らで藩政を動かし續ける。なお放漫財政のまま藩運営を續けていた。その間に藩財政は、さらに急落する。晩年の元禄十二年（一六九九）いよいよ財政も行き詰まってしまい、再建のため家臣の知行借上を行うまでになっていた。元禄十五年（一七〇二）八月、死去した。享年六四歳であった。

주군

겐로쿠 7년 9월에 쓰시마부중번의 제4대 번주 요시쓰구가 서거했다. 시호는 레이코우인이다. 이해 11월에는 동생 요시미치가 번주의 지위를 이었다. 소우 지로우(지로우노키미)라고도 한다. 아직 11세의 소년이었다. 그래서 은거했던 부 요시자내가 후견역을 맡아 복귀하여 다시 번정을 보게 되었다. 그러므로 이 서간이 왕복할 시기의 주군(번주)이란 12세의 소우 요시미치를 말한다.

그러나 실제로 번정을 움직이고 있었던 것은 은거하신 소우 요시자내이고, 그의 고굉의 신들이었다. 즉 명목의 주군은 요시미치이고, 실질의 주군은 요시자내였다는 것이 된다. 요시미치가 성인이 되어 번정을 움직이는 것은 겐로쿠 15(1702)년부터로, 부 요시자내가 사거한 후부터이다. 이 5대 번주 요시미치의 시호는 다이코우인이다.

소우 요시자내(1639~1702)는 쓰시마 부중번의 제3대의 당주로, 시호는 덴류우인이다. 제2대 소우 요시나리의 장남으로, 메이레키 3(1657)년에 부가 서거하자 가독을 계승했다. 동시에 시종 쓰시마노카미에 임관한다. 오오우라 곤다유우를 중용하고 번정의 개혁을 단행했다. 코쿠타카 1만 코쿠 정도의 쓰시마번을 명목 10만 코쿠격까지 높여, 쓰시마번의 최성기를 구축했다. 그러나 그런 방만한 재정은 대조선무역의 감퇴와 더불어, 번경영을 크게 어지럽혔다. 그것을 개선하기 위한 헌책이 카시마 효우스케의 "카시마 효우스케언상서"였다. 그러나 이 헌책은 받아들여지는 일이 없었다. 오히려 카시마 효우스케 자신에게 말하지 말라는 칩거를 명했다. 겐로쿠 5(1692)년에 사자 요시쓰구에게 가독을 양도하고 요시자네가 은거할 때는 쓰시마 부중번의 조락은 이미 어찌할 수 없는 상황이었다. 그러나 병약한 요시쓰구가 죽자, 다시 어린 요시미치를 후견하기 위해 다시 후견역이 되어 스스로 번정을 계속해서 움직이게 되었다. 그러면서 방만재정 운영을 그대로 계속했다. 그 사이에 번재정은 더욱 급락했다. 만년의 겐로쿠 12(1699)년에는 결국 재정도 갈 때까지 가버리자, 재건을 위해 가신의 지행을 빌리기까지 했다. 겐로쿠 15(1702)년 8월에 서거했다. 향년 64세였다.

13) 與左衛門殿

　　對馬藩の年寄 (家老)多田與左衛門のこと。唐風名を橘眞重という。この四月九日の相談は、元祿七年の出來事である。元祿八年の四月には、多田は倭館在住で、對馬には居なかった。この多田の足跡を少しばかり追っておく。

　　多田は元祿六年、この竹島の件について、最初の使者として渡海した。多田が對馬の府中を發ったのは元祿六年十月二二日のことで、倭館に着いたのが十一月二日である。その後、倭館に在って朝鮮との間で困難な交渉を行っていく。再び對馬に戻るのは、元祿七年のことで、二月二二日に乘船し、二四日に對馬の北、鰐浦に着いた。府中に入ったのは二七日である。この時、朝鮮から持ち歸った書翰に、竹島と鬱陵島という一島二名の記載があった。「日本之竹嶋」そして「弊境之鬱陵島」である。だがこの鬱陵島の文言は、宗義眞と藩老臣たちの意に添わなかった。この文字を除くため、再び多田に使者としての渡海が命じられた。

요자에몬 토노

쓰시마번의 토시요리(가로) 타다 요자에몬. 당풍의 이름을 타치바나 마
사시게라고 한다. 이 4월 9일의 상담은 겐로쿠 7년에 일어난 일이다. 겐로
쿠 8년 4월에 타다는 왜관에 재주하여 쓰시마에 없었다. 타다의 족적을 약
간 살펴본다.

타다는 겐로쿠 6년에 죽도의 건에 대하여, 최초의 사자로서 도해했다. 타
다가 쓰시마 부중을 떠난 것은 겐로쿠 6년 10월 22일로, 왜관에 도착한 것
이 11월 2일이었다. 그후 왜관에 있으며 조선과 어려운 교섭을 행해간다.
다시 쓰시마로 돌아온 것은 겐로쿠 7년의 일로, 2월 22일에 승선하여 24일
에 쓰시마의 북쪽 와니우라에 도착했다. 부중에 들어간 것은 27일이다. 이
때 조선에서 가지고 들어온 서한에, 죽도와 울릉도라고 하는 일도이명의 기
재가 있었다. '일본지죽도' 그리고 '폐경지울릉도'이다. 그러나 이 울릉도의
문언은 소우 요시자네와 번의 노신들의 뜻에 맞지 않았다. 이 문자를 제거
하기 위해 다시 타다를 사자로 해서 도해할 것을 명했다.

多田は元祿七年五月二八日、府中を出船し、翌閏五月十三日、倭館に到
着した。以後、再び朝鮮との間で困難な交渉を續けた。九月十日、朝鮮政
府から倭館に、新たな書翰がもたらされた。この內容は對馬にとって、さ
らに嚴しいものだった。竹島と鬱陵島は一つの島で、しかもそれは朝鮮領
であるとする。朝鮮領の島に、朝鮮人渡海禁止を申し入れるのは、まさに
兩國誠信の道に反すると主張するもので、むしろ日本人の鬱陵島渡海こそ
禁止されるべきとあった。しかもこの書翰內容は變更を認めないと、正式
書翰を未開封にして送付してきた。こうなれば完全な決裂である。「最
早、大事目前ニ而、亡國之節到來」と多田は心配した。さらに打開策を求
めるが埒が明かない。完全な膠着狀態に陷ったまま年が明けた。

타다는 겐로쿠 7년 5월 28일에 부중을 출선하여 다음 윤 5월 13일에 왜
관에 도착했다. 이후 또다시 조선과 어려운 교섭을 계속했다. 9월 10일에
조선정부에서 왜관에 새로운 서한이 왔다. 이 내용은 쓰시마에게는 더욱 나
쁜 것이었다. 죽도와 울릉도는 하나의 섬으로, 그것은 조선령이라고 한다.

조선령의 섬에 조선인의 도해금지를 요구하는 것은, 그야말로 양국의 성신의 도에 반한다고 주장하는 것으로, 오히려 일본인의 울릉도 도해를 금지해야 한다는 내용이었다. 더구나 이 서한의 내용은 변경을 인정하지 않는다며, 정식서한을 미개봉으로 해서 송부해 왔다. 이렇게 되면 완전한 결렬이었다. "이미 대사를 목전에 두고, 망국의 때가 도래했다."라고 타다는 걱정했다. 더욱더 타개책을 구하지만 방법이 없다. 완전히 교착 상태에 빠진 상태로 새해가 밝았다.

多田は倭館に在住し續けたが、なお解決の目處は付かない。そのような中、交渉の打開を求め、對馬から新たな使者が發った。正官杉村釆女、副官幾度六右衛門、都船主陶山庄右衛門のメンバーである。彼らは五月十一日に倭館に入り、交渉を開始した。このとき多田は陶山と謀り、疑問四ヶ條を東萊府へ呈示した。それを朝鮮の朝廷へ送るよう、強く申し入れをしている。だがそのような強硬路線も、結局通用しなかった。交渉は不調に終わる。多田は、朝鮮からの返翰を敢えて持ち歸らず、倭館の館守に預け置く。そして新たな使者一行と共に、六月十日、倭館を出船し、同十七日、對馬府中に歸着した。

もはや完全に手詰まりの狀態に陷っていた。取るべき手段は皆無である。そのような時期に、この「竹島文談」が語り合われた。結局、交渉は中斷のままに推移し、對馬藩も公儀の方針を仰がざるを得なくなっていた。もはや多田の役割は消滅である。宗義眞の江戸行き以後、つまり對馬藩の方針が轉換した後は、もう交渉の前面に立つことはなかった。後面に退き、求められれば意見の具申をするだけとなっていた。元祿十年三月、なお決着に到る前、多田は死去した。

타다는 왜관에 계속해서 주재했지만 해결의 방법은 없다. 그러한 시기에 교섭의 타개를 위하여 쓰시마에서 새로운 사자가 떠났다. 정관 스기무라 우네메, 부관 기도 로쿠에몬, 도선주 스야마 쇼우에몬의 멤버이다. 그들은 5월 11일에 왜관에 들어 교섭을 개시하였다. 이때 타다는 스야마와 의논하여 의문 4개조를 동래부에 보냈다. 그것을 조선의 조정에 보낼 것을 강하게 요청했다. 그러나 그러한 강경노선도 결국 통하지 않았다. 교섭은 부조로 끝났다. 타다는 조선의 반서를 일부러 가지고 돌아가지 않고, 왜관의 관수에게 맡겨두었다. 그리고 새로운 사자 일행과 함께 6월 10일에 왜관을 출선하여 동17일에 쓰시마 부중에 귀착했다.

이미 완전히 막힌 상태에 빠졌다. 취할 수 있는 수단은 전무였다, 이러한 시기에, 이 '타케시마분단'이 이루어졌다. 결국 교섭은 중단 상태로 쓰시마번도 막부의 방침을 바라보고 있을 수밖에 없었다. 이미 타다의 역할은 소멸되었다. 소우 요시자네의 에도행 이후, 즉 쓰시마번의 방침이 전환한 후에는 교섭의 전면에 서는 일이 없었다. 뒤로 물러나 요구받으면 의견을 말하는 정도였다. 겐로쿠 10년 3월, 아직 결착되기 전에 타다는 사거했다.

14) 肅拜所

壬辰倭亂以後、朝鮮を訪れた日本 (對馬)の使節は、上京を許されず、草梁倭館の周辺に、その移動を制限されていた。しかし、この地で交歡の、もてなしを受けていた。

對馬藩の使節一行は、釜山浦に着き下船すれば、その入船後、茶礼 (下船茶礼宴)が催され、もてなされた。そして釜山浦を出航し、對馬へ向かう折には、その出船前に、また茶礼 (上船茶礼宴)が催され、もてなされた。その間には封進宴席も催される。入船と出船の時の茶礼、そして封進の宴席、それぞれに肅拜所で殿牌に對し拝礼が行われる。殿牌とは、草梁客舎に安置された國王の象徴である。その殿牌の安置されている客舎を、拝礼が行われるがゆえ、肅拜所と称した。それは草梁和館の北にある。

숙배소

임진왜란 이후에 조선을 방문한 일본(쓰시마)의 사절은 상경을 허락받지 못하고 초량왜관의 주변으로 그 이동을 제한하고 있었다. 그러나 이 땅에서 행하는 교환의 대접은 받고 있었다. 쓰사마번의 사절 일행은 부산포에 도착하여 하선하면, 입선 후에 다례(하선 차례연)가 개최되어 대접받았다. 그리고 부산포를 출항하여 쓰시마로 향할 때에는, 그 출선 전에 또 차례(상선 차례연)를 열고 대접했다. 그 사이에는 봉진연석도 열린다. 입선과 출선 때의 차례, 그리고 봉진의 연석이 각각의 숙배소에서 전패에 대한 배례를 행한다. 전패란 초량객사에 안치된 국왕의 상징이다. 그 전패를 안치하고 있는 객사를 배례를 행하는 곳이라 해서 숙배소라고 칭했다. 그것은 초량왜관의 북쪽에 있다.

　肅拜の儀礼は、まず參判使の一行が和館から肅拜所と稱する儀式場まで行列を組んで行進するところから始まる。朝鮮通信使が江戸へ向かう、その行進のミニチュア版である。一行は行進の後、肅拜所に於いて拜礼の儀式を濟ませる。對馬 (藩)宗氏は、朝鮮國王に對し朝貢的な儀礼を行っていた。殿牌の前に直立し、膝を曲げ鞠躬 (伏せるように大きく前に屈む)の姿勢で四拜する。その一拜ごとに、朝鮮の小通辭 (下級譯官)が「お立ち」と叫び、それまで身を起こしてはならなかった。しかも殿牌の前には、朝鮮側の役人が居並ぶから、殿牌への拜礼は、あたかも朝鮮側の役人へ最高級の拜礼となった。この朝貢儀礼は、直接に貿易の利益に關わる對馬藩でなくては行えないものであった。日朝兩國關係の円滑な交流、その外交關係の安定のためには、幕府へも臣從、そして朝鮮へも臣從する對馬藩の存在は不可欠であった。

　そのような一連の儀式が終われば、一行は再び行列を組んで倭館の近くにある宴大廳 (宴享大廳)に戻る。この宴大廳で、正官から伴從まで、酒宴と食事膳部の接待が行われる。これが宴享儀である。ここでは、もう對等の応接で、右に朝鮮側の役人が座り、左に對馬側の使者が座る。酒 (九獻の重ね)と肴 (七種の珍味)での公式接待である。樂人らによる歌と舞 (小童舞や妓姫舞)があり、ここで互いの歡談が盡くされた。

東萊府使接倭圖(十曲一隻の一部)
大韓民國國立中央圖書館藏

숙배의례는 먼저 삼판사 일행이 왜관에서 숙배소라고 칭하는 의식장까지 행렬을 지어 행진하는 것으로 시작된다. 조선통신사가 에도에 가는, 그것의 축소판이다. 일행은 행진 후에 숙배소에서 배례의식을 마친다. 쓰시마(번) 소우씨는 조선국왕에 대해 조공적인 의례를 행하고 있었다. 전패 앞에 직립하여 무릎을 구부려 국궁(엎드리는 것처럼 크게 앞으로 구부림)의 자세로 4배한다. 그 한 배 할 때마다 조선의 소통사(하급 역관)가 "일어나."라고 외치는데, 그때까지 몸을 일으켜서는 안 되었다. 그것도 전패 앞에는 조선 측 역인이 나란히 앉아 있어, 전패의 배례는 마치 조선 측 역인에 대한 최고급의 배례가 되었다. 이 조공의례는 직접 무역의 이익에 관계하는 쓰시마번이 아니라면 행할 수 없는 일이었다. 일조 양국관계의 원활한 교류, 외교관계의 안정을 위해서는, 막부에도 신종하고, 조선에도 신종하는 것은, 쓰시마번이 존재하기 위해서는 불가결한 일이었다.

그러한 일련의 의식이 끝나면 일행은 다시 행렬을 지어 왜관의 가까운 곳에 있는 엔다이쵸우(연향대청)로 돌아간다. 이 엔다이쵸우에서 정관부터 반종까지, 주연과 식사의 접대가 이루어진다. 이것이 연향의이다. 여기서는 대등한 응접으로, 오른쪽에 조선 측 역인이 앉고 왼쪽에 쓰시마 측의 사자가 앉는다. 술(9헌의 중복)과 효(7종의 진미)의 공식 접대이다. 악인들에 의한 가무(소동무나 기희무)가 있어, 여기서 서로 환담을 즐겼다.

15) 河內益右衛門殿

對馬府中藩の書役、すなわち御祐筆である。

카와치 마스에몬 토노

쓰시마번 부중번의 기록 담당역, 다시 말해 고유우히쓰이다.

16) 西山寺

西山寺の始まりは古い。天安元年(八五七)の擾亂により、對馬國分寺が炎上して消滅した。その跡地に大日堂が再建され、大日寺と称されていた。永正九年(一五一二)宗貞國(一四二二~一四九四)の夫人を、この大日寺に葬って以來、その法諡により西山寺と称するようになった。西山寺は南禪寺の末寺として、對馬臨濟宗の僧錄となる。寬永十二年(一六三五)柳

川一件 (國書改竄事件)によって、外交文書を檢閲する「以酊庵輪番制」が成立した。幕府は京都五山のうち四山 (天龍寺、建仁寺、相國寺、東福寺)の碩學僧を、輪番で對馬の以酊庵に派遣し、對馬が扱う外交文書を檢閲させた。この以酊庵が享保十七年(一七三二)に消失したため、以酊庵の學僧が、この西山寺を以酊庵として使用する。だが慶応末年に以酊庵輪番制の廢止に伴い、再びここは西山寺として復歸する。以酊庵の後事をも取り扱う關係上、この西山寺には、以酊庵開山の景轍玄蘇と、第二世の規伯玄方の像が伝わる。

사이산지

사이산지의 시작은 오래되었다. 텐안 원(857)년의 요란에 의해 쓰시마의 코쿠분지가 화재로 소멸되었다. 그 유적지에 다이니치도우가 재건되어 다이니치지라고 불렀다. 에이쇼우 9(1512)년에 소우 사다쿠니(1422~1494)의 부인을 이 다이니치지에 모신 이래 그 법시에 따라 사이산지라 부르게 되었다. 사이산지는 난젠지의 말사로 쓰시마 임제종의 승록이다. 칸에이 12(1635)년의 야나기가와 일건(국서개찬사건)에 의해 외교문서를 검열하는 '이테이안 윤번제'가 성립했다. 막부는 쿄우토 5산 중 4산(텐류우지, 켄인지, 소우코쿠지, 토후쿠지)의 석학승을 윤번으로 쓰시마의 이테이안에 파견하여 쓰시마가 취급하는 외교문서를 검열시켰다. 이 이테이안이 쿄우호우 17(1732)년에 소실되었기 때문에, 이테이안의 학승이 이 사이산지를 이테이안으로 사용한다. 그러나 케이오우 말년에 이테이안 윤번제의 폐지와 더불어 다시 이곳은 사이산지로 복귀한다. 이테이안의 후사도 취급하는 관계상 이 사이산지에는 이테이안 개산의 케이테쓰 겐소와 제2세의 기하쿠 겐보우의 상이 전해진다.

さて、ここで言う西山寺とは、その名刹西山寺の學僧のことである。当時の住職は梅山玄常である。この常長老は、なかなかの學僧で「奥毎日記」には、宗義眞に對する講釋の記事が散見される。その有り余る知識で、對馬の南端、豆酘の「天道法師緣起」なども書いている。寛文十一年 (一六七一)の釜山倭館の移轉交渉 (第五次交渉)では、乞われて朝鮮への使者となっ

た。正使津江兵庫、副官釋玄常（梅山玄常）、都船主寺田案右衛門というメンバーである。この時、津江は非常な覺悟で交涉に臨み、茶禮や宴席も辭退し、ひたすら交涉の進展を期した。しかし朝鮮側の反応は全く否定的で、たまりかねた津江は、禁を犯し、倭館を出る。直接東萊に乗り込み、東萊府使と直談判に及んだ。このような津江に對し、倭館で待機するよう朝鮮側の說得があったが、だが津江は応じない。なお交涉は進展せぬまま、津江は東萊にて自決する。倭館では当時、不審の失火が相次ぎ、いよいよ日朝の間で、戰亂の勃發かと、不穩な空氣が漂い始めていた。このような中で、なおも梅山玄常と寺田案右衛門とは交涉を續けた。そして翌寬文十二年（一六七二）から始まる第六次交涉に、なんとか道を繋げた。この第六次交涉によって、ようやく豆毛浦から草梁への、倭館の移轉が決定した。

　そのような経歴を持つ西山寺の梅山玄常である。当然ながら對朝鮮交涉には、一家言を持っていた。交涉上手の玄常は、また藩主の図書（朝鮮から受ける銅印のこと）をめぐる交涉でも、しっかり朝鮮側と渡り合っている。その通商の權益確保に、彼は大いに活躍していた。

　그런데 여기서 말하는 사이산지란 그 명찰 사이산지의 학승을 말한다. 당시의 주지는 마이산 겐조우였다. 이 주지는 상당한 학승으로 '오쿠고토닛키'에는 소우 요시자네에 대한 강석의 기사가 산견된다. 그 넘치는 지식으로 쓰시마의 남단 쓰쓰의 '천도법사연기' 등도 썼다. 칸분 11(1671)년에 부산왜관의 이전 교섭(제5차 교섭) 때에는 요청받아 조선에 가는 사자가 되었다. 정사 쓰노에 효우고, 부관 샤쿠겐조우(바이산 겐조우), 도선주 데라다 안베에라는 멤버였다. 이때 쓰노에는 비상한 각오로 교섭에 임하며 차례나 연석도 거절하고, 오로지 교섭의 진전을 기했다. 그러나 조선 측의 반응은 아주 부정적으로, 참지 못한 쓰노에는 법을 어기고 왜관을 나갔다. 직접 동래에 들어가 동래 부사와 담판하게 되었다. 이러한 쓰노에에 대하여 왜관에 대기하도록 하라는 조선 측의 설득이 있었지만 쓰노에는 응하지 않았다. 그래도 교섭이 진전되지 않은 상태로 쓰노에는 동래에서 자결한다. 왜관에서는 당시 수상한 불이 계속되어 드디어 일조 사이에 전란이 발발하는가라는 불온한 공기가 떠돌기 시작했다. 이러한 상황에서도 바이산 겐조우와 테라다 안에몬은 교섭을 계속했다. 그리고 다음 칸분 12(1672)년부터 시작하는 제6차 교섭의 길을 겨우 연결시켰다. 이 6차 교섭에 의해 드디어 두모포에서 초량으로 왜관을 이전하는 것이 결정되었다.

이러한 경력을 가진 사이산지의 바이산 겐조우이다. 당연히 조선교섭에는 일가견을 가지고 있었다. 교섭에 능한 겐조우는 또 번주의 도서(조선에서 받는 동인에 관한 일)를 둘러싼 교섭에서도, 차분히 조선 측과 대응하고 있었다. 그 통상의 권익확보에 크게 활약하고 있었다.

17) 加納幸之助殿

對馬藩の馬廻 (上士)で、御用人を勤める。名は貞淸という。平田直右衛門、陶山庄右衛門と共に「宗家家譜」を編纂した。また澤田源八と共に「對州神社誌」 を編纂した。知的レベルの高い人物である。『對馬人物誌』 (長崎縣敎育委員會對馬部會編、大正六年刊)によれば、芳洲の友人として列擧された人物群の中に、大浦忠左衛門、松浦儀右衛門、賀島兵助、陶山庄右衛門、古川繁右衛門、瀧六郎右衛門と並び、この加納幸之助の名がある。この記述は雨森芳洲と親しかった藩医古藤文庵の「備忘記」によるという。但し雨森芳洲と賀島兵助との、直接の接点は無い。すなわち賀島兵助を雨森芳洲の友人とするのは、古藤文庵の筆の滑りである。ともあれ加納幸之助は、当時の對州を代表する知識人の一人であった。

카노우 코우노스케 토노

쓰시마번의 우마마와리(상사)로, 고요우닌으로 근무했다. 이름은 사다키요라한다. 히라타 나오에몬, 스야마 쇼우에몬과 같이 『소우케가후』를 편찬했다. 또 사와다 겐하치와 함께 『타이슈우신사지』를 편찬했다. 지적 수준이 높은 사람이다. 『쓰시마 인물지』(나가사키현 교육위원회 쓰시마부회편. 타이쇼우 6년간)에 의하면, 호우슈우의 우인으로 열거된 인물군 중에, 오오우라 타다자에몬, 마쓰우라 요시에몬, 카시마 효우스케, 스야마 쇼우에몬, 후루카와 시게에몬, 로우로쿠로우에몬과 같이 카노우 코우스케의 이름이 있다. 이 기술은 아메노모리 호우슈우와 친했던 번의 고토우 분안의 '비망기'에 의한다 한다. 다만 아메노모리 호우슈우와 카시마 효우스케의 직접적인 접점은 없다. 즉 카시마 효우스케를 아메노모리 호우슈우의 우인으로 하는 것은 코토우 분안의 기록에 의한다. 어쨌든 카노우 코우노스케는 당시

쓰시마를 대표하는 지식인의 한 사람이었다.

18) 瀧六郎右衛門殿

　　初名は治左衛門、後に六郎右衛門と名乗った。名は方相である。寛文六年 (一六六六)より出仕し、翌年には書物掛に任じられている。だから延宝元年 (一六七三)出仕の陶山庄右衛門より、若干年長の人物である。

　　瀧六郎右衛門は、後には田代領の代官役、藩主後見 (宗義眞)の近習役を勤める。この往復書簡の頃すなわち元禄八年には、朝鮮御用之書物を扱う役職に就いていた。「國表毎日記」七月三日條に「御用ニ付西山寺、瀧六郎右衛門、平田茂左衛門被召出朝鮮御用之書物樋口靭負杉村賴母御取次ニ而爲御見被成ル」とある。西山寺の住職である先にも述べた梅山玄常長老も、二度も漂着異國船の筆談役を勤め元禄九年から長崎聞役となる平田茂左衛門も、もちろんこの瀧六郎右衛門も、眞文 (漢文)を操ることに巧みな藩有数の知識人たちである。彼らは對馬の對外交渉における、まさにシンクタンクを形成していた。彼らは藩政について、外交について、實に様々なテーマで議論を闘わせていた。芳洲の日記風の覺書『日乗』元禄十一年七月十九日條には「今夕采女殿、陶公と我とを召し、其の家に於いて、時に六郎右衛門殿また座に在り、六郎と我、二人議論不合、論爭はこれ久しく夜まさに明け方にて退く」とある。杉村采女宅で陶山庄右衛門と瀧六郎右衛門と雨森東五郎 (芳洲)とが議論を續け、殊に瀧と雨森との論爭は、ついに明方まで續いていたというのである。

　　古藤文庵の覺書「閑窓獨言」には「瀧六郎右衛門初名治左衛門ハ賢才ノ人也ト東五郎殿稱美ナサレ尊敬有之、田代御代官之節治功數多有之、後來ノ掟ト成タル由、學才有テ武術ニモ達シ事ヲ取行ナハレ候」とある。雨森東五郎が殊に尊敬する識見高い文武兩道の人物であった。

로우로쿠로우에몬 토노

　초명은 하루자에몬으로 후에 로쿠로우에몬으로 이름했다. 이름은 호소우이다. 칸분 6(1666)년부터 출사하여 익년에는 기록계에 임명되었다. 그러므로 엔호우 원(1673)년에 출사한 스야마 쇼우에몬보다 약간 연장의 인물이다.

로우로쿠로우에몬은 후에는 타시로령의 다이칸역, 번주를 후견하는 소우 요시자네의 긴슈우역을 지낸다. 이 왕복 서간이 오갈 때, 즉 겐로쿠 8년에 는 조선에 관한 기록물을 취급하는 역직을 맡았다. '국표매일기' 7월 3일조 에 "용무가 있어 사이산지, 로우로쿠로우에몬, 히라타 타케자에몬을 불러 조선어 용지서물을 히구치 진후, 스기무라 요리오모의 주선으로 보셨다." 라고 되어 있다. 사이산지의 주직, 앞에서도 말했던 바이산 겐조우 장로도, 두 번이나 표착한 이국선의 필담역을 맡았다. 겐로쿠 9년부터 나가사키의 키키역이 된 히라타 타케자에몬도, 물론 로우로쿠로우에몬도 한문을 다루 는 데 익숙한 번 유수의 지식인들이다. 그들은 쓰시마의 대외교섭에 관여하 는 씽크탱크를 형성하고 있었다. 그들은 번정이나 외교에 관해서 실로 많은 테마를 가지고 토론하고 있었다. 호우슈우의 일기풍의 각서 '일승'의 겐로 쿠 11년 7월 19일조에는 "오늘 저녁에 우네메토노가 스야마공과 나를 그의 집으로 불렀다. 마침 로쿠로우에몬님도 그 자리에 있었다. 로쿠로우와 나 두 사람의 의견이 맞지 않았다. 그래서 논쟁이 길어져 밤이 새우려할 때에 끝났다."라고 되어 있다. 스기무라 우네메댁에 스야마 쇼우에몬과 로우로 쿠로우에몬과 아메노모리 토우고로우(호우슈우) 등이 의론을 계속했는데, 특히 로우와 아메노모리의 논쟁은 새벽까지 계속되었다는 것이다.

코토우 분안의 각서 '한창독언'에는 "로우로쿠로우에몬의 초명 하루자에 몬은 현재의 사람이라고 토우고로 토노가 칭찬하며 존경했다. 타시로의 다 이칸일 때의 치공이 많다. 후일의 규범이 될 만하다. 학재가 있고 무술도 이루어 일을 이룹니다."라고 있다. 아메노모리 토우고로우가 특히 존경하 는 식견이 높은 문무 양도의 인물이었다.

19) 平田茂左衛門殿

對馬藩馬廻り (上士)である。延宝八年 (一六八〇)九月、御奉公に召し出 され、天和元年　(一六八一)三月、江戸へお供となった。六月には歸國す る。天和二年 (一六八二)綱吉襲職の祝賀に朝鮮通信使が來日したが、この 折、江戸へのお供を勤める。貞享元年 (一六八四)歳遣第一船の正官人とな り渡海を果たす。貞享三年 (一六八六)正月二十五日から同二月二十七日ま で漂着した南京人の筆談役を勤め、三月十五日には掛者掛方となる。この 年、江戸表への使者を仰せつかり、八月に對馬を出帆し十一月に歸國し

た。元祿三年（一六九〇）江戸への御供を命じられ、三月に上府、元祿五年九月に歸國する。同年暮、宗義眞の隱居に伴う退休使（參判使）派遣で、正官平田隼人、都船主平田茂左衛門として朝鮮に渡った。元祿六年（一六九三）普陀山からの漂着船があり、この唐商たちの応接と彼らの長崎送致を命じられている。元祿九年（一六九六）正月、長崎留守居役（長崎聞役）となり長崎へ赴任、翌元祿十年（一六九七）四月に歸國した。同年六月、御書物掛りを仰せつかる。元祿十四年（一六七一）四月、病死した。

하라타 시계자에몬

쓰시마번의 우마마와리(상사)이다. 엔호우 8(1680)년 9월에 봉공을 명받아 텐나 원(1681)년 3월에는 에도에 동행하여 6월에 귀국했다. 텐나 2(1682)년에 쓰나요시가 장군에 즉위한 것을 축하하는 조선통신사가 내일했을 때도 에도까지 동행했다. 죠우쿄우 원(1684)년에는 세견제일선(통교를 위해 매년 파견하는 무역선)의 정관인이 되어 도해했다. 죠우쿄우 3(1686)년 1월 25일부터 2월 27일까지 표착한 남경인(중국인)과의 필담역을 맡아, 3월15일에는 카케모노카케카타가 되었다. 이해에 에도에 가는 사자를 명받아, 8월에 쓰시마를 출범하여 11월에 귀국했다. 겐로쿠 3(1690)년에 에도 동행을 명받아 3월에 상경하여 겐로쿠 5년 9월에 귀국했다. 동년말에 소우 요시자네의 은거에 따른 퇴휴사(참판사) 파견으로, 정관 히라타 하야토, 도선주 히라타 시계자에몬의 자격으로 조선에 건너갔다. 겐로쿠 6(1693)년에 보다산에서 표착한 배가 있어, 이 당상들을 응접하여 나가사키에 송치할 것을 명받았다. 겐로쿠 9(1696)년 정월에 나가사키 루스이역을 맡아 나가사키에 부임하여, 익년 겐로쿠 10(1697)년 4월에 귀국했다. 동년 6월에 기록담당역을 명받았다. 겐로쿠 14(1671)년에 병사했다.

20) 館守

釜山にある倭館（草梁倭館）の最高責任者を館守と称する。倭館は朝鮮にての呼称で、對馬では倭の字を嫌い、和館と記していた。本記載では倭館で統一した。朝鮮に、その所在があったことを理由とする。

草梁倭館は、東西四五〇間、南北二五〇間、周圍は石垣で圍まれ、官民あわせて約六〇〇人が居住していた。日本人は、この館域から外へ出ること

を禁じられていた。出入口は三門あり、主門 (守門)、北門 (宴席門)、新門 (設門) である。館は東西に分かれ、東館には館守屋、裁判屋、また貿易を行う開市大廳などがある。西館には、特送使や參判使の宿舍となる三大廳、すなわち東大廳 (副特送屋)、中大廳 (參判屋)、西大廳 (一特送屋)があった。その他、六行廊 (使者屋)、代官屋、通事屋などもある。

관수

　부산에 있는 왜관(草梁倭館)의 최고 책임자를 관수라고 한다. 왜관은 조선에서 부르는 호칭으로, 쓰시마에서는 왜자가 싫어 화관으로 기록했다. 본 기재에서는 왜관으로 통일했다. 조선에 그것이 소재하기 때문이다.

　초량왜관은 동서로 450간, 남북으로 250간, 주위는 돌담으로 둘러싸여, 관민 합해서 약 600인이 거주하고 있었다. 일본인이 이 관역 밖으로 나가는 일은 금지되어 있었다. 출입구는 3개가 있으며, 주문인 수문, 북문(연석문), 신문(설문)이 있었다. 관은 동서로 나뉘어, 동관에는 관수옥, 재판옥, 그리고 무역을 하는 개시대청 등이 있었다. 서관에는 특송사와 참판사의 숙소로 쓰이는 삼대청, 즉 동대청(부특송옥), 중대청(참판옥), 서대청(일특송옥)이 있었다. 그 이외에 육행랑(사자옥), 대관옥, 통사옥 등도 있다.

　館守の任期は原則として二年で、馬廻衆 (對馬の上士、中士、下士の區分の中の上士身分)の中から、現役の与頭 (組頭)または表番頭の者から選ばれた。この元祿八年七月の時点で、館守の地位にあったのは內野權兵衛 (平信豊)である。內野は元祿八年五月から館守を勤めている。次に交代するのは元祿十年三月で、次の館守は唐坊新五郞 (平一好)である。この元祿八年八月、一時的に幾度六郞衛門 (平貞直)が館守を命ぜられ、渡海し內野と交代している。

　倭館には、館守を始め、裁判 (外交關係担当)、代官 (經濟關係担当)、東向寺僧 (文書檢閱担当)、通詞 (通譯業務担当)、横目・目付 (檢察治安担当)、医者、鷹匠、陶工、請負屋 (御用商人)、水夫といった人々が對馬から派遣されていた。裁判は元來、何らかの交渉事項が起こったとき派遣される役人のことであったが、やがて實質の外交交渉を担うようになり、よ

く事情の分かった人物が選ばれていく。その重要性は年々に増大し、やがて館守を勤めたことのある人物までが任命されるようになった。この元禄八年七月の時点で、裁判の地位にあったのは平田所左衛門 (平成尚)で、平田は元禄七年十二月から裁判役を勤めたが、實は館守をすでに勤め上げた人物である。ともかく裁判とは、朝鮮の事情に通じ、かつ有能な人物でないと勤まらない職であった。元禄九年六月からは高瀬八右衛門 (平成常)が裁判役を勤める。後のことであるが、あの雨森芳洲も、この裁判役を勤めていた。

관수의 임기는 원칙적으로 2년으로, 우마마와리슈우(쓰시마에서 상사, 중사, 하사로 구분하는 무사 신분 중에서 상사신분) 중에서 현역의 쿠미카시라(与頭/組頭) 또는 오모테반토우 중에서 뽑았다. 이 겐로쿠 8(1695)년 7월의 시점에 관수의 지위에 있었던 것은 우치노 곤베에(타이라노 노부토요)였다. 우치노는 겐로쿠 8년 5월부터 관수를 맡았다. 다음에 교대하는 것은 겐로쿠 10년 3월로, 다음 관수는 토우보우 신고로우(타이라 가즈요시)였다. 이 겐로쿠 8년 8월에 일시적으로 기도 로쿠로우에몬(타이라 사다나오)가 관수를 명받아 도해하여 우치노와 교대했다.

왜관에는 관수를 비롯하여 재판(외교계당당), 대관(경제관련담당), 동향사승(문서검열담당), 통사(통역업무담당), 요코메/메쓰케(검찰 치안담당), 의사, 응장(매), 도공, 청부옥(어용 상인), 수부 등의 사람들이 쓰시마에서 파견되었다. 재판은 원래 무엇인가 협상사항이 있을 때 파견되는 인물이었으나 점점 실질적으로 외교협상을 맡게 되어, 사정을 잘 아는 인물이 뽑히게 되었다. 그 중요성은 연연 증대하여, 결국에는 관수를 경험한 자도 임명되게 되었다. 이 겐로쿠 8년 7월의 시점에 재판의 지위에 있었던 자는 히라타 쇼우자에몬(타이라노 나리히사)으로, 히라타는 겐로쿠 7년 12월부터 재판역을 맡았으나, 실은 관수를 이미 경험한 인물이었다. 어쨌든 재판이란 조선 사정을 잘 알고 또 유능한 인물이 아니면 근무할 수 없는 자리였다. 겐로쿠 9년 6월부터는 타카세 하치에몬, 일명 타이라노 나리쓰네가 재판역을 맡았다. 이후의 일이나 아메노모리 호우슈우도 이 재판역을 맡은 적이 있다.

21) 豊後守様

　　武藏國忍藩（石高八万石、後に加増を受け十万石）の藩主である阿部豊後守正武のこと。阿部正武は慶安二年（一六四九）老中阿部正能の長男として生まれた。延宝五年（一六七七）父の隠居により家督を相續する。最初は美作守、その後、豊後守となる。延宝八年　（一六八〇）から寺社奉行を勤める。天和元年（一六八一）には拔擢を受け老中となる。以後、綱吉の篤い信任を得て二十三年間、老中職に留まる。武家諸法度

　　天和令」の作成、貨幣改鑄、湯島聖堂建設、竹島一件の解決、赤穂事件の處理などを担当した。また德川前期の事績を記す「武德大成記」の編纂事業なども行った。老中職のまま、宝永元年（一七〇四）に死去。享年五十六歳であった。

분고노카미

　　무사시노쿠니 오시번(코쿠타카 8만 코쿠, 후에 가증되어 10만 코쿠)의 번주 아베 분고노카미마사타케를 말한다(石高란 에도시대에 쌀로 지급하던 무사의 녹봉의 양으로, 1石이 어른 1명이 1년 먹는 쌀의 분량에 해당된다). 아베 마사타케는 케이안 2(1649)년에 노중(에도막부 최고정무책임자)이었던 아베 마사다카의 장남으로 태어났다. 엔호우 5(1677)년에 부가 은거하자 가독을 상속했다. 최초에는 미마사카노카미(美作守), 그 후에 분고노카미가 되었다. 엔호우 8(1680)년부터는 지샤부교우(절이나 신사의 영지나 인사, 잡무, 소송 등을 담당하는 직명)를 맡았다. 텐나 원(1681)년에 노중으로 발탁되었다. 이후, 장군 쓰나요시의 두터운 신뢰로 23년간 노중직을 맡았다. 무가제법도(무사들의 질서유지를 목적으로 제정된 법 '텐나레이'의 작성, 화폐개주, 유시마세이도의 건설, 타케시마잇켄의 해결, 아코우사건의 처리 등을 담당했다. 또 토쿠가와 전기의 사적을 기록한 『무덕대성기』의 편찬사업도 행했다. 노중으로 호우에이 원(1704)년에 향년 56세로 사거했다.

22) 御用人

　　阿部豊後守正武と對馬藩江戸家老の平田直右衛門とは、互いの信賴關係の上に、きめ細かな情報のすりあわせを行っている。そこで取り次ぎを行

うのが阿部正武の御用人である。『竹島紀事』には、この御用人の名は川勝平蔵と記されている。

고요우닌

아베 분고노카미 마사타케와 쓰시마번의 에도가로(각 번에 있는 으뜸 가신)인 히라타 나오에몬이 서로 신뢰하며 자세한 정보를 교환하고 있다. 이때에 중개역을 맡은 사람이 아베 마사타케의 고요우닌이다. 『죽도기사』에는 고요우닌의 이름을 카와카쓰 헤이조우라고 기록하고 있다.

23) 三度の漂民

七十八年前、すなわち元和五年 (一六一九)伯耆國米子の商人、大谷甚吉の漂流である。鬱陵島に渡り海驢獵を行っていたが、歸國の折に漂流、對馬へ送還された。これが第一回目の漂民である。

五十九年前、すなわち寛永十四年 (一六三七)の漂民で、伯耆國の米子の商人船が、鬱陵島からの歸途に漂流し、對馬へ送還された。これが第二回目の漂民である。

三十年前、すなわち寛文六年 (一六六六)の漂民で、伯耆國米子の商人船が朝鮮へ漂流、漁民十一人の中には、隱岐國津戶村の漁民一人がいた。彼らは對馬に送還された。これが第三回目の漂民である。

세 번의 표민

78년 전, 즉 겐나 5(1619)년에 호우키노쿠니 요나고의 상인 오오야 진키치가 표류했다. 울릉도로 건너가서 강치잡이를 하고 귀국하다 표류했으나 쓰시마로 송환되었다. 이것이 제1회의 표민이었다.

59년 전, 즉 칸에이 14(1637)년의 표민은 호우키노쿠니 요나고의 상인선이 울릉도에서 귀도하다 표류하여, 쓰시마에 송환되었다. 이것이 두 번째 표민이었다.

30년 전, 즉 칸분 6(1666)년에 호우키노쿠니 요나고의 상인선이 조선에서 표류했는데 어민 11명 중에는 오키노쿠니 쓰도무라의 어민도 한 명이 있었다. 그들은 쓰시마에 송환되었다. 이것이 세 번째 표민이었다.

24) 幾度六右衛門

　　幾度六右衛門は唐名を平貞直という。元祿六年八月には、釜山倭館の館守を一時的に勤めた。後、對馬に戻り組頭を勤め、名も方命と改めた。元祿八年には杉村采女、陶山庄右衛門らと共に、竹島一件の交渉のため、釜山へ派遣された。

　　元祿十五年 (一七〇二)、宗義眞の死去に伴い弔祀慰問の譯官使一行が派遣された。その乘船が對馬北端の鰐浦沖で遭難し、一行百八人の全員が溺死するという傷ましい事件が起こった。この時の遺体及び遺品送還の使者として、この幾度六右衛門が釜山に派遣された。朝鮮の事情に極めて精通した人物だったからである。

기도 로쿠에몬

　기도 로쿠에몬은 당명을 타이라노 사다나오라고 한다. 겐로쿠 6(1963)년 8월에 부산 왜관의 관수를 일시적으로 맡았다. 그 후에 쓰시마로 돌아와 쿠미카시라로 근무하면서 이름을 호우메이로 개명하였다. 겐로쿠 8(1965)년에는 스기무라 우네메, 스야마 쇼우에몬 등과 함께 타케시마잇켄의 교섭을 위해 부산에 파견되었다.

　겐로쿠 15(1702)년에 소우 요시자네가 사거하자 조문하기 위한 역관사 일행이 파견되었다. 그 배가 쓰시마 북단의 와니우라 먼바다에서 조난되어, 일행 108명 모두가 익사하는 처참한 사건이 일어났다. 이때 유체 및 유품 송환의 사자로, 기도 로쿠에몬이 부산에 파견되었다. 조선사정에 아주 정통한 사람이었기 때문이다.

25) 橋邊伊右

　　橋邊の家は倭館に出入りする商人「六十人衆」の一つ、その子弟は通詞になるものも多かった。伊右も日朝交易に携わり、倭館と對馬を往來していたのであろう。それゆえ竹島一件につき、いち早く情報を摑んだのである。彼は渡海往來の途次、仁田湾に入り、伊奈郡越高村で、賀島兵助に、この一件の事情を語ったのである。

하시베 코레스케

　　하시베의 집안은 왜관을 출입하는 상인 '66인 중'의 하나로, 자제에는 통사가 되는 자도 많았다. 코레스케도 일조교역에 종사하며 왜관과 쓰시마를 왕래했을 것이다. 그래서 타케시마잇켄에 관한 정보를 신속하게 얻을 수 있었던 것이다. 그는 도해 왕래하는 도중에 니타만에 들려 이나군 코시타카촌에서 카시마 효우스케에게 이 일건의 사연을 이야기한 것이다.

26) 雨森氏

　　雨森東五郎すなわち芳洲のこと。詳しくは雨森芳洲の別項を參照。ここで言う「雨森氏の說」とは、朝鮮からの返翰における文字に關わるもの、文字解釋の論と思われる。それゆえ本幹の論と言うより、枝葉の如き末端の論と、批判を受けるのである。このような批判があることは、芳洲自身もよく承知していたであろう。それゆえ江戸に戻った時、より本質的に朝鮮外交を知ろうと、誓詞血判してまで文書藏の文書を見るのである。そして努力の上で、實績を積む。

　　芳洲が在島した元祿六年九月十七日から元祿七年三月二十三日までの間に、彼が語ったものを、爲心殿が聞き、これを元祿七年の夏に賀島兵助に語ったのである。記室として、對朝鮮修交の外交文書を作成する役割にあった芳洲の、その役柄から生まれ出る意見の域を、これは出ることは無かった。勤仕して初めての對馬入りである。古參の老職を前にして、大胆な意見など出せる筈もない。また朝鮮外交に於ける對馬の特殊事情を、まだ充分把握しているわけでもない。枝葉の論になるのは、やむをえなかった。

아메노모리 씨

　　아메노모리 토우고로우, 즉 호우슈우를 말한다. 자세한 것은 아메노모리 호우슈우에 대한 별항의 설명을 참고할 것. 여기서 말하는 '아메노모리 호우슈우의 주장'이란 조선에서 온 편지에 있는 문자에 관한 것으로, 문자해석에 대한 논이라고 생각한다. 그래서 본간의 논이라기보다는 지엽과 같은 말단논이라고 비판을 받는 것이다. 이러한 비판이 있다는 것은 호우슈우 자신도 잘 알고 있었을 것이다. 그래서 에도에 돌아갔을 때, 보다 본질적으로 조선외교를 알려고, 서사혈판까지 하며 문서장의 문서를 본 것이다. 그리고 노력하여 실적을 쌓는다.

호우슈우가 섬에 체류한 겐로쿠 6년 9월 17일부터 겐로쿠 7년 3월 23일까지의 사이에 그가 이야기한 것을 이신덴이 듣고, 이것을 겐로쿠 7년 여름에 카시마 요우스케에게 이야기한 것이다. 기실(서기관)로서 대 조선수교의 외교문서를 작성하는 역할을 맡았던 호우슈우가, 그의 직무상 가질 수 있는 의견의 범위를 벗어나는 일은 없었다. 출사하여 처음으로 쓰시마에 갔다. 고참의 노직들 앞에서 대담한 의견 등을 내세울 수 있을 리 없다. 또 조선외교에 대한 쓰시마의 특수 사정도 아직 충분히 파악하지 못하고 있었다. 지엽적인 논이 되는 것은 어쩔 수 없는 일이었다.

27) 蘇秦張儀

中國、戰國時代の遊說家、弁論術の達人。諸國を縱や横に連合する合從連衡の策を巡らした。中國を南北に貫いている六國を從 (縱)に合同させて秦に当たらせようとするのが蘇秦の說いた合從であり、その六國を衡 (横)に連ねて秦に仕えさせようとしたのが張儀の說いた連衡である。この蘇秦や張儀のような策士を縱横家という。

소진과 장의

중국 전국시대의 모사이자 변술론의 달인. 중국을 종횡으로 연합하는 합종연형을 주장했다. 중국을 남북으로 관통하는 육국을 종(縱)으로 합동시켜서 진에 대항하게 하자는 것이 소진이 주장한 합종론이고, 그 육국을 형(横)으로 연결하여 진을 따르게 하자는 것이 장의가 주장한 연형론이다(진과 결합하여 인국을 공격하는 것이 유리하다는 내용). 소진이나 장의 같은 책사를 종횡가라고 말한다.

28) 孫左衛門殿

樋口孫左衛門は對馬藩の家老、唐風名は平成昌。宗義眞の時代の藩政の實權を握る人物。その專橫政治と、金錢のみを追求する政策や、またそれによって生じる藩政の内部矛盾について、賀島兵助が、その「言上書」の中で激しく批判した人物である。だが失脚することなく、逆に賀島兵助を狂

人の振る舞いとして、流罪に處した。保守派、体制派の巨頭であるが、し
たたかさを併せ持つ有能な藩のトップ官僚である。

마고자에몬

　히구치 마고자에몬은 쓰시마번의 가로로 당풍의 이름은 타이라노 나리
마사이다. 소우 요시자네 시대에 번정의 실권을 쥔 인물. 그 전횡정치와 금
전만을 추구하는 정책, 그리고 그것 때문에 일어나는 번정의 내부 모순에
대해, 카시마 효우스케가 자신의 '언상서'에서 심하게 비판한 인물이다. 그
러나 마고자에몬은 실각하는 일 없고 오히려 카시마 효우스케를 광인의 행
동이라며 귀양을 보냈다. 보수파, 체제파의 거두이자 강한 행동력도 갖춘
유능한 번의 으뜸 가신이었다.

29) 直右衛門殿

　平田直右衛門、唐名は平眞賢。對馬府中藩士。貞享二年 (一六八五)主命
により、陶山庄右衛門、加納幸之助の兩儒と共に「宗氏家譜」を編集する。
元祿六年 (一六九三)竹島一件の發生の頃は、江戸に居て老中阿部豊後守に
頻回に接触し、事細かな打ち合わせを行っていた。平田直右衛門は木下順
庵とも親しかった。對馬藩の對外折衝におけるエースである。元祿八年の
頃は、江戸にあって宗義眞の江戸行きの折、宗義眞の意向を受け幕閣と折
衝し、竹島一件の方針を決定した。元祿九年四月には歸國、以後、國元年
寄 (家老)を勤めた。

　正德元年　 (一七一一)德川家宣の將軍職就任を祝う朝鮮通信使が來日した
折、使節奉行を勤め、藩主宗義方と通信使に隨行して大坂に行き、聘礼改革
の交渉もまとめている。以後、江戸にあって江戸家老を勤め、幕閣の信任は
篤かった。晩年、中風 (腦卒中)となり、享保七年 (一七二二)死去した。

나오에몬

　히라타 나오에몬, 당명은 타이라노 마사타카. 쓰시마 부중 번사. 죠우쿄
우 2(1685)년에 주군의 명을 받아 스야마 쇼우에몬, 카노우 코우노스케와
함께『소우씨케후』를 편집했다. 겐로쿠 6(1963)년에 타케시마잇켄이 발생
했을 때는 에도에 있으며 노중 아베 분고노카미와 자주 접촉하며 상세하게

상의하고 있었다. 히라타 나오에몬은 키노시타 쥰안과도 친했다. 쓰시마번의 대외협상의 에이스였다. 겐로쿠 8년경에는 에도에 있으며 소우 요시자네가 에도에 갔을 때, 소우 요시자네의 의향을 받아 막각과 절충하여, 타케시마잇켄의 방침을 결정했다. 겐로쿠 9년 4월에 귀국한 이후 쿠니모토 토시요리(家老)역을 맡았다.

쇼우토쿠 원(1711)년에 토쿠가와 이에노부 장군의 취임을 축하하는 조선통신사가 내일했을 때에는 사절부교우(통신사의 접대를 총괄하는 직위)를 맡아, 번주 소우 요시미치와 통신사를 수행하여 오오사카에 가서, 빙례개혁(재정상 대우를 간소화하는 내용) 협상도 정리했다. 이후 에도에 있으며 에도 가로로 근무하여 막부의 신임이 두터웠다. 만년에 중풍(뇌졸중)에 걸려 쿄우호우 7(1722)년에 사거했다.

30) 近思錄

「近思錄」とは朱子學の精髓を、初學者にも分かり易く示した書。周濂溪、張横渠、程明道、程伊川の四人の言葉を、朱子 (南宋の大儒朱熹、朱子は敬稱、一一三〇～一二〇〇)と呂祖謙 (一一三七～一一八一、朱子の若年からの友人)とが編集したもので、十四卷、章句六二二條からなる。南宋の淳熙三年 (一一七六)に刊行。朱子學が目指す修己治人 (人の上に立とうとするなら、まず自分を磨け)を記す。近思錄の「近思」の出典は、論語の子張篇「博く學んで篤く志し、切に問い近く思う」に基づく。朱子學の日本への移入は、壬辰倭亂の際、日本に拉致された朝鮮人儒者姜沆に始まる。それが藤原惺窩に傳えられ、林羅山、木下順庵、室鳩巢、そして山崎闇齋、柴野栗山、尾藤二洲らに繋がる。木下順庵は陶山庄右衞門そして雨森芳洲の師である。陶山は當然この「近思錄」を讀み、熟知している。それを承知の上で、賀島兵助は、ここに引用した。

근사록

『근사록』이란 주자학의 정수를 초보자도 알기 쉽게 설명한 책이다. 주염계, 장횡거, 정명도, 정이천의 네 사람의 말을 주자(중국 남송의 대유 주희. 주자는 경칭. 1130~1200)와 여조겸(1137~1181, 주자가 젊었을 때부터의 친구)이 편찬한 것으로 전14권, 장구 622조로 구성되어 있다. 남송의 순희

3(1176)년에 간행. 주자학이 추구하는 수기치인(사람 위에 서려면 우선 자신을 닦으라)을 적었다. 근사록의 '近思'의 출전은 논어의 자장편에 있는 "널리 배우고, 굳게 뜻을 세우고, 절실히 물으며, 가까이 생각한다."에 의거한다. 주자학의 일본 이입은 임진왜란 때 일본에 납치된 조선인 유학자 강항에서 시작된다. 그의 가르침이 후지와라 세이카에게 전해져, 하야시 라잔, 키노시타 준안, 무로 큐우소우 그리고 야마자키 안사이, 시바노 리쓰잔, 비토우 지슈우 등으로 이어진다. 키노시타 준안은 스야마 쇼우에몬 그리고 아메노모리 호우슈우의 사부이다. 스야마는 당연히 이 『근사록』을 읽고 숙지하고 있었다. 그것을 알고 카시마 효우스케는 여기서 인용했다.

31) 孔明

　三國志の諸葛孔明。天下三分の計により、魏の曹操、呉の孫權に伍し、劉備玄德に仕え、蜀漢の建國を果たす。この「近思錄」の一節は第十四卷聖賢の部に載る。「孔明有王佐之心 道則未盡 王者如天地之無私焉 行一不義而得天下 不爲 孔明必求有成而取劉璋 聖人寧無成耳 此不可爲也 (孔明は王者の補佐役としての心は持ち合わせていたが、道義について言えば未だ不十分であった。王者というものは天地のように私心の無いもので、不正を行って天下を手に入れるようなことは、少しもしないものである。だが孔明は何としても成功しようとして、劉璋を捕らえた。だが聖人であったなら、このような機會には、その成功は捨てるであろう。あのようなことは、聖人であれば、してはならないのだ)」

공명

　삼국지의 제갈공명. 천하삼분의 계로 위의 조조, 오의 손권과 대립하여, 유비현덕을 모시고 촉한을 건국했다. 이『근사록』의 한 절은 제14권 성현부에 실려 있다. "孔明有王佐之心 道則未盡 王者如天地之無私焉 行一不義而得天下 不爲 孔明必求有成而取劉璋 聖人寧無成耳 此不可爲也(공명은 왕의 보좌역으로서의 마음은 갖고 있었으나, 도의에 대해서 말하자면 아직 충분하지 않았다. 왕자라는 것은 천지와 같이 사심이 없는 자로, 부정을 행하여 천하를 손에 넣는 것과 같은 일은 조금도 없는 것이다. 그러나 공명은 어떻게 해서든지 성공하려고 유장을 체포했다. 그러나 성인이었다면 이러한 기회에는 그 성공은 버릴 것이다. 그러한 일은 성인이라면 해서는 안 되는 것이다)."

32) 劉璋

三國志の時代、益州の牧。曹操が漢中へ侵攻した際、さらに益州へも侵攻すると恐れ、同族で隣地荊州の牧、劉備玄德に応援を依頼する。劉備の軍師の諸葛孔明は、劉備を説き、劉璋を助けると見せかけ益州へ入った。さらに漢中へ向かう途次、突如引き返し劉璋を捕らえ、ついに益州を手に入れた。蜀漢立國の重要な場面であるが、一種の騙し討ちである。「近思錄」は、この行爲を不正とし、孔明の言行を聖人の道に外れると斷じた。

유장

삼국지 시대 익주의 목. 조조가 한중에 침공했을 때, 익주도 침공할 것을 두려워하여, 동족 유비현덕이 인접한 형주의 목이었으므로 응원을 요청했다. 유비의 군사인 제갈공명은 유비를 설득하여 유장을 도와주는 척하면서 익주에 들어갔다. 그리고 한중으로 향하던 도중에 돌연 돌아가서 유장을 체포하고 익주를 손에 넣었다. 촉한 입국의 중요한 장면이지만 일종의 속임수였다. 『근사록』은 이 행위를 부정으로 보며, 공명의 언행을 성인의 길에 벗어난 것이라고 단정했다.

33) 聖人

ここでいう聖人とは、朱子學に於ける聖人を言う。聖人とは理想的な人のことで、誠の人、仁義礼智信といった德を体現している人のことで、周囲に良い影響をもたらす人のことである。朱子學においては、聖人とは特別な人だけしかなれない特別な存在ではなく、學ぶことによって誰でもがなれるという、より身近な存在を指す。つまり朱子學の學問とは、この聖人になるためのものとする。

この書簡文の筆者、陶山訥庵は、藩當局が忘れがちになる弱者（零細島民)に對する思いやりを持っていた。對馬の貧しい農村の復興に、常に心を砕き、農民の立場で考え、行動してきた。それゆえ彼は「農聖」あるいは「對馬聖人」と稱され、篤い尊敬を受ける。殱猪令を發して農作を護り、對

馬の粗放農業を近代的な集約農業に轉換し、甘蔗栽培を奬勵するといった
農政の功績から、そのように呼ばれるのだが、無論それだけではない。訥
庵自身も、聖人たらんと心がけていたし、彼の言動、識見、足跡から、同
時代の人も、彼を聖人と評価していた。そればかりではなく、なお後年に
到っても、その著作物から溢れ出る人間性によって、聖人と呼ばれ續け
た。そのように称賛される存在であった。

성인

여기서 말하는 성인이란 주자학의 입장에서 본 성인이다. 성인이란 이상
적인 사람을 말하며, 성의 사람, 인의예지신 등의 덕을 체현하고 있는 사람
으로, 주위에 좋은 영향을 미치는 사람을 가리킨다. 주자학에서는 성인이
란 특별한 사람만이 될 수 있는 특별한 존재가 아니라 배움을 통해 누구나
될 수 있다고 말한다. 보다 가까운 존재를 가리킨다. 즉, 주자학의 학문이
란 이러한 성인이 되기 위한 것이다.

이 서간문의 필자인 스야마 토쓰안은 번 당국이 잊기 쉬운 약자(영세도
민)에 대한 배려의 마음을 갖고 있었다. 쓰시마의 가난한 농촌 부흥을 항상
염두에 두고 농민 입장을 생각하며 행동했다. 그래서 그는 '농성' 또는 '쓰
시마 성인'으로 불리며 존경을 받았다. 섬저령(농한기에 농사를 망치는 멧
돼지를 사냥하는 법)을 발령하여 농작물을 보호하고, 쓰시마의 조방농업을
근대적인 집약농업으로 전환시키고, 감자(사탕수수)의 재배를 장려하는 등
의 농정의 공적으로 인하여 그렇게 불렸는데 물론 그것만이 아니다. 토쓰
안 자신도 성인처럼 마음을 쓰고 있었으며 그의 언동, 식견, 족적을 보고,
동시대의 사람들도 그를 성인으로 평가하고 있었다. 그것뿐만이 아니라 후
년에 이르러서도 그의 저작물에서 넘쳐흐르는 인간성 때문에 성인으로 불
리고 있다. 그렇게 칭찬받는 존재였다.

34) 兩人

この兩人の名は伏せられている。人物評価を露骨に行ったので、名を出
すわけには行かなかった。誰にこの書簡が見られるかもわからない。また
必要によっては、寫しを取る場合さえもある。それゆえ賀島兵助は陶山庄
右衛門へ「決して申されず候事」と釘を刺したのである。そして人物名を入

れず、ここでは、ただ両人とのみ記したのであった。

양인

　이 양인 이름은 감추어져 있다. 인물평가를 노골적으로 했기 때문에 이름을 밝힐 수 없었다. 누가 이 서간을 볼지도 모른다. 또한 필요에 따라 사본을 만들 경우도 있다. 그렇기 때문에 카시마 효우스케는 스야마 쇼우에몬에게 "절대 말하지 말아 주세요."라고 못을 박은 것이다. 그리고 인물명을 넣지 않고 그저 양인이라고만 기록한 것이다.

권오엽(權五曄)

忠南大學校 人文大學 명예교수
1945년 全北 井邑 생

群山高等學校, 서울教育大學校, 國際大學校, 北海道大學校,
東京大學校 學術博士(廣開土王碑文과 東아시아의 天下思想)

일본의 가요, 한일건국신화, 광개토왕비문에 관한 논문 다수

『日本漫想』, 『廣開土王碑文의 世界』, 『隱州視聽合紀』, 『元祿覺書』, 『독도와 안용복』.
『控帳』, 『古事記』(上·中·下), 『好太王碑論爭의 解明』, 『廣開土王碑文의 硏究』, 『獨島』, 『獨島와
竹島』, 『古事記와 日本書紀』, 『日本의 獨島論理』, 『일본은 독도를 이렇게 말한다』, 『岡嶋正義古
文書』, 『竹島渡海由來記拔書控』(상·하), 『죽도 및 울릉도』

주소 大田直轄市 儒城區 盤石洞 622 盤石아파트 5단지 505동 2202호
메일 dongsana@hanmail.net

오오니시 토시테루(大西俊輝)

1946년 島根縣隱岐郡西鄕町(現 隱岐의 島町)生
島根縣立隱岐高等學校, 大阪大學醫學部, 腦神經外科專門醫, 醫學博士
大阪國學院 通信教育部 卒業, 神職資格(權正階),
大阪市立大學大學院大學 都市情報部卒業
現在 (醫)厚生醫學會理事長
(社福)厚生博愛會理事長
隱岐國 原田向山 大山神社 宮司

『레이져 醫學의 臨床』, 『Illustrated Laser Surgery』, 『山陰沖의 古代史』, 『山陰沖의 幕末維新動亂』,
『人肉食의 精神史』, 『柿本入麻呂와 아들 躬都郎』, 『隱岐는 繪島, 歌島』, 『日本海와 竹島』, 『心의
誕生』, 『水若酢神社』, 『續日本海와 竹島』, 『隱州視聽合紀』, 『元祿覺書』, 『竹島渡海由來記拔書控』

개정판

竹島文談

죽도문담

초 판 발행 | 2011년 6월 10일
개정판 발행 | 2011년 8월 26일

편역주 | 권오엽 · 오오니시 토시테루
펴낸이 | 채종준
펴낸곳 | 한국학술정보㈜
주 소 | 경기도 파주시 교하읍 문발리 파주출판문화정보산업단지 513-5
전 화 | 031) 908-3181(대표)
팩 스 | 031) 908-3189
홈페이지 | http://ebook.kstudy.com
E-mail | 출판사업부 publish@kstudy.com
등 록 | 제일산-115호(2000. 6. 19)

ISBN 978-89-268-2485-6 94380 (Paper Book)
      978-89-268-2486-3 98380 (e-Book)
      978-89-268-2138-1 94380 (Paper Book Set)
      978-89-268-2139-8 98380 (e-Book Set)

내일을여는지식 은 시대와 시대의 지식을 이어 갑니다.